名师名校名校长

凝聚名师共识
回应名师关怀
打造名师品牌
培育名师群体

创新教学

指向创新素养的教学实践

唐宇 / 主编

中国文联出版社

图书在版编目（CIP）数据

创新教学：指向创新素养的教学实践 / 唐宇主编
. — 北京：中国文联出版社，2024.5
ISBN 978-7-5190-5521-9

Ⅰ.①创… Ⅱ.①唐… Ⅲ.①课堂教学—教育研究—
中学 Ⅳ.①G632.421

中国国家版本馆CIP数据核字（2024）第109574号

主　　编　唐　宇
责任编辑　刘　旭
责任校对　秀点校对
装帧设计　刘贝贝　李　娜

出版发行　中国文联出版社有限公司
社　　址　北京市朝阳区农展馆南里10号　　邮编　100125
电　　话　010-85923025（发行部）　　010-85923091（总编室）
经　　销　全国新华书店等
印　　刷　三河市龙大印装有限公司

开　　本　710毫米×1000毫米　　1/16
印　　张　17
字　　数　307千字
版　　次　2024年5月第1版第1次印刷
定　　价　58.00元

编 委 会

目录

第一章

创新

教育管理

中学拔尖创新人才早期培养的"道"与"术"

唐 宇

中学阶段是"立德树人"的关键时期，探寻、发现和培养拔尖创新人才的道与术，对提高国民科学素质和培养拔尖创新人才具有特殊意义。全面落实"立德树人"根本任务，培养拔尖创新人才，也是教育的一项重要使命。

一、拔尖创新人才培养的"道"

（一）何为拔尖创新人才

拔尖创新人才指在各个领域特别是在科学、技术、管理等领域中，有着强烈的事业心、社会责任感和鲜明荣辱观，具有创新精神和创造能力，有能力且愿意为国家和社会发展做出重大贡献的带头人和杰出人才。拔尖创新人才既包括在科学领域做出创造性研究成果的拔尖人才和学科带头人，也包括在生产、技术等领域有重大发明创造或革新，以及在经营、管理和促进社会发展与进步等方面有突出成就的杰出人才等。

（二）拔尖创新人才的特质

经成都市教育局批准，成都石室天府中学在中西部地区创建了首个成建制的"拔尖创新人才早期培养实验班"。学校认真贯彻《中国教育现代化2035》《国家创新驱动发展战略纲要》《成都市普通高中拔尖创新人才早期培养工作实施方案》等文件精神，落实"立德树人"根本要求，根据实施情况及参照有关文献，笔者认为拔尖创新人才的培养应从以下几个方面着手。

1. 要有科学报国情怀

要加强素质教育，培养学生的家国情怀、人文情怀、世界胸怀，引导学生面向国家战略需求、人类未来发展、思想文化创新和基础学科前沿，了解国情民情，践行社会主义核心价值观，传承弘扬中华优秀传统文化，培养有理想、有本领、有担当的时代新人。引导学生增强使命责任感，激发学术志趣和内在动力，服务国家重大需求，激励学生把自身价值的实现与国家发展紧密联系起来，把远大的理想抱负和所学所思落实到报效国家的实际行动中。

2. 要有扎实学科基础

要促进学科交叉、科教融合，建设跨学科课程体系，引导学生参与跨学科学习和研究，处理好"专"与"博"的关系，努力为学生建构"底宽顶尖"的金字塔形知识结构，鼓励学生具备扎实的学科特长，积极进入国家实验室、国家重点实验室等参与科技创新实践，学以致用，大胆探索基础学科前沿。

3. 要有科学技术能力

要培养学生的三个能力：一是数理能力，即形式逻辑，包括演绎逻辑和归纳逻辑，这是我们传统上所说的理科核心能力；二是言语能力，即非形式逻辑，指的是讲述日常生活（如公共事务讨论、报纸社论、法庭辩论等）中分析、解释、评价、批评和论证建构的非形式标准，以及尺度和程序，这是我们传统上所说的文科核心能力；三是计算能力，这是在数字化拔尖创新人才时代必须具备的通过约简、嵌入、转化和仿真等方法，把一个复杂问题重新阐释成一系列简单问题的能力。

4. 要有发明创造思维

要注重培养学生的三种高阶思维：一是设计思维，即以最终产品为导向，通过理解问题产生的背景，从而催生洞察力及解决方法，最后理性地分析和找出最合适的解决方案的思维；二是创造性思维，其核心是善谋，即善于谋划，能够针对一个问题谋划出多种解决方案；三是批判性思维，其核心是善断，即善于做决定，善于从多种可能的路径中找出一条最佳路径。

5. 要有良好心理素质

要培养学生具有良好的心理素质。心理素质主要包括人格、情商和人际交往能力等多个部分。很难想象一个抗压能力很差、情商很低，或者不知道应该如何与他人正常交往的人能够成为一个拔尖创新人才。

二、拔尖创新人才早期培养的"术"

通过拔尖创新人才早期培养计划，吸引一批"志向远大、学科特长、创新潜质、综合能力强、心理素质好"的优秀学生，使其接受创新课程和项目式学习，进而走进大学，参加科研实践，激发科学兴趣，并成为拔尖创新人才的后备力量。

（一）探索评价遴选制度改革

树立科学的人才观，不断更新教育教学理念，大胆尝试教学内容和方法的变革，重构拔尖创新人才培养的质量评价体系。

1. 注重对教师"教"的能力评价

面对培养拔尖创新人才的时代要求，教学评价的内容应体现教师能否启发学生学习的兴趣和主动性，培养研究性学习方法。我们认为，对教师的教学评价，不应只看重学生的考试成绩，更要看重教师是否能进行研究性教学、探究式教学、创新实践教学。

2. 注重对学生"学"的能力评价

学什么、怎样学是我们评价的目的和归宿，对学生的评价应使学生树立"学以致用"的理念，注重对学生进行自主、探究、体验、实践、创新等核心能力的评价，促进学生学习思维方法的转变。

3. 注重考试改革的评价

我们大胆尝试一系列考试评价改革：一是改革试题的命题内容，减少记忆知识，增加应用、创新知识和知识体系的考核，避免学生只按笔记或教材答题，增加课外阅读、社会观察、创新思维等方面的训练；二是不纯粹以分数论"英雄"，注重从综合素养上来评价学生；三是结合高考自主招生政策，注重对学生创新潜质和学科特长的评价，引导学生适应国家人才选拔政策，为高校输送优秀生源。

4. 建立科学的拔尖创新人才遴选机制

我们坚持选才与鉴才结合，真正发现和遴选志向远大、学科特长、创新潜质、综合能力强、心理素质好的优秀学生。尝试改革高中唯分数录取的招生办法，如采用"综合素质评价占20%，中考成绩占60%，领导力、创新能力面试占15%，初中阶段创新成果占5%"的方式，遴选拔尖创新人才早期培养学生。探索弹性学制，允许拔尖创新人才适当跳级，并积极探索义务教育阶段与高中阶段学生拔尖创新人才培养的有机衔接。

5. 建立管理评价机制

保障创新教育时间。将创新教育选修课纳入课表，初一和初二、高一和高二每周2节课，实行学分制管理，学校实验室全天向学生开放，使全体学生参加创新活动得到时间和空间上的保证。建立考核机制。将创新教育成果进行量化，并将量化结果纳入教师年终绩效目标和优良学风班级的管理考核，提高师生参与创新活动的积极性。

（二）探索构建拔尖创新人才培养体系

我们在教育模式、课程体系、管理体制、设备配置、队伍建设等方面大胆创新，探索构建拔尖创新人才培养体系。

1. 构建拔尖创新人才管理体系

学校管理团队高度重视拔尖创新人才培养，并为此构建拔尖创新人才培养体系和机制，成立校长任组长、副校长任副组长的创新教育领导小组，组建智创中心，统筹管理学校拔尖创新人才培养工作；成立学生创新联合会、教师创新协会，搭建培养创新人才活动平台。学校各部门、各年级相互支持配合，探索拔尖创新人才早期培养工作。

2. 构建拔尖创新人才早期培养的"学科＋STICE"课程体系

学校根据学校办学理念、学生发展和办学优势，探索建立系列化、特色化的创新教育课程体系，注重基础性和创新性的结合，形成创新人才早期培养课程图谱。

（1）编制并率先发布"学科＋STICE"实施方案。"STICE"是科学、技术、创新、创造、教育的总称。科学（science）、技术（technology）、创新（innovate）、创造（create）、教育（education）；"学科＋STICE"指"基于学科融合的科学、技术、创新、创造、教育"。它是通过学科课程渗透、专修课程学习、项目式学习、泛在学习等综合性学习方式进行的教育。

（2）学科课程创新。在语文、数学、物理、化学、生物、科学等学科课程中挖掘创新元素，重构教学设计，尝试课堂变革，注重创新实践、创新思维和批判思维培养。

（3）应用课程创新。将数学、物理、化学、生物、科学等课程与工程、技术、艺术课程知识有机整合，打破学科壁垒，探索开设创新创造等应用课程，培养学生的科学兴趣、创新意识和创新创造能力。

小学：重在构建"学科＋实践兴趣、发现问题和想象思维"课程。（如编印小学一年级创新思维教材）

中学：重在构建"学科＋工程与技术设计、创新思维和创造发明"课程。（如编印或出版高中创新创造教材）

（4）与国家课程融合。创造性地开设多元研修课程，尝试开设早培物理、早培化学、早培设计与技术等课程，设立必修课程、选修课程、辅修课程和自选课程，开设综合实践活动，实施"走班制"，为学生提供自主选择的时间和空间，鼓励学生参与设计课程，为有特殊需要的学生量身设计课程和选择教师。

① 必修课程。必修课程包括国家课程计划中的语文、数学、英语、物理、化学、生物、政治、历史、地理、信息技术、艺术和体育等学科课程。在国家课程实施过程中，强调科学文化与加强思想修养的结合、全面素质教育与个性特长发展的结合、学科知识培养与研究能力的结合。

② 选修课程。选修课程分数学类、文学类、外语类、科学类、人文类、艺术类六大板块，每位学生可选其中的三大板块，以英美通用的 AP（先修课程）、OP（带薪实习课程）国际课程及 A 水平的大学预科课程为参考模本，开设针对性的模块课程，逐步完善，形成贯穿 3 年的选修课程系列，并聘请大学教师、外籍教师和学校资优教师执教。

把创新思维、方法渗透到学科学习中，给予学生足够的自主学习时间、选择性学习机会和探究性学习平台，通过必修课、研究性课程学习以及科创活动、学科竞赛等方式，为学生提供个性化、多样化的学习机会，培养基础扎实、学科特长突出、创新潜质好的高中学生。

（5）与校本课程贯通。建立重立志的德育课程图谱、重激趣的学习领域课程图谱、重挖潜的优势潜能开发课程图谱。形成校本课程体系，即基础类课程、拓展类课程、探究类课程。基础类课程分学术类和活动类课程；拓展类课程分怡趣类课程（兴趣、社团）和扬长类课程（学科特长）；探究类课程分研究类课程、创作类课程、鉴赏类课程。此外，还存在包括学科取向（主科）、学生取向（兴趣、能力、个性）、社会取向（品格等）等多取向的微型特色课程，以及其他创新型课程，如人工智能、发明创造、创客活动、云计算、大数据、3D 打印、创新思维与设计等特色课程。

（6）与大学课程衔接。充分整合四川大学、电子科技大学、西南交通大学、西南财经大学等在蓉重点高校，探索创新人才早期培养课程与大学课程衔接机制，探索引入、开设大学先修课程。对接高校课程，其重点为知识理论研习、实验创新活动、扩展阅读写作三大板块，每位学生可选其中的两个板块，课时安排每周 2—4 节。第一学年在校内辅修，根据计划及要求配置相应的通识课程；第二学年以校外辅修为主，在导师指导下进行选课学习；第三学年是以导师指导下的专业辅修为主。学校将为每位学生配备专业导师，保证每个学生都能享有个性化培养的条件。加大社会实践研究课程力度，以英美通用的 AP（先修课程）、OP（带薪实习课程）国际课程为参考模本，根据学生兴趣特点，可开设 STEAM、通用技术、编程设计、人工智能、电脑机器人、发明创造、云计算、3D 打印等创新实践与职业体验课程。

（7）与国际课程融合。学习借鉴发达国家的先进课程，特别是针对资优生或卓越学生培养的课程及培养模式。

① 学校拟开设自选课程，创造条件让学生在三年中分步完成四个"校外单元"：海外研修经历、大学课程学习、社会实践或见习经历、国内同类型高中交流学习。

② 引进美国科学教育课程。将 STEAM 教育理念和方法运用到数学、物理、生物、化学、技术、艺术等学科。为学生创造丰富的学习条件和机会，让学生在"经历育人"和"体验育人"的过程中发现和认识自我，从而学会自主选择，帮学生在机遇垂青前为所有可能出现的情况做准备，并在这样的自由生长中发现那些"可遇而不可求"的创新人才。

（8）与区域特色结合。学校拟创设拓展探究课程，开展基于科技产业平台资源的课程化学习项目试点和应用推进工作。整合区内英特尔、华为、京东方等世界知名高科技企业资源，建立"创新教育智库"和"创新实践基地"，建立院士博士工作站和拔尖创新人才早期培养中心，开设"天府大讲堂"，开展校外实践和职业体验课程，形成学生、教授、高科技专家、家长、企业"五位一体"的创新人才培养网络。

3. 创新活动课程

金点子大赛。学校每学年举办"金点子创意大赛"，全体学生参与率100%，通过对金点子的筛选，对好的项目进行立项辅导，并参加科创大赛。

JA 社会创新挑战赛（Social Innovation Relay）。该项赛事由 JA（国际青年成就）在全球范围内发起，旨在鼓励 13—18 岁的全球青少年运用一定的商业技能探索出增进社会进步、改善社会问题的实践方案，进而培养青少年的同理心、思辨能力和创造力；树立"我"能改变现状的"创新自信"。该组织每学年面向全校招募新成员，学校曾组队参加该项赛事的全国赛，并取得了西南地区最好的成绩。

China Thinks Big 创新研究项目大挑战。这是由哈佛大学中美交流中心联合清华大学、哈佛大学中国校友会等机构举办的面向全国优秀中学生的创意研究活动。学校周沫同学与三原外国语学校学生组成的"墨客小组"是四川省唯一进入决赛的队伍。"墨客小组"的"当代中学生环境教育知行分离现象分析及环境教育创新策略"在答辩中赢得了众多评委的好评，并最终取得了该届赛事的冠军。

学生公司。"学生公司"即学生组建团队创办公司，开发产品，进行公司运作。通过创办和运营"学生公司"，学生不仅将学到商业运行的方式，还将了解市场经济体系的结构和它所带来的益处，并在运营、管理公司的过程中学会把握机会、承担责任等。

科学实践。鼓励每名学生自愿组成项目小组，自己选题、自己设计、自己研究，大力开展科学实践活动，并提交项目成果，参加学校或区、市、省，以及国家级的创新大赛活动。

4. 构建拔尖创新人才辅导队伍体系

拔尖创新人才辅导队伍必须打破仅仅依靠少数科创专业教师的局面，汇聚多方力量，构建拔尖创新人才辅导队伍体系。

（1）成立创新学术指导委员会，聘请高校教授、教科研专家、高科技人才、特级教师、学科带头人组成创新学术指导委员会，指导学生开展科学实践和项目研究。

（2）让班主任成为创新教育核心辅导力量。鼓励班主任将创新教育融入班级文化建设，在班级管理、教学中引导学生在做中学、在学中玩，以开发学生的创新潜能。

（3）推动全体学科教师成为创新辅导员。树立"大科学观"，探索各类学科的整合路径，通过"创新课堂"赛课等方式，展开教学研讨，探讨学科整合点，并分期分批选送辅导教师到清华大学、四川大学等重点高校系统学习创新思想、方法和实践，整体提升辅导教师的创新能力。

（4）培育学生自主力量。学校根据学生兴趣特点，开设国际文化体验、STEAM 工程技术、VR（虚拟现实）、电脑机器人、发明创造、未来之城、创客活动、云计算、3D 打印等社团。创造性提出"统筹安排，分项目合作"的社团管理模式，让学生成为自主创新的生力军。

（5）充分整合家长、专家、社会力量。建立各级别专家工作站，开设"天府大讲堂"，形成学生、教师、家长、专家、社区辅导员"五位一体"的创新教育力量体系。

（6）以智库方式整合，充分聚合高科技园区和高校资源，成立"科技创新教育顾问委员会"，建立"校企联盟"，委托清华大学、中国科技大学、四川大学等高校连续培训科创教师，搭建创客空间、院士博士工作站、云平台等创新教育高端平台，开展各类科技创新实践活动。例如，学校"JA 经济学社团"与世界 500 强企业"陶氏化工"联合举办了"职业见习日"的活动,让学生在活动中接受全球优秀企业创新文化的熏陶,体验创新魅力。

5. 创建特色创新实验室

学校建立 VR 人工智能实验室、STEAM 工程技术室、创客工作室、天球馆、JA 工作室、模拟联合国工作室、创新实验室,为拔尖创新人才早期培养奠定坚实基础。

6. 创建校外创新实践基地

学校在英特尔、华为、京东方等世界知名高科技企业,以及四川大学、电子科技大学、西南交通大学、西南财经大学、中国科学院成都分院等重点高校、科研院所的支持下建立创新实践基地,为学生的创新活动提供实践平台。

(三)探索创新拔尖创新人才早期培养方式

采取双导师制、研究性学习、选课制和走班制的拔尖创新人才培养方式。

为学生配备人生导师和课题导师。人生导师负责学生思想道德、心理健康、人格基础等方面的培养,引导学生正确认识自我、认识社会,规划高中生活和人生发展。课题导师由研究型课程教师和大学教授担任。构建"在科学家身边成长"的机制,为每个研究性学习小组聘请 1 名大学教授或科技专家为导师,指导学生三年内完成 1—2 个科学研究课题,培养学生自主、探究、研究性学习能力和创新能力。

学生在导师指导下,以研究性课题学习为主,尝试自主选择项目,自主设计实验方案,拓展实验技能,养成创新能力。支持教师在实验教学中,通过组织学生自制实验器材进行实验研究,激发学生在更高思维层次上开展学习。探索日常分散性研究和假期集中培训、个人自主研究和小组合作研究等多种方式开展研究性学习,并按要求认定学分。

创造条件开设丰富多彩的选修课,建设多元学生社团,组织学生开展研究性学习、社区服务和社会实践。建立科学的选课制度,探索"走班制"教学,允许学生多次选择和跨班、跨年级、跨校选课,满足学生多元学习需求。为学生提供自主选择的时间和空间,鼓励学生参与设计课程,为有特殊需要的学生量身设计课程和选择教师。

三、拔尖创新人才早期培养展望

（一）继续完善拔尖创新人才培养的课程体系建设

学校在创新课程体系的基础上，将继续推动探究式、启发式、讨论式等教学方式的广泛开展，完善助教制度，强化学生自主学习，培养学生的批判精神和创造性思维，激发学生创新创造灵感。增加实验、实训、实践教学的比重，注重培养学生解决实际问题的能力。依托现代化信息教育手段，运用大数据技术开展教学研究，掌握学生学习需求和规律，为课程体系改革和完善提供科学依据。

（二）探究拔尖创新人才培养的评价机制

拔尖创新人才的培养工作已引起了教育界的普遍重视，关于拔尖创新人才培养的评价机制相关研究需要及时跟进。只有对评价机制和评价标准进行深入的研究，对学生、教师都给予有效的评价，才能更有力地推动拔尖创新人才的培养工作。

（三）中学的拔尖创新人才培养与大学的创新人才培养有机衔接

作为向大学输送人才的基地，我们的拔尖创新人才培养还要关注一流大学在培养什么样的拔尖创新人才。一流大学是站在全球治理和国家治理的高度考量人才培养的目标，必须坚持"立德树人"，突出人才培养的核心地位，着力培养具有历史使命感和社会责任心、富有创新精神和实践能力的各类创新型、应用型、复合型优秀人才，所以中学的拔尖创新人才培养还要综合考虑到与大学的衔接问题。

（四）探索小学、初中、高中 12 年拔尖创新人才早期培养体系

2018 年 8 月，学校成立附属小学，这也标志着学校在拔尖创新人才的培养上更进一步，全线贯通了"上到大学，下到小学"的 12 年拔尖创新人才早期培养，我们将继续探寻 12 年拔尖创新人才早期培养的体系、机制。

时代浪尖跟党走，创新人才耀锦城

——四川省成都市石室天府中学创新人才培养体系创立思路

李　萍

教育者，非为已往，非为现在，而专为将来。党的二十大擘画了全面建成社会主义现代化强国、以中国式现代化全面推进中华民族伟大复兴的宏伟蓝图，也对教育事业的发展提出了新要求。四川省成都市石室天府中学以坚持党的领导、全面推进党的教育事业高质量发展为根本，就拔尖创新人才的早期发现与培养贡献了石室天府方案。

四川省成都市石室天府中学开办于 2011 年，是成都高新区与成都石室中学联合打造的公办完全中学。2018 年，石室天府中学附属小学开校，石室天府成为成都市首个小学、初中、高中一体化管理的 12 年制公办学校。从 2020 年学校提档升级、开办石室天府中学锦城湖校区开始，石室天府一体三翼办学格局正式形成。自成立以来，石室天府中学始终随着成都区域经济高质量发展。

习近平总书记在党的二十大报告中提出："加快建设教育强国、科技强国、人才强国，坚持为党育人、为国育才，全面提高人才自主培养质量，着力造就拔尖创新人才，聚天下英才而用之。"基于时代需求，结合 12 年一贯制学校特色，学校积极探索以创新人才早期培养为目标的"设计—实施—评价"一体化实践路径。具体来说，学校内应外联，整合三大资源作为创新人才早期培养的基石，其中，课程资源是基础，教师资源是关键，校外资源是延伸。

一、三类课程培养学生的创新意识

课程是教育的骨架，是育人的核心和载体，决定了学生走什么路，去什么地方，一路上都有什么风景，会有什么样的青春体验。

学生创新意识的培养，其核心是激发学生个体主观能动性，培养学生个人问题意识、归纳意识和批判意识。基于这个理念，学校构建了"创新人才早期培养课程体系"，分阶段、分层次在中小学全学段开展创新人才早期发现与培养。对于有拔尖创新人才潜质的学生群体，强化超学科教学，满足其精英化、个性化发展需求，让拔尖创新人才冒出来；对于普通优秀的学生群体，强化学科基础培养和创新潜能挖掘。并以前者带动后者，从后者中发现前者。

本着"面向全体，尊重差异，注重个性"及"愿为每一个孩子的人生幸福奠基"的育人愿景，学校将课程分为了三大类，即基础类、拓展类、探究类。首先，对于基础类学科课程，转变教学理念与方式，在课堂中渗透创新思维；其次，开展拓展类特色活动课程，以赛促培，带动学生广泛参与，提升学生的科学素养；最后，结合校本实际，开发探究类校本学习课程、校本活动课程。

其中，基础类学科课程是创新人才早期培养的主阵地。学校的基础类学科课程注重发散性思维和批判性思维的培养，着重研究在教学过程中"创新思维的学科渗透""学生高阶思维培养""基于问题解决的教学"，形成了一系列经典案例与样板课程。

拓展类特色活动课程以小初高学业实际情况为基础。学校在地方课程、综合实践活动课程中安排科学教育专题，广泛开展讲座、竞赛及特色活动。学生参与的形式多样，覆盖面广。近年，四川省成都市石室天府中学学生获得了包括省、市、全国青少年科技创新大赛在内的比赛奖项 1987 人次。此外，从 2016 年以来，学校累计有 40 项学生作品在四川省青少年科技创新大赛中获奖，其中一等奖 21 个。并且，每年都有学生项目获得该项赛事最高奖项——"四川省科协主席奖"。首届拔尖创新人才班的粟美玲同学，在第 33届全国青少年科技创新大赛中获二等奖，在"明天小小科学家"活动中同样获得二等奖及"北京理工大学科技创新奖""上海 STEAM 云中心专项奖"。

学校的探究类校本学习课程、校本活动课程注重学生动手能力的培养，同时，把选修课与社团活动作为培养学生创新能力的重要平台。丰富多彩的科创选修课及社团活动，不仅能让学生了解创造发明的要点和技法，也能激发学生的好奇心和求知欲，通过对学生自主能力的培养，有效地提升了学生的科创思维品质。

二、优秀教师增强学生的创新能力

教师是教育的血液，能为学校运送新鲜的氧气，带来向前发展的动力与活力。

学校坚持选拔优秀的授课教师担任拔尖创新人才潜质生的指导教师，以此作为培育学生创新能力的重要保障。

为此，学校优化了教师成长路径，以教研组为单位，聚焦老中青阶梯式创新教师的培养，形成多成员、聚合式的创新型教师团队；建立多元教师激励评价机制，重点考察教师学科教学与创新思维、创新精神、创新意识、创新人格的融合。

首先，学校把教师发展工作放在重要地位，以此为突破口，切实提高全体教师的整体素质和创新能力。教师培养的重点不仅聚焦在新课改教学理念的学习、教学设计的实操，更聚焦在创新人才培养策略与学科教学的融会贯通。故学校以课堂教学为主阵地，把"上好课、评好课"作为校本培训的核心工作。

其次，学校内部挖潜，择本校之能人，训本校之教师，学校把校内理论水平较高、实践经验丰富的骨干教师作为校本培训的重要力量，用倾斜性评价激励他们承担校本培训任务，发挥辐射和示范作用。具体来讲，骨干教师通过"师徒结对"活动助力青年教师成长，通过专题讲座、示范课等形式切实让全体教师受益。

再次，学校为教师的学习培训提供有力保障。学校以打造一支具有创新思维、创新技能的教师团队为愿景，为教师提供各级各类学习、培训平台，让教师能根据自身的需要进行灵活选择。同时，学校以"一人学习，众人受益"为目标，变"学员"为"讲师"，邀请参培教师用专题讲座、经验交流、上汇报课等形式展示学习效果，让学习与培训更具号召力、影响力。

最后，学校围绕新课程改革，积极开展"业务大练兵"活动，积极展示创新思维与学科融合的成效。学校利用校本培训的平台，邀请教师分享教学实践中有益的尝试和成功的做法，使教师相互切磋，取长补短；制订教师读书计划，开展教师读书活动，帮助教师了解创新人才培养的前沿理论；开展专题研讨，邀请专家指导，把感性的尝试与经验及时转化为理性的提炼与总结。

三、校外资源拓宽学生的创新视野

校外资源的加入,让教育不再局限于校园,让莘莘学子立足本土,放眼全国,放眼世界,具有更加多元化、全球化的创新视野。

学校充分开发校外资源,为拔尖创新人才早期培养搭建平台。通过校校合作、高校合作、校企合作、家校共育等途径,加强学生实践活动,培育学生创新潜质。具体来讲,学校借助高校及专业机构资源,引进专业培训课程、项目研究课程,提升学生创新思维;依托区域创新企业,搭建体验课程、实践课程,为学生创新实践提供平台;挖掘家长教育资源,形成家校共育创新人才合力。

以学校与高校合作为例。学校引进高校资源,与高校签订战略协议,构建"创新人才早期发现培养体系"。学校拥有获市教育局和市招办批准的中西部地区首个成建制的"拔尖创新人才早期培养实验班",与四川大学签订战略合作,积极探索拔尖创新人才早期培养体系、机制和模式。一方面,学校与四川大学合作开发该班专属的创新教育特色课程;另一方面,学校利用四川大学的资源为该班营造"在科学家身边成长"的学习氛围。该班师生由教授、博士生团队带领,常态化参与科学实践及创新项目研究,进而学习创新思维和创新方法。

又以校企共建为例,学校带领学生近距离接触"高大上"的科研团队。学校在英特尔、华为、京东方等世界知名高科技企业内,在中国科学院成都分院等科研院所内,建立创新实践基地,为学生的创新活动提供实践平台。学校定期组织学生赴创新实践基地开展游学活动,让学生体验科研过程、感受科学精神。

创新的种子在石室天府学子心中生根发芽。他们中的很多人因突出的创新素养、实践能力获得了高校自主招生资格,走上了更好的平台。创新的种子也在学校身上开花结果。近年来,学校成功承办由省科协、省教育厅等8部门共同主办的四川省第 27 届、第 31 届科技创新大赛;成功承办由市教育局主办的"成都市创新教育推进会",会上,唐宇校长做了"双创时代中学创新教育路径探寻"的主题报告。

此外,2016 年,学校获市教育局批准开办中西部地区首个"拔尖创新人才早期培养实验班"。2018 年,学校被正式授牌为"拔尖创新人才早期培养基地学校",学校的拔尖创新人才早期培养项目成为成都市领航高中最具特色的教育改革创新项目。2021 年，学校相关课题"中小学创新人才早期培养资源与体系建设"获得了四川省基础教育教学成果二等奖。

历史传统与高新精神融为一体的石室天府将扎根中国大地，坚定不移地办具有中国情怀和世界眼光的一流学校，培养出一批又一批担当民族复兴大任的时代新人。

高品质学校的文化建构与实施

罗净楠

春风化雨润无声，桃李芬芳总关情。教育的蓬勃发展，始终保持与社会同向、与时代同行、与全体人民需求水平同步。随着科技的发展，人们越来越重视中小学教育，对优质教育资源的需求日趋强烈。人们对教育的需求从"有学上"转化为"上好学"，作为"好学校"标志的优秀学校文化建设迫在眉睫，义务教育优质均衡发展的督导评估标准之一即为学校文化建设水平达到良好以上。我们要以高品质学校建设为突破口，创造优质教育，为人民群众提供"更加公平更有质量的教育"，这是推进学校教育改革的关键，有利于深化基础教育改革，全面推进教育现代化。

一、高品质学校的内涵

（一）持续推进，教育公平

习近平总书记指出，教育公平是社会公平的重要基础，要不断促进教育发展成果更多更公平惠及全体人民，以教育公平促进社会公平正义。

党的十八大以来，以习近平同志为核心的党中央始终把教育摆在优先发展的战略地位，国家财政教育经费占国内生产总值比例连续保持在4%以上。城乡义务教育一体化稳步推进，区域、城乡校际的差距逐步缩小，学生资助制度不断健全，让更多孩子拥有了人生出彩的机会。

（二）基于共识，个性发展

"高定位、高品位、高质量"是学校建设的共识，各学校结合自身文化内涵的实际发展特点，进行校本化的探索、创新，从差异化的视角诠释高品质教学，推进教育教学改革。"为了每一个孩子，办好每一所学校"，是高品质教育理念的具体化、生动化的表达。

英国哲学家思想家丹尼尔·约翰·奥康纳在《教育哲学导论》一书中指出，学校教育的规范、价值和信念等，会使教育愿景有所增强，其作为一种精神力量，融入师生血液之中，从而自觉地反映在师生言行之中，并逐渐地构成学校的教育品格和办学的教育品质。办好高品质学校，走内涵发展之路，要确定优质的学校文化主题，推动学校品牌发展，引导教师培养理想信念，用信仰凝聚学校发展的力量。

二、学校文化的时代内涵

党的二十大报告指出，要增强文化自信。习近平总书记曾指出："一个国家、一个民族不能没有灵魂。"文化兴则国运兴，文化强则民族强。学校是我们人类文化产生和存在的重要形式，其价值在于传承、选择和创新人类文明，其宗旨为构建和谐社会以及培养具有综合素质的和谐的人。学校本身是文化的组织，本体价值就是培育人，引领人的自我变革、自我探索和人类社会的变革探索的系统，推进人的现代化，促进整个社会和谐发展。

（一）学校文化即是课程

学校文化是学校的隐性课程，也是学校最深沉、最持久的课程。学校文化具有多样功能，即示范功能、导向与凝聚功能、扬弃与创造功能、约束与熏陶功能以及平衡与协调功能。从组织文化角度看，学校文化可分为道德文化、教育文化、学习文化、教师文化和学生文化等几个部分。

（二）学校文化意义重大

新形势下，学校文化是社会主义先进文化的重要组成部分。做好新时代学校文化建设，对用习近平新时代中国特色社会主义思想铸魂育人、对全面提高学生素质和广大青年素养、对培育德智育体美劳全面发展的社会主义建设者和接班人有非常重大的作用。全国中小学都要树立校园共同价值观，实现文化自觉；努力追求校园的高质量，提升文化自信度；调动校园全员力量积极参与校园工作，充分发挥校园、教师、学生的集体能动作用；形成校园的学生群体文化、学校课程文化、网络文化、规章制度文化和物质文化。

（三）学校文化具体内容

学校文化是积淀形成的全体师生共同崇尚的价值观、思维模式、活动方法、制度准则等，影响并约束着校园全体成员的精神、思维与行动，是校园可持续发展的强大内推动力，也是校园核心竞争力的关键部分。优秀的学校文化，不是自然生成的，是师生长期用心营造的良好结果。

基础教育改革必须坚定文化自信，学校文化是文化自信的重要基础与依托，是校园生物化形式、精神形态、制度形式的综合表现形式。《国家教育事业发展"十三五"规划》明确指出，要广泛开展文明学校创建，开展形式多样、健康向上、格调高雅的学校文化活动，广泛开展文明校园建设。学校文化建设是学校教育的重要组成部分，是实现依法治校、依法治教的重要环节，是传承传统文化和开展德育的重要内容。

三、石室品牌

校园的优良文化由其价值选择累积而成。学校品牌是学校办学质量的标杆，也是学校优良文化的外在体现。

2009 年 4 月，"成都石室中学教育集团"成立，成都石室中学为当地龙头学校。石室中学以重点学校的优势，以优质教育资源的辐射、指导和示范作用，为基础教育的不断发展做出了重大贡献。

优良的石室传承，构成了校园传承文化；累累硕果获得了公众口碑，也凝结为石室的品牌价值。良好的办学条件、一流的师资力量、生态的德育课程、优质的教育资源、厚重的文化积淀、优良的教育传统，无不彰显着石室品牌的大智慧、大格局、大影响。

四、学校文化的创新实施

德国历史学家斯宾格勒指出，"每一种文化都植根于她自己的土壤，各有自己的家乡和故土的观念，各有自己的景色和图像"。在学校自身历史沉淀中产生的学校文化的基本特征就是接近校园现实，浑然天成。在石室文化的引领下，学校管理者用自己的文化拓展思路，根据学校自身的研究确定了文化主题，并围绕该主题对学校文化进行深入研究、创造与提升。

（一）文化主题

石室天府中学传承石室文化，在高新区的领导下，石室天府中学附属小学诞生了。作为高新区"石室系"学校，这标志着石室天府中学 12 年制教育体系的正式形成，也标志着学校的发展迈出了里程碑式和历史性的一步。

千年传承，创新石室。学校秉承"继承优良传统，打好素质基础，培养创造能力"的办学思想，围绕"五个一流"的办学目标，坚持"愿为每一个孩子的人生幸福奠基"的办学愿景，打造"和谐幸福·活跃创新"的办学特色，抢占"未来教育高端"，积极创办全国一流名校，大胆探索 12 年制办学新模式，探寻小学—初中—高中 12 年拔尖创新人才早期培养体系、机制、模式，力争在全国率先形成"拔尖创新人才早期培养石室天府方案"，努力把学校办成一所省内领先、国内一流、具有中国气质与世界胸怀的，令无数卓越学子向往的求学殿堂。

（二）文化创新

新时代背景下，学校文化除了传承的精神，还有创新的要求。为在石室文化的积淀里探索创新的个性特征，我们深入挖掘学校精神文化的内涵。我们把学校文化梳理为两个方面：

一是传承千年石室精神，秉承不变教育初心。在石室文化的浸润下，把办学理念、育人目标、制度建设、课程设置、环境设计等方面统筹起来，使之形成一个有机整体，对学校管理者、全体教职员工、学生和家长内心深处产生影响，使其发自内心地认同学校在教育本质、教育行为上的文化修养和文化内涵。

二是不断增强文化自信，探索国际理解教育。为培养学生国际视野，石室天府中学附属小学与以色列、新加坡等国家建立国际友好教育沟通渠道，通过多次线上、线下分享交流及互动上课，为孩子们搭建起了沟通理解的桥梁。这是教育的沟通，更是文化的传播。在培养学生的核心素养，提高孩子跨文化交流及沟通能力的同时，培养出既有家国情怀，又能放眼世界的石室学子，是我们探索文化创新的最终目标。

学校文化不仅传承优秀基因，而且不断地进行创新和发展，使学校的发展获得不竭的动力。学校文化能够与时俱进，能够根据时代的要求与党和国家对教育的需求进行调整、推新以及再塑，并能通过完善价值观体系，达到增强学校文化的精神力、提升学校内涵品位的目的。

参考文献

［1］王邦虎. 校园文化论［M］. 北京：人民教育出版社，2000：81－86.

［2］申作青. 当代大学文化论：基于组织文化子系统视野的认知与探索［M］. 杭州：浙江大学出版社，2006：26－79.

基于学生核心素养，促进学生全面发展

——浅谈利用《道德与法治》教学培养学生道德品质

毛 丹

根据教育部办公厅颁发的《关于 2016 年中小学教学用书有关事项的通知》要求，从 2016 年起，小学阶段的原《品德与生活》《品德与社会》教材统一更改为《道德与法治》，并于 2016 年秋季开始使用。笔者认为这是教育部门对国家依法治国战略理念的响应，也是在 2016 年教育部颁布的《中国学生发展核心素养》的基础上，对更全面地培养身心健全的未来人才的积极回应。

对于教材的这一进步，作为一线教师应该更深入地理解课程编写的意图，在继承原教材"生活性、情感性、活动性、探究性、适用范围广"等优点的同时，加入时代的要求，紧紧围绕对学生进行社会主义核心价值观的教育与渗透，促进学生健全人格的培养，让《道德与法治》学科的教学成为知识性学科教育的有力补充。

未来社会对人才的需求早已摒弃了单一知识结构的人，真正的人才也不会是某一领域学术能力强而道德水平低下的人。未来社会需要的是多学科多领域并且人格健全、价值观体系顺应时代要求的复合型人才。小学作为儿童整个人生学习的奠基阶段，除了注重儿童跨学科的综合素质培养外，尤其应在道德规范建立、法治意识的培养上奠定良好的基础，无疑《道德与法治》课就鲜明地承担起了这样的重任。

一、道德品质的培养来源于将课本与生活的结合

儿童道德品质的建立绝不能仅仅流于课本的说教，简单机械的讲解既是

一种毫无创造性的照本宣科，更无法引起学生心理上的共情。而将课本上需要学生养成的道德品质与符合学生年龄特点，具有生活气息的情境结合起来教学，则更能够激发学生的真实需求，让学生乐于去学，并学以致用。

例如，在教学"开开心心每一天"这个主题单元时，笔者从学生生活中常见的小事入手，让学生从生活中感受自信的魅力。单元伊始，笔者创设了一个校园生活中常见的小情景——文文很苦恼一件事情，那就是为什么有的同学不喜欢和她一起玩？

类似的情景在小学阶段的儿童里是非常常见的，但孩子往往因为对大局的认知不够而将对方不喜欢与自己一起玩归纳到自己的内因里，以为是自己不够好不够优秀造成的，而看不到自己依然有许多好朋友和好品质的一面。在课堂上，当笔者一抛出这样的问题时，果然引起了不少学生的共鸣，甚至有几个笔者认为平时人缘非常好的学生也举手说出了类似的经历，看来学习的素材若来源于学生的真实生活，那么取得的功效将会事半功倍。

这个真实情景的创设有两方面的现实意义：一是符合小学低段学生人际交往的面比较散和广，希望多交朋友的思维特点；二是生活中的问题更容易引起学生的思考，更易触动学生的真实体验。笔者抓住了生活中常见的小事，通过这个触媒引起学生的共情。如果单纯地仅仅让学生随意地看看图片、读读文字，再总结出"不能要求所有的人都喜欢你"这个论点，那么显然将会降低学生的思维层次性，达不到引起学生共情的目的。因此，在教学中，笔者先让学生领会"存在即合理"的逻辑含义——其实就是提供另一种思路和策略，再让学生在群体中来辨析寻找存在的科学性和合理性，突出将道德知识点的达成与学生生活实际相结合这一过程，使学生借助有形的生活素材去捕捉、思考、提炼出"生活与道德"的共同点。

在小学阶段的学习生活中，有许多可以与道德相结合的内容，如果教师长期以从实践中来，到实践中去的思维角度引导学生，就能让学生学会以科学理性思维的深度去分析、解决、应用生活中的实际问题，自行建立良好的道德品质。

二、道德品质的建立来源于真实的动手体验

无论多么精美的动画、多么打动人心的故事，离开了学生的亲身操作实践，都会让道德品质的建立成为空中楼阁。因此，将来源于生活的道德需求，通过学生的体验、演绎，内化成学生的道德认同，更能促进学生良好道德品

质的培养。

例如，在教学"我生活的地方"这一主题单元时，笔者抓住"无声的朋友"这些社会公共服务设施，带领学生走进学校周边，通过看、摸、听、访等真实的活动，让学生走出课堂，通过对菜市场的环境整治、公交车站的秩序观察等不文明现象的辨析，以及对发现好的道德素材，如扶老人过马路的交警、整理共享单车停放的市民的学习，从正反两面来让学生体验到作为社会公民哪些品质才是令人称赞的，从而潜移默化地影响学生的行为习惯，让学生不由自主地选择善意的行为。

回到课堂后，根据学生实际感受到的情景，笔者提出相应的问题，如，如果你是买菜的老人，你希望菜市场是一个怎样的情景，你希望的情景应该如何才能实现呢？随后再让学生通过小剧场的形式，再一次巩固从生活中习得的良好品质。

新课标指出，学生知识的获得强调用动手实践、自主探索、合作交流等方式让学生有足够的时间和空间经历观察、实验猜测、计算、推理、验证等活动过程。在这个过程中，学生获得的不仅有纯粹的数学知识，更应该有科学的理念和方法。知识尚且如此，那么一个人道德品质的建立更需要真实的动手体验才能达到心理的高度认同与接纳，从而再外化为日常的行为表现。将传统的、机械的、被动的道德品质塑造过程变成学生自己的主动探究过程，能够促进学生的全面发展。

三、道德品质的明晰来源于在思辨质疑中提升

当今时代，科技迅猛发展的态势远远超出了人们的想象。尤其是各种信息的数字化，让人们获取信息的渠道变得无比便捷与无限扩大。科技带来了人们生活、学习和工作的便捷，也带来了泥沙俱下的海量意识形态，身处其中，如果没有内在的道德修养就很容易淹没于信息的海洋，甚至迷失自我。

儿童的道德修养相对薄弱，判断是非的能力不强，心智更容易受到侵蚀。因此，学校教育要主动承担起儿童时代的心智健康、修身养性和审美情趣等生命个体的道德建设任务。无疑，当今教育学的性质不再将科技与人文对立，而是将科技与人文高度融合，从而让儿童既触摸时代科技的温度，更享受人文的光照，获得教育的全面恩泽。正是基于这样的时代背景，在《道德与法治》课的学习中，更应该对儿童德育引导给予相当的重视。

著名教育家乌申斯基说过："比较是一切理解和思维的基础，我们正是通

过比较来了解世界上的一切的。"单纯的点对点的线性思维不利于学生思辨能力的培养，而道德品质的培养恰恰需要学生拥有更广泛的发散思维和对真理的辨识能力。所以，在教学中笔者常常引起学生不同观点的冲突，使学生在各种矛盾中寻找道德品质，收获科学真理。

例如，在教学"我爱绿枝，我爱蓝天"这一主题单元时，笔者出示了一些在生活中收集到的司空见惯的场景来让学生辩论。例如，某次聚会，与会人员均发放了一瓶矿泉水，一些人喝完了水并将空瓶子带离会场，一些人喝完了水将空瓶子留在了桌子上；一些人拧开瓶盖后喝了一些水并将剩下的水随身带走了；一些人拧开瓶盖后喝了一小口水就将之留在了会场……这些场景并不涉及大是大非的道德评价，学生很快根据自己的理解和需求分成了不同的阵营，在学生辩论的过程中，教师始终保持中立，引导学生将观点控制在大范围的道德立场中。最后当学生无法相互说服时，教师用节约资源与实际需求、回收利用与物尽其用等观点，力图让学生懂得，对一个人道德水平的评价，不能仅仅从自己的认识出发，而应该以更长远、更宽广的角度来思考，更不能把自己的道德标准凌驾于他人之上，以为自己就是正确的，最后将主题升华为做一个珍惜资源并懂得约束自我的人。

当今社会各种思潮不断涌现，这些都或多或少带有个人的感情倾向和思维定式，不一定都是正确或者有用的。因此，教师应该积极培养学生的质疑、辨析精神，鼓励学生勇于向伪权威发起挑战，这才能教育和培养出具有自主思维的现代人。

作为一名《道德与法治》的专业教师，教学的着眼点不能仅仅完成书本上的知识点，更应该高瞻远瞩、高屋建瓴地去预设学生的未来，让学生道德品质的培养过程不仅仅是道德知识的简单习得，更应该看到社会发展对人才的长远需求，在知识性教学中融入科学的思维、科学的方式、科学的现象，引导学生"用科学的态度来获致道德知识"。我们要培养的不仅仅是能够理解良好道德品质的人，更要培养的是具有"高尚的道德情操、扎实的科学文化素质、健康的身心、良好的审美情趣"的社会主义建设者和接班人。

第二章

创新
语文课堂

高 中 》》》

基于大数据的高中语文试题评讲课优化策略

姜　霖

考试是检测学生知识能力水平、诊断教育教学质量的重要方式，试题评讲课是实现这一效果的关键环节。

一、传统高中语文试题评讲课的缺陷

通过使用访谈法和个案分析法对部分教师和学生进行调查，我们发现现有语文试题评讲策略存在以下问题。

（1）试题讲评关注答案本身的正误，而非答案形成的思维过程。以论述类文本阅读为例，公布选择题答案及简单分析答案原因这种方式难以帮助学生深度归因分析、提升阅读能力。

（2）试题讲评程式化、模板化。教师对答题者作答内容中个性化的表达缺乏点评，不利于学生的领悟力、洞察力的培养。以诗歌鉴赏为例，能准确地对诗歌的情感、内涵、语言进行感受与评价是答题者得分的基础，而这种感受与评价因人而异，答题者在遣词造句、语言风格上各有不同。具有个性化色彩的答案，在常规评讲中，难以被教师关注与评点，使学生难以判断自己具有个性化色彩答题内容的优劣。

（3）学习反馈单一。学业测评重视结果评价，把正确率、成绩、排名等同于学生语文素养的最终评价。学生对自己的知识能力缺乏客观评价，对自己的进步缺乏有效感知，导致学习信心受挫，动力受损。

二、基于极课云大数据精准教学管理系统的高中语文试题评讲课优化策略

测评大数据是教育大数据的子集，它是学生在常态性练习作业和考试测评等活动中产生的过程性数据和结果性数据。通过对这些数据进行常态化收集与分析，教师可以及时了解学习者知识的变化情况，不断完善和优化教学设计过程，指导学习者进一步调整学习步伐，全面发挥测评数据价值。在对语文试题评讲课进行优化的过程中，应用极课云大数据精准教学管理系统（以下简称"极课云系统"）作为评讲辅助手段，将有效提升教学效果，解决或改善现有问题。

（一）学情分析——得分数据妙分析，找准学习起航处

（1）利用极课云系统，能准确观察个体学习者的学情。在系统直接呈现的显性数据中，教师可以对个体学习者的学习状态、知识短板进行精准分析。

首先，知识点得分率、题型失误率、错题数据这类信息，展现出该学生前期学习效果和现有能力水平。例如，罗同学连续五次考试的数据显示，她在"正确使用词语、熟语"等知识点的得分率均为 100%，即熟练掌握，而在"翻译句子"这个知识点上她仅仅有 52.92% 的得分率。

其次，教师可通过单个学生距班平及班级最高分之间的差距，语文单科得分在班级、年级的排名比例等数据对学生学习状态的变化特点进行掌握。例如，石同学在 2019 年 12 月的考试中，成绩远低于班级平均分，但在 1 月期末复习期间他成绩回升，与班级平均分持平；经过假期后，3 月该生成绩下滑低于平均分。据此可初步判断，该生知识基础较为扎实，在学业压力下学习效果较好，但自我管理能力不足。

最后，教师可通过关注卷面信息获知学生其他学习情况。例如，通过使用极课云系统查阅、调取、保存学生语文试卷。答题内容的书写、主观题答案的完整度等信息可折射出学生的语文素养，同时展现学生的语文基本功和在阅读过程中的思维过程，是有开发价值的生本资源。

（2）教师可运用极课云系统，通过测评数据准确判断班级学情，对全班的现有知识、能力水平及知识结构进行客观而准确的认知。首先，班级平均分数、标准分、及格率、各分数段比例、最高分、最低分等数据，呈现出班级该次考试的基本情况。其次，教师可通过知识点平均得分率、题型（内容板块）得分率等信息，客观、准确地了解班级当下知识点的掌握水平和知识

结构现状。该数据与年级得分率的差距可展示出班级的优势及提升空间。高频共性错题分析，见表1。高频失分知识点分析，见表2，高频共性错题分析和高频失分知识点分析数据分别从错题和知识点两个角度将"一词多义"这个班级知识短板暴露出来。

表1

题号	题型	知识点	班级得分率	年级得分率	高频错误项	0分人数
1	现代文阅读	课文理解，名著阅读，论述类文本阅读	48.21%	55.76%	B	29人
2	现代文阅读	课文理解，名著阅读，论述类文本阅读	37.5%	26.73%	D	35人
4	现代文阅读	课文理解，名著阅读，一般实用文本阅读	44.64%	51.84%	B	31人
5	现代文阅读	课文理解，名著阅读，一般实用文本阅读	51.79%	43.09%	C	27人
6	现代文阅读	综合读写，课文理解，名著阅读，一般实用类阅读	50.89%	50.31%	—	1人
7	现代文阅读	课文理解，名著阅读，小说阅读，语段综合考查	57.14%	53.46%	C	24人
9	现代文阅读	综合读写，小说阅读，语段综合考查	53.57%	49.19%	—	0人
10	文言文阅读	一词多义，文言文阅读	55.36%	36.87%	C	25人
16	文言文阅读	翻译句子，文言文阅读	57.68%	49.7%	—	0人
18	诗歌鉴赏	古诗词阅读，语段综合考查		35.29%	—	13人
23	语言应用	补充句子，表达简明、连贯、得体		43.39%	—	8人

表2

知识点	班级得分率	年级得分率	相关题号	考点状态
一词多义	55.36%	36.87%	10	首考
翻译句子	57.68%	49.7%	16	首考
古诗词阅读	54.47%	51.06%	17，18	首考
语段综合考查	54.91%	51.19%	7，9，17，18	首考
小说阅读	57.34%	54.56%	7，8，9	首考
综合读写	55.26%	53.51%	6，8，9	首考
课文理解，名著阅读	56.76%	54.59%	1，2，3，4，5，6，7，8，15，17	首考
一般实用类阅读	49.11%	48.41%	4，5，6	首考
论述类文本阅读	56.55%	53.53%	1，2，3	首考

最后，班级成绩、得分率与同层次其他班级的比较，以及与平均分、平均得分率的比较，能呈现班级发展状态，进而可用于判断班级在某一阶段的学习氛围、班风班貌等信息。

（二）学习目标——认知水平做基础，兼顾个体与群体

学习目标作为学习活动的向导，是教学活动的重要依据。在依托课程标准中的课程目标和教材中的教学目标的基础上，教师可通过极课云系统关注学生知识能力的差异，为班级、学生制定差异化学习目标，使学习目标针对性、操作性更强。

1. 把当前的知识点短板作为学生的个性化学习目标

如图1所示，红点所示即为掌握率低于0.6的知识点，对于杨同学而言，学习目标应为掌握知识点"一词多义"，对于袁同学，学习目标应为掌握知识点"补充句子"。

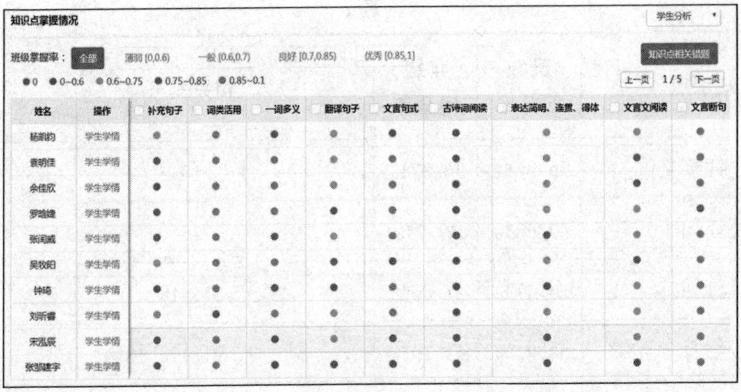

图 1

2. 把班级掌握率明显低于其他班级的知识点设为班级学习目标

如图 2 所示，7 班、5 班"词类活用"得分率较低。鉴于其他班级在该知识点上的得分率均正常，可认为 7 班、5 班整体对该知识点掌握存在短板，在教学中应特别加强，补齐短板，实现成绩提升。

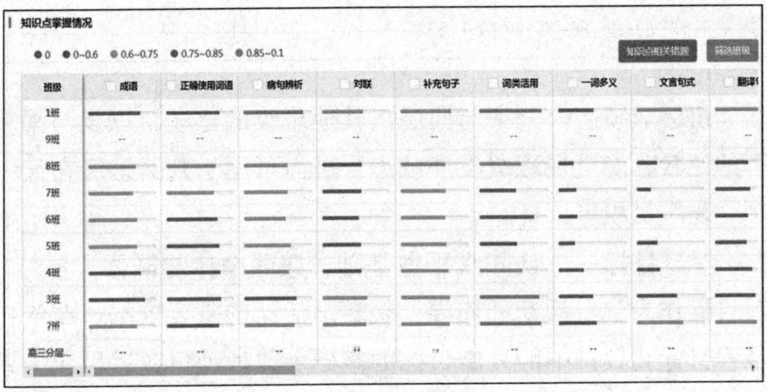

图 2

（三）学习内容——生本资源巧利用，激活思维全过程

在传统的语文试卷评讲课中，题目与"标准答案"是重要的学习内容，具有统一化、标准化的特点，参考效果有限，难以实现对学生思维过程的评定修正。教师可利用极课云系统精准灵活地组织学习内容。

1. 利用题目得分率筛选客观题，突破"面面俱到"的束缚

评讲中，对于主观题，选择高错、易错题作为课堂重点讲评内容。试题中所有题目的得分情况均展示在试题面板中，红色即为得分率低于 60% 的难题，是课堂讲解的重点；橙色即为得分率在 60%—70% 的"较难"题，教师可组织学生小组讨论交流解决；蓝色为得分率在 70%—85% 的"一般"题，教师可在课下一对一点拨；绿色为得分率大于 85% 的"容易"题目，学生自行纠错即可。通过以上方式突出课堂重点，提升教学效率。

2. 利用生本资源破解主观题讲评难点，打破"标准答案"的局限

主观题的讲评是语文试卷评讲课的难点。极课云系统能调取、展示不同得分的"原生答案"，让学生不同层次的思考结果得以清晰呈现。以此为教学内容，能体现以学定教、以生为本的原则，凸显学生的主体地位。具体操作方法如下：

（1）展示优质答案，激发赏识鼓舞。主观题中的满分答案可作为优质答案进行展示和讲评。除展示过程是对答题学生的鼓励和肯定外，不同的满分答案还可拓展学生思路，达到互相启发的效果。对于其他学生而言，该答案比标准答案更亲切可感、明白易懂，更容易理解和掌握。

（2）失误解答呈现，激发自觉反思。零分答案可作为失误解答进行分析。此类答案大部分是由于答题者在该知识点中存在结构性缺陷、能力局限或思维短板，对其反思、修正的过程能有效帮助学生避开答题陷阱、找出知识盲区，达到查漏补缺的目的。

（3）互补解读碰撞，激发对比探究。对主观题中得分率在 50% 的答案进行对比研究。该类答案覆盖学生数量最大，失分部分各不相同，通过对比研究，可使学生对各类失分原因进行广泛认识，在大样本学习的基础上总结问题原因，减少同类失误。

（四）学习反馈——浅表评价皆摒弃，习得可见有导向

计算机支持下的学习评价反馈系统可通过收集学习者的数据痕迹，对采集到的学习过程性与结果性数据进行挖掘与分析，再即时为学习者提供数据分析的结果信息。在该基础上，可充分发挥极课云系统的作用，实现对学生学习成果的评价，并为学生的后续学习提供指导。

1. 梳理知识结构漏洞，让后续学习有明确方向

极课云系统能综合学生多次考试的数据，展示学生现阶段对各个知识点的掌握水平，帮助学生梳理知识结构，从而为学生下一阶段的学习指明方向。如图 3 所示，该生在三次考试中的薄弱知识点一目了然。

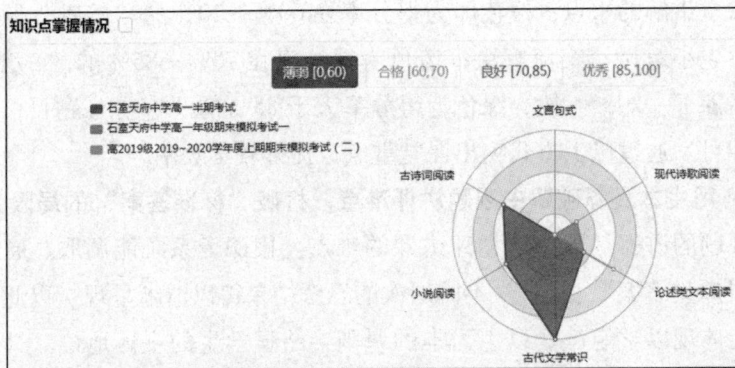

图3

2. 关注知识点得分率的变化，让学后状态可视化

学生在不同的考试中，其同一知识点的得分率变化，可在极课云系统中清晰呈现。学生在学习某一知识点后，其学习的效果不再依赖于主观的"感觉"，而是由得分率趋势图展示，如图4所示。对班级整体而言，某一知识点在不同考试中的得分率趋势图，可以帮助教师准确评价教学效果，对后续教学具有重要指导意义。

图4

（五）学习巩固——个性题集易生成，举一反三常态化

常规的语文试卷评讲中，教师展示答案大部分采用就题论题形式。学生对特定知识点的评讲需求、巩固测试需求难以实现。因此，可利用极课云系统提供的"举一反三"功能对单一学生生成定制化的巩固题目，并附带详细解析，为学生课下的知识内化提升提供有效资源，避免学生盲目刷题。

三、利于极课云系统更好地服务于语文学科教学的建议

从测评大数据与教育教学深度融合在高中语文试题评讲课中发挥的作用看，其在更多的语文教学及其他教学环节中也必将大有可为。根据在一线语文教学的实际应用情况，极课云系统在今后服务一线教学中还存在进一步优化的空间和潜力。

（一）极课云系统中，语文学科的知识点与题目的对应的精准度须提升

在语文学科中，极课云系统对题目所对应的知识点和能力层次的界定比较模糊。课程标准所定义的知识点与题目的有效对应，以及语文核心素养与题目的有效对应还不够严谨。高频失分知识点分析，如"古诗词阅读"涉及的具体知识点"赏析诗歌的情感、鉴赏诗歌语的意象"等在极课云系统中并没有体现。

（二）建议在测评大数据中增加基础知识辅助识记功能

利用测评大数据可构建语文识记知识资源库，帮助学生利用测评数据查漏补缺，让语文识记知识的积累"可视化"。在此基础上，利用艾宾浩斯记忆规律科学地安排复习时间，可帮助学生达到永久记忆的目的。

识记是语文学习的基础。在高考考试大纲中，明确要求识记实词120个，推荐背诵古诗文73篇。现有的大数据资源库中，此类关乎识记能力的知识点均以考题的形式呈现，注重知识的应用而非回归识记本身。以做题代替记忆是低效的。对"名句默写"这一知识点的"举一反三"并不能有效链接原题中所考查的诗句。若能以73篇高考必背古诗文文本为对象生成测评大数据，帮助学生识记没有记忆到位的句子，科学地安排复习强化计划，则可让学生从低效的"死记硬背"中解脱出来。其他学科中需要记忆背诵的知识点均可成为测评大数据的服务对象。

（三）建议极课云系统提供跨学科的数据比较与分析

学生单科年级排名与全科总分年级排名的差值，是诊断学生学科学习发展均衡与否的有效数据。差值越大，则学生偏科现象越严重，需要该科教师及时进行关注与干预。此外，学生最优学科的年级排名与最差学科的年级排名之间的差值，可作为诊断其能力短板和思维局限的有效参考。

四、小结

基于教育测评数据分析的教学优化是一个集教育理念、教学方法、技术应用等综合运用的系统，需要不断地完善和探索。笔者基于运用极课云系统的实践经验，反思传统高中语文试题评讲课的不足，总结了优化策略的五个环节，并结合实际需要，对极课云系统提出三则建议。希望能为一线教师以及相关研究者提供一些借鉴。

参考文献

[1] 陈明选，耿楠.测评大数据支持下的有效教学研究 [J].远程教育杂志，2019，37（3）：95 – 102.

[2] CODATA 中国全国委员会.大数据时代的科研活动 [M].北京：科学出版社，2014：4 – 5.

[3] 李艳燕，马韶茜，黄荣怀.学习分析技术：服务学习过程设计和优化 [J].开放教育研究，2012，18（5）：18 – 24.

[4] 陈明选，王诗佳.测评大数据支持下的学习反馈设计研究 [J].电化教育研究，2018，39（3）：35 – 42，61.

[5] 陈明选，许晓群，王玉家.基于教育测评数据分析的教学优化研究 [J].中国电化教育，2018（5）：80 – 89.

穿行在古典诗歌语词的密林里

——例谈古典诗歌语词鉴赏的教学策略

贺树军

《普通高中语文课程标准（2017 年版）》指出，"语言建构与运用是语文学科核心素养的重要组成部分，也是语文素养整体结构的基础层面"，学生的思维、审美、文化等方面的素养均以语言素养为根基，根深才能叶茂，语文教学应将根深植于语言的土壤，积极引导学生对语言进行感知、积累、梳理、整合和运用。众所周知，语言的建构与运用须基于适合的语言材料，须创设真实的语言情景，而中国古典诗歌堪称培养学生语言素养的典范。

诗歌以其精练的语言、鲜明的形象、丰富的意蕴、深远的意境被誉为镶嵌在文学桂冠上的明珠。诗歌尤其是古典诗歌的语言与其他文学样式的语言相比，更具凝练性、抒情性、跳跃性和含蓄性，中国优秀古典诗歌充分体现了古人"平字见奇，常字见险，陈字见新，朴字见色"的艺术追求，这才有了诸如"为人性僻耽佳句，语不惊人死不休""吟安一个字，捻断数茎须"等炼字佳句。那些经过精心锤炼的字词可谓凝结了诗人心血，体现了诗人高妙的技巧，凝聚了诗人真挚的情意。因此，鉴赏诗歌须先从这些精妙的语词"破土"，然后才能在内容形象、表达技巧、思想情感等方面做进一步鉴赏，才能使学生的语文核心素养扎根、生长，否则一切都可能是水中望月，雾里看花，正如叶圣陶所说："文艺鉴赏还得从透彻地了解语言文字入手。这件事看来似乎浅近，但是是最基本的，基本没有弄好，任何高妙的话都谈不到。"

一、诗歌语词鉴赏的现状

实际教学中，诗歌语词的鉴赏往往存在一些普遍性的问题：或先入为主，在诗歌整体情感的遮掩下，使重要语词的鉴赏被轻易带过；或游离于诗歌文本之外，使关键词语的含义被任意曲解；或偏重字义解释梳理，使精妙语词的品析味同嚼蜡……缺少对诗歌语词具体、准确、深入的鉴赏，学生只能看到诗歌单薄兀立的骨架，而无法欣赏其丰腴润泽的肌理，更无法感受其奔涌跳动的血脉。如果鉴赏无法紧贴着语词进行，如果这类问题长期存在，那么在诗歌鉴赏课上，师生将看不到鲜花与丛林，听不到鸟鸣与泉流，像是穿行在茫茫的戈壁荒漠，无法感受诗歌的语言之美。笔者试以人教版（新课标）高中语文必修四宋词单元为例浅谈古典诗歌语词鉴赏的教学策略。

二、诗歌语词鉴赏策略

（一）分析字理

"（文字）本质上是一种意识形态的建构，是中华美学、艺术、哲学的浓缩，是中华文化的全息性存在。"汉字属于表意文字，汉字字形虽不断演变，字义也在不断变化和丰富，但其诸多义项之间往往存在千丝万缕的联系。字理，就是汉字的构形理据，分析字理，就是分析汉字的构形，去追溯汉字本义或探寻其义项的演变过程和规律，从而发现汉字的文化属性。在鉴赏古典诗歌的语词时，我们可通过对某些关键字词的字理分析，发现汉字承载的文化内蕴；也可品味诗人炼字之妙，或化抽象为具体，或变艰涩为晓畅，或让简易显蕴藉，也即所谓的"平字见奇，常字见险，陈字见新，朴字见色"，从而找到一条通往诗人内心深处的通道。

柳永的《望海潮》可谓诗歌版的《清明上河图》，其中"羌管弄晴，菱歌泛夜，嬉嬉钓叟莲娃"一句极具概括性地描绘出了杭州人民幸福和乐的生活，但学生对诗句中"弄""泛"与音乐的搭配感到陌生，很难体味其用字的精妙，而通过字理分析便可让学生拨云见日，豁然开朗。"弄"是会意字，篆书为"𠂤"，下面的"廾"实为两只手，上面的"王"为玉，"弄"字本义为玩赏美玉。学生可展开想象，弄玉人在把玩玉时定会时而翻转、时而微握、时而轻抚；赏玉人的表情一定时而凝神、时而舒展、时而陶醉。一个"弄"字便可让我们直观地想象出赏玉人内心的激动与愉悦之情。"羌管弄晴"中的弄字也可如是作迁移体味，羌管的笛音也一定是起伏跌宕，时而清越悠扬，时而婉转低回的，笛音就这样在晴空里高高低低，远远近近，急急缓缓，悠悠扬扬，我们也一定能想象吹笛人和赏玉人一样欢快的动作和愉悦的表情。同样，"泛"字形旁为"氵"，《说文解字》解释为："泛，浮也。"其本义为

"漂浮""漂荡",具有轻而慢的特点,这和采菱姑娘们轻柔和缓、若有若无、时断时续的菱歌何其相似,这样就让学生体会到菱歌也具有了水的轻柔纯净的质感。"弄""泛"两字将本来抽象的笛音和菱歌化为具体可感的情景,学生对杭州人民幸福快乐、自然和美生活的感受就更加真切,诗歌的语言美、意蕴美就更能入目入耳入心。

苏轼的《念奴娇·赤壁怀古》中"人生如梦,一尊还酹江月"一句是理解词人思想情感的关键句,也是难点句。其鉴赏可以通过"酹"字寻找突破,"酹"篆书为"酹",字左边的"酉"字为酒杯,也即"尊",而右边的"寽"实际是两只手,"酹"字会为双手捧着酒杯之意,可见酹酒人心怀庄重与敬意。教材将"酹"注解为"把酒洒在地上以示凭吊",也即表示祭奠,一个"酹"字可见苏轼情感的肃穆与庄重,面对江月,他在凭吊周公瑾这样的英雄,也在祭奠自己心中的理想。"人生如梦",此时,苏轼也有了如梦初醒的感觉,被贬黄州时的落寞,年华逝去的惆怅,功业难就的失落,一切都渐趋于冲和平淡,苏轼正在完成一次心灵的突围。

现在很多简体字已经让我们很难辨识出其本义,在解析字理时,有时我们需要将简体字还原为繁体字,如《念奴娇·赤壁怀古》中描写赤壁雄壮之景中有"惊涛拍岸,卷起千堆雪"一句,"惊"的繁体字为"驚",《说文解字》:"驚,马骇也,从马敬声。"指骡、马等因为害怕而狂奔起来、不受控制,现在引申为人的心理状态,指害怕,精神受了突然刺激而紧张不安。站在赤壁古战场,苏轼思接古今,心意驰骋,仿佛置身于那恢宏壮阔的战争之中,刀枪齐鸣,千军掩杀,万马奔腾。所以将"惊"字还原为繁体,既丰富了内容,又拓展了意境,我们更能体味苏轼将眼前的江涛暗化为惊骇奔马所带来的强大视觉冲击力,"在文学文本细读的许多情况下,探讨词义,主要不在于语词的语义特征,而是指对情景特征的陈述"。虽赤鼻矶不是真正的古赤壁,即使浪涛也非真能卷起千堆雪,但这完全是诗人心中之景,这种虚化的处理准确地描述了情景特征,给我们带来了强烈的审美感受。

（二）举类见义

经典古诗词穿过悠远的历史,大浪淘沙,进入教材,进入学生视野,但因诗歌语言的凝练、表达的含蓄等特点,学生与文本和诗人进行跨越时空对话存在诸多障碍,但"人类社会的言语不但带动着语言一起运动,而且促使语言系统发生演变,使得语言成为一个既稳定又发展的系统"。语言有其稳定性,文化有其延续性,找寻到古今语词相似相通的关联,便可激活学生的想象和联想,在咀嚼文字时,学生也就能较易读懂诗歌内容,感受到诗人的情感。在鉴赏语词时,我们可引导学生列举他们熟知的例子,以期触类旁通,联通古今,《屈原列传》中有"举类迩而见义远"一句,这种方法姑且称为"举类见义"法。

苏轼的《定风波·莫听穿林打叶声》中"料峭春风吹酒醒,微冷,山头斜照却相迎"一句写出了雨后天晴,夕阳斜照之景,"迎"字使用极妙,学生能判断此处使用了拟人手法,那拟人有何妙处?有些学生的第一反应就是套搬惯用的"生动形象"之类的术语,或言之肤浅,或言之不全,甚或言之有误,他们的思维和想象可能就此打住。"语感的敏锐,不能单从语言文字上揣摩,而要把生活经验联系到语言文字上去",教学中可启发学生先用"迎"字组词,组出如"迎接""欢迎"之类的词语,这样就回到了他们最熟悉的生活语言系统;再让他们举出生活中自己或他人在迎接、欢迎时的具体情景,学生就能感受到迎或被迎的那种亲切、热情和温暖之感;再将这种感觉回置到原诗,苏轼遭遇自然和人生风雨后,被暖暖的斜阳迎着,那种被自然悦纳的惬意、愉悦和坦然也就极易理解了。同样,柳永《望海潮》中写孙何"乘醉听箫鼓"的"乘"字的鉴赏也可采用此法,由"乘兴"等组词,学生可联系生活中类似情景,孙何游赏在自己治理的美丽富庶的杭州城,那种兴奋与陶醉便不言而喻。

"举类见义"的"类"除了来自学生的真实生活经历,也可来自他们的阅读经验,如前文所说的"菱歌泛夜"中"泛"字的鉴赏,可引导学生回忆苏轼的《赤壁赋》中"苏子与客泛舟游于赤壁之下。清风徐来,水波不兴"的句子,两个语境中的"泛"字可作对举理解,在"清风徐来,水波不兴"的江面"泛舟",舟的自由无碍、轻盈漂荡和寂静夜晚里菱歌的轻柔缥缈高度相似,一个具体,一个抽象,二者可作互补理解,这样的比照既丰富了学生的想象力,又提高了他们的审美能力。又如,在鉴赏柳永的《雨霖铃》中经典诗句"执手相看泪眼,竟无语凝噎"时,可举出《诗经》中"执子之手,与子偕老"来辅助理解,同是"执手",一是依依离别,一是坚贞承诺,两相对比,可让我们深切体味到柳永和心上人离别时的难舍与痛苦。

(三)替换比照

经典古诗词很多字都经过了诗人千锤百炼,所谓百炼成金,"这一字"在这首诗里也只能是"这一字",不可换作其他字词,否则就会让原句原诗失去魅力、或形象减了光泽、或情感变得寡味、或意蕴失去醇厚。比较才知优劣,教学中，可让学生改诗，将诗词中的关键字词替换为其他近义字词，然后认真比照，仔细玩味，找出差距，从而达到品析语词的目的。

例如，李清照的《醉花阴·薄雾浓云愁永昼》中传诵千古的名句"莫道不销魂，帘卷西风，人比黄花瘦"一句既然用了比喻手法，那"比"可否换作"似"或"如"？在进一步比较中，学生发现此处不能只简单理解为比喻，也即非简单的形似，李清照为什么要和黄花比瘦？诗人在用"比"字时，在潜意识中已将黄花当作了人，自觉比黄花还瘦，这当然是一种夸张，但这种心理恰恰是她独居愁苦所致。本该与丈夫团聚的重阳佳节，李清照却独守空闺，寂寞相思，愁肠百结，以致有些恍惚，她将花拟人，只能与黄花相对，与黄花对语，与黄花倾诉，情至深处，自觉比眼前瘦弱纤细的黄花还瘦，心中有愁有怨，有嗔有怜。这已不是一个简单的比喻，我们可以从"比"字读出更丰富的情韵和意味。

又如，苏轼的《定风波·莫听穿林打叶声》中"一蓑烟雨任平生"一句也是理解全词的关键，那"蓑"字能否用"身"字替换，序言中不是有"雨具先去"吗？没有了蓑衣，那换作"身"字岂不更合诗意？通过"任平生"，学生较容易辨析出"蓑"具有双关义，但"蓑"究竟比"身"好在哪里？蓑是雨具，是具体的物象，文字给我们传递的是具象的画面，这和前面的"竹杖芒鞋"形成呼应。苏轼已经从官场俗务中走出，从被贬的痛苦失意中挣脱，走进了淳朴清新的大自然，他已将自己看作了一个地地道道的农夫。自然、坦荡、乐观、豁达，这就是苏轼设计的未来的自己，从"蓑"字我们读出了苏轼别样的心理，也读到了一个不一样的苏东坡。

替换比照能有效提高学生的鉴别力和鉴赏力，古诗词教学中我们可精心设计此类教学环节，经常引导学生多角度、多层次赏析诗歌语词。这种另辟蹊径的鉴赏方法如果变成学生的一种自觉行为，也就成为学生可以受用终身的能力。

诗歌语词的鉴赏方法还有很多，这里不做一一枚举，教学中可多种方法综合运用。但语词鉴赏须遵循整体性、想象性、适度性原则：鉴赏不可与诗歌整体语义意境割裂，所有的理解都能与原诗融为有机整体；思维也不能局限于一词一语，应尽可能激发学生的想象，盘活他们的积累；想象又不可天马行空不着边际，文本是鉴赏的原点，也是终点。古典诗歌是浓缩的精华，师生都须潜入文字细读慢品，咂摸涵泳，不急不躁，就像品一杯香茗，需要慢慢地将它泡开，然后才能欣赏、品味，诗歌的色、香、味才能悦人耳目，才能沁人心脾。

参考文献

［1］中央教育科学研究所．叶圣陶语文教育论集［M］．北京：教育科学出版社，1980：265．

［2］曹明海．语文教学本体论［M］．济南：山东人民出版社，2007：245．

［3］王先霈．文学文本细读讲演录［M］．桂林：广西师范大学出版社，2014：62．

［4］岑运强．语言学基础理论［M］．北京：北京师范大学出版社，2006：34．

初 中 ❯❯❯

浅谈单元整合教学的课型设计

——以部编版语文教材七年级上册第二单元为例

严久宁

一、问题的提出：对单元整合教学价值的认识

传统课堂常采用单篇教学，学完一课再学一课，学生需要花费大量的时间和精力，才能一课一课地学完教材中的知识，而同一单元中有些知识点和能力点又具有一定的内在联系，在教学中很容易出现重复教学的现象。单元整合教学则不同，它将单元打通，对整个单元的教学内容进行结构化、系统化的重组。这就在很大层面上避免了重复教学的现象，提高了教学效率。

单元整合教学还可以跳出单篇教学思维的局限，在辨识与提取、比较与分析、整合与融通、评价与反思中，提升学生的思维能力。

基于单元整合教学的优势，在常态教学中，越来越多的教师喜欢采取"单元整合教学"的方式。本文以部编版语文教材七年级上册第二单元为例，聚焦单元整合教学的基本课型设计，探讨单元整合教学的基本范式。

二、教什么：确定单元整合教学内容

单元整合教学与单篇教学一样，都有两个共性的问题要解决，即"教什么""怎么教"。

在我们的语文课堂上，常常看到这样的现象：有的课高深莫测，我们就夸赞，说这堂课很有深度；有的课专挑旁枝末节来深挖，我们就竖起了大拇

指，说这堂课很有新意。仿佛"标新立异"的课就是好课。常态教学中，我们到底是"求深求新"，还是"规范地完成"？笔者的观点是：常态教学，首先要规范地完成，然后才能求深求新，单篇教学如此，单元整合教学亦然。

那么，单元整合教学的教学内容又怎么确定？依据是什么？笔者认为，应该把"课标要求""编写意图"和"具体学情"作为单元整合教学内容确定的依据。"课标要求"是方向，"学什么"得根据"教材价值"来选，"学到什么程度"还得根据"具体学情"来定。现结合七年级上册第二单元，具体谈一谈单元整合教学的内容怎么确定。

（一）课标要求

课程标准对义务教育阶段提出了总体目标和学段目标，但并未提出具体的单元目标。就七年级上册第二单元而言，能在课标中找到的设计依据有如下两方面。

1. 阅读教学方面

"能用普通话正确、流利、有感情地朗读。""在通读课文的基础上，理清思路，理解、分析主要内容，体味和推敲重要词句在语言环境中的意义和作用。""对课文的内容和表达有自己的心得，能提出自己的看法，并能运用合作的方式，共同探讨、分析、解决疑难问题。""欣赏文学作品，有自己的情感体验，初步领悟作品的内涵，从中获得对自然、社会、人生的有益启示。对作品中感人的情境和形象，能说出自己的体验；品味作品中富于表现力的语言。"

2. 写作教学方面

"写作要有真情实感，力求表达自己对自然、社会、人生的感受、体验和思考。""写记叙文，表达意图明确，内容充实具体。"

（二）编写意图

部编版教材按照"人文主题"和"语文要素"双线组元。就七年级上册第二单元而言，通过阅读单元助学系统，可以知道，编者想要实现的意图如下。

1. 人文主题方面

本单元各篇文章，都在表现亲情，属于"亲情单元"。教学中，应努力引导学生调动自己的生活经验和情感体验，实现"理解作者情感"与"陶冶自身情感"的双重目的。需要注意的是，本单元各篇文章的主旨，又不限于亲情，还可以读出其他丰厚的内涵，可引导学生多元解读。

2. 语文要素方面

从阅读技能的角度看，本单元紧承第一单元，要求继续训练朗读；本单元又有别于第一单元，第一单元侧重训练"外部语音技能"，而本单元侧重训练"内部心理技能"。从写作技法的角度看，本单元的另一个能力点是了解不同文章抒情的特点，如有的显豁明了、有的深沉含蓄。

（三）具体学情

1. 从生活环境来看

现在的孩子被父母长辈之爱包裹，容易以自我为中心，缺乏对他人的包容和体谅。因此，对七年级的孩子进行亲情教育显得尤为必要。

2. 从学力水平来看

七年级的孩子其学力水平还停留在小学六年级阶段，而在划片招生的背景下，学生的层次差异也较大。因此，在设计学习活动的时候，应考虑到不同层次学生的需求，设计一些容易激发学生兴趣的活动，以期实现教学效果的最优化。

（四）确定单元教学内容

基于课标的要求，以及对单元编写意图的理解和学情的分析，本单元的教学内容可以聚焦于"人文主题"和"语文要素"两个方面。

1. 人文主题

理解各篇文章所表现的亲情，丰富学生的亲情体验，同时使学生深化理解，尝试读出亲情之外的情感内涵。

2. 语文要素

继续学习朗读，读出感情；了解不同文章抒情的不同特点，是显豁直白还是深沉含蓄；学会记事，把事情写清楚，把事情写得有感情。

三、怎么教：设计单元整合教学方案

（一）课型设计

单元整合教学的特点在于打通课与课的界限，对教学内容进行模块化的整体推进。为此，设计出整体推进的课型，这些课型要体现出逻辑关联和层次递进，从思想内容到艺术形式，要符合学生的认知规律。

仍以部编版语文教材七年级上册第二单元为例，谈一谈单元整合教学的课型设计方案，见表1。

表1

课型	课时	课时目标	设计意图
整体连读感知课	2	通读六篇课文,整体感知每篇课文的内容;绘制思维导图,理清行文思路	整体推进,感知内容,厘清层次,为整体融通课做铺垫
整体融通阅读课	4	品味语言,体会感情;比较异同,多元解读主题;前后勾连,探究不同文章的抒情特点	整体推进,品味语言,对思想内容、艺术形式进行模块化的解读
朗读技能提升课	1	通过朗读指导、朗读练习、朗读比赛,提升学生的朗读技能	落实语文要素目标,培养朗读能力
读写结合写作课	3	从阅读走向写作,学会记事,把事情写清楚,把事情写得有感情	落实单元写作教学目标

(二)活动设计

课型一:整体连读感知课

整体连读感知课作为单元的起始课,要达到的目的是:熟悉课文,整体感知文章的内容及感情,理清行文思路,为整体融通课做铺垫。整体连读感知课要在"读"和"整体感知"上做文章。

朗读的形式和要求,要紧扣单元目标。七年级上册第二单元的教学目标之一是继续学习朗读,我们可以把"朗读"作为教学的起点,第一层次的朗读,以自由朗读的形式进行,达到熟悉课文内容的目的。并且,紧承七年级上册第一单元的朗读训练点,从"外部语音技能"上,提出具体的要求:声音响亮,发音准确,吐字清晰,读得流畅。同时,给学生下达具体的两个朗读任务,以任务来驱动对六篇文章的整体感知。

任务一:填写表2,整体感知每篇课文的内容

表2

篇名	内容
《秋天的怀念》	叙写了病入膏肓的母亲忍受着巨大的病痛,隐瞒着自己的病情,小心翼翼地照顾着瘫痪的儿子,直至生命的最后一刻
《散步》	叙写了一家三代人在初春的田野上散步,途中发生分歧,解决分歧的平凡小事

续 表

篇名	内容
《金色花》	想象"我"变成一朵金色花，与妈妈一天三次嬉戏的场面
《荷叶·母亲》	由雨打红莲，荷叶护莲的现实情景，联想到母亲对女儿的呵护与关爱
《咏雪》	叙写了谢家儿女寒雪日即景赋诗的情景
《陈太丘与友期行》	叙写了陈太丘与友人相约同行，友人却失信失礼，元方针锋相对，批评友人的故事

任务二：绘制思维导图，梳理文脉，理清行文思路

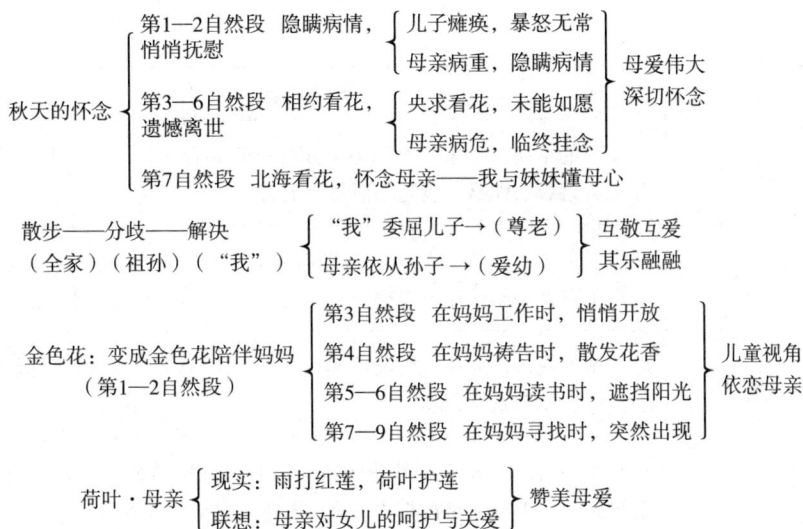

秋天的怀念
- 第1—2自然段　隐瞒病情，悄悄抚慰
  - 儿子瘫痪，暴怒无常
  - 母亲病重，隐瞒病情
- 第3—6自然段　相约看花，遗憾离世
  - 央求看花，未能如愿
  - 母亲病危，临终挂念
- 第7自然段　北海看花，怀念母亲——我与妹妹懂母心

母爱伟大　深切怀念

散步——分歧——解决
（全家）（祖孙）（"我"）
- "我"委屈儿子→（尊老）
- 母亲依从孙子→（爱幼）

互敬互爱　其乐融融

金色花：变成金色花陪伴妈妈（第1—2自然段）
- 第3自然段　在妈妈工作时，悄悄开放
- 第4自然段　在妈妈祷告时，散发花香
- 第5—6自然段　在妈妈读书时，遮挡阳光
- 第7—9自然段　在妈妈寻找时，突然出现

儿童视角　依恋母亲

荷叶·母亲
- 现实：雨打红莲，荷叶护莲
- 联想：母亲对女儿的呵护与关爱

赞美母爱

图 1

课型二：整体融通阅读课

"整体融通阅读课"是单元整合教学中最重要的一种课型，它既是对一个单元内几篇文章思想内容和艺术形式的整理和归纳，也是将单元所学知识与学生生活的融通和运用。就教学价值而言，"整体融通阅读课"指向对学生评价与鉴赏能力的培养，着眼于思想建构、审美判断和文化理解，其核心是对学生思维能力的提升。

"整体融通阅读课"设计的关键是要找到单元融通点。七年级上册第二单元的六篇文章，都在讲述"亲情"，主题相同，可以将其作为"融通点"，巧

妙地以"探究单元编排"作为这一课型的统领活动。在统领活动之下，又设计三个子活动作为支撑，具体如下。

活动一：前后比较找联系

联系本单元课文，说一说编者为什么要把这六篇文章编在一起？

明确：都是表现亲情的文章，主题相同

但是六篇文章放在一起，为何没有重复赘余之感呢？

明确：是因为它们又有所不同。

活动二：前后勾连找不同

（1）亲情的内涵不同

本单元各篇文章都在表现亲情，这是相同点，但同中也有异，每篇文章抒写亲情的角度不同，亲情的内涵也是不同的，见表3。

表3

篇名	亲情内涵
《秋天的怀念》	从儿子的角度写母亲，表现了母爱的艰辛和伟大；表达了对母亲的怀念、感激、愧疚；表达了对母爱的赞美
《散步》	从生活琐事的角度，写一家人面对分歧时的互敬互爱，互相谦让，表现了尊老爱幼的传统美德，以及夫妻之间彼此尊重的相处之道
《金色花》	以儿童的视角，表达对妈妈的爱和依恋。表现儿童沐浴在母爱之中的美好，充满童真童趣
《荷叶·母亲》	从女儿的角度，表达对母爱的领悟，通过自然界荷叶护莲的场景，联想到现实中母亲对女儿的呵护，表达了对母爱的赞美
《咏雪》	从长辈教化晚辈的角度，表现了一家人亲密无间、其乐融融、志趣高雅的家庭氛围
《陈太丘与友期行》	从品质的角度，展现了一个方正的儿童与不方正言行的较量，表现出义正词严地维护家人的尊严

（2）主旨的外延不同

本单元各篇课文的主旨，又不仅限于亲情，还可以读出其他丰厚的内涵，见表4。

表4

篇名	其他内涵
《秋天的怀念》	有作者对"好好儿活"的生命意义的领悟：只有绝望的人，没有绝望的人生，余生当满怀希望，活得烂漫如花。从绝望到希望，这是生命的成长
《散步》	有对生命的感慨；有人到中年特有的责任感
《咏雪》	有表现古代少年的聪慧与卓越的才华；有表现古代高知家庭的良好家风
《陈太丘与友期行》	有表现古代少年的机智与美好的德行，展现了古代家庭对儿童"品德"的塑造；告诉我们做人要守信懂礼

主题的丰富性，很好地体现了本单元的教学，在人文主题方面，既有"单元的统一"，聚焦"亲情"，又有"单篇的突破"，多元解读。

（3）抒情的特点不同

比较本单元前三篇课文，解读其抒情特点，见表5。

表5

篇名	解读	抒情特点
《秋天的怀念》	作者内心的情感本是汹涌澎湃、痛彻肺腑的，但文章的叙述语调却显得平静内敛，没有任何直接抒情、咏叹呼号的句子，文章的感人力量，全部来自那些不事渲染、本色呈现的细节	深沉含蓄
《散步》	这两课的感情，在字里行间一望而知	显豁明了
《散文诗二首》		

活动三：一封家书寄深情

现在的孩子被父母长辈之爱包裹，容易以自我为中心，情感淡漠。在这里，我们仅仅唤醒和丰富学生的亲情体验还不够，还应该再往前一步，让这种情感体验流动起来。为此，教师设计了"一封家书寄深情"的延读活动，将单元所学知识与生活融通起来。

活动形式：读了本单元的六篇文章，唤起了你对亲情的哪些感悟？从下面的菜单中，选择对你触动最大的一点谈谈你的感受，并将它写成一封信，寄给你的亲人，见表6。

表 6

话题一	沐浴在亲情中，你是否只知接受，不会感动，也不懂回报呢？
话题二	你感受到的母爱与史铁生笔下、冰心笔下的母爱有什么异同？
话题三	你是否也有过对母爱的漠视、对母亲的愧疚？
话题四	当你与家人有意见分歧时，你是如何处理的？

孩子们"谈感受"，让情感体验流动起来，以"传家书"的形式，让这种体验延伸到课外、延伸到家人，让孩子们对亲情的理解得到升华。

小结式提问：本单元这样编排有什么好处？

本单元的六篇文章，虽然都在抒写亲情，但抒写的角度不同，涵盖了亲情的全维度：长辈、父母、夫妻、儿女。将"亲情"的内涵从不同角度诠释得很深刻、很丰富，很有中国的味道，这样编排使本单元的内容更丰富，感情更细腻，主题更深刻。教材是在向我们的"传统文化"致敬，意在坚守住我们文化的根、民族的魂，坚守住我们的"初心"，很好地体现了核心素养中，"审美"和"文化"方面的价值导向。

课型三：朗读技能提升课

在"整体连读感知课"中，有了第一层次的朗读训练，侧重于"外部语音技能"。"朗读技能提升课"是基于内容理解基础上的第二层次的朗读，这种朗读侧重于"内部心理技能"，就是要读出感情，教师设计了三次活动来实现这一目标。

活动一：朗读指导

如何做到有感情地朗读？

（1）要读出重音，停连。

（2）要读出语气，节奏。

（3）要把握朗读的感情基调。

针对每一篇文章，设计出指导菜单，见表 7。

表 7

篇名	朗读指导
《秋天的怀念》	① 感情基调：沉痛、感伤，结尾处又有一种达观释然的宁静。 ② 第一自然段与第三自然段两次写到"我"与母亲的对话。可以尝试分角色朗读，注意传达出"我"和母亲在两次对话中不同的心情

活动二：朗读练习

（1）学生在朗读菜单中，任选一篇，标注朗读脚本，各自试读，见表8。

表8

篇名	朗读菜单
《秋天的怀念》	第一自然段和第三自然段中的两处母子对话
《散步》	第一、五、八自然段，读出一家人互敬互爱、其乐融融的美好氛围
《散文诗二首》	全文朗读
《世说新语》二则	全文朗读

（2）在试读的基础上，请优秀的学生示范，其他学生做评价，提建议。

（3）如果学生读得不好，教师可做朗读示范。

活动三：朗读比赛

举行现场朗读比赛，展现朗读训练成果，并与第一层次的朗读比较，测试朗读技能的提升效果。

课型四：读写结合写作课

七年级上册第二单元的作文训练点是"学会记事"，教材明确地提出了两点要求：把事情写清楚，把事情写得有感情。这两点要求，又是记事的两个能力层级。教师具体设计了三个活动：写作指导、写作实践、习作评改。

活动一：写作指导

把事情写清楚：以读促写，向课文学写作，试着填写下面的表格，看看《散步》一文是怎样把事情写清楚的，见表9。

表9

起因	出现矛盾	解决矛盾	结局
一家人在田野上散步	母亲要走大路，大路平顺；儿子要走小路，小路有意思	"我"决定委屈儿子，顺从母亲，走大路。但母亲看看孙儿，改变了主意，走小路	一家人在小路上散步

总结课文经验：写清楚，就是要写出事情的起因、经过、结果。动笔之前，先把事情的来龙去脉理清楚，再按照一定的顺序写下来。其中，事情的经过是记叙的重点，要详细写。

把事情写得有感情：向课文学经验，《秋天的怀念》一文中回忆了与母亲有关的几件往事，都是作者的亲身经历，言语之间渗透着对母亲的爱和怀念，以及对自己少不更事的追悔，读后令人感伤不已。

总结课文经验：怎样把事情写得有感情？首先，要写自己经历的事情。其次，真情实感需要通过一些方式表达出来。例如，注意锤炼语言、抓住感人的细节、运用恰当的描写手法、集中的抒情语段等。

活动二：写作实践

作文题目：《那一次，我真_____》

要求：①写一篇记叙文。②先审题，再拟提纲，最后当堂成文。

活动三：习作评改

评改标准：以中考作文评价为标准，不详述。

评改流程：①四人小组内，相互评改作文；②自己再修改提升；③小组内再次互评，然后选出优秀作品；④将全班的优秀作文整理成优秀作文集，刊印出来。

四、单元整合教学应注意的问题

单元整合教学还有一个问题应引起重视，即整合中既要有单元意识，也要有单篇意识，要做到单元中见单篇，单篇服从于单元。若没有单篇的突破，整合就是空谈。单元整合教学改变了传统单篇突破的做法，但并不意味着可以忽略单篇深读。只是，在整合教学中，单篇不是独立地存在，而是成了整合中的重要组成部分。

总而言之，常态教学中，开展单元整合教学是系统而复杂的，还有许多问题需要教师不断地探索。本文以部编版语文教材七年级上册第二单元为例，粗浅地谈了单元整合教学的基本课型设计，探讨单元整合教学的基本范式，这些都还只是探索的开始，愿求教于大方！

参考文献

［1］戴申卫.制定适切的学习目标——线上线下混合式学习需要注意的关键前提［J］.地理教学，2020（7）：41-43.

［2］中华人民共和国教育部.义务教育语文课程标准（2011年版）［M］.北京：北京师范大学出版社，2012：2-4.

［3］杨与婷.部编本小学语文教材文言文选编研究［D］.桂林：广西师范大学，2020.

［4］宋会敏．"统编本"语文教材的语文知识评估——以七年级语文教材现代文阅读知识为例［D］．上海：上海师范大学，2019.

［5］崔新月．语文教研活动要坚持守正与创新［J］．大连教育学院学报，2020，36（2）：7-9.

［6］程倩雯．聚沙成塔，以情动人——一堂写作摄录课的反思：添加细节融入情感［J］．新课程（下），2019（4）：137.

例谈说明文教学对学生思维能力之培养

丹 央

自《义务教育语文课程标（2022 年版）》颁布，"核心素养"正式被引入义务教育阶段，思维能力作为核心素养内涵中的重要一环，受到了极大关注。以语言运用为核心与载体，培养学生的语文思维能力已作为课程目标被正式提出。又因说明文自身极具科学性、逻辑性，说明文教学成了培养学生思维能力的有力阵地。

一、从课标变化中察说明文教学培养思维能力之方向

《义务教育语文课程标准（2022 年版）》提出"思维能力是指学生在语文学习过程中的联想想象、分析比较、归纳判断等认知表现，主要包括直觉思维、形象思维、逻辑思维、辩证思维和创造思维。思维具有一定的敏捷性、灵活性、深刻性、独创性、批判性。有好奇心、求知欲，崇尚真知，勇于探索创新，养成积极思考的习惯"，相较 2011 年版"在发展语言能力的同时，发展思维能力，学习科学的思想方法，逐步养成实事求是、崇尚真知的科学态度"，新版课标在思维能力的认知表现、内涵界定和特点上有了更为明确的界定，在语言运用中培养思维能力之要求更为迫切。

就说明文的学段目标的解说上，2022 年版和 2011 年版课标完全一致，即"阅读说明性文章，能把握文章的基本观点，获取主要信息。阅读科技作品，还应注意领会作品中所体现的科学精神和科学思想方法；写简单的说明性文章，做到明白清楚"，将说明文教学须达成的学段目标都聚焦在"读懂及写作"上。然新版课标在学业质量标准中对说明文教学的目标进行了更细致的解读，"阅读说明性文字，能区分事实与观点；能提取、归纳、概括主要信息，把握信息之间的联系，得出有意义的结论；能利用掌握的多种证据判断

信息的真实性与可信度，能运用文本信息解决具体问题"。据此，我们可以更高效地进行说明文教学，借此对学生的思维能力进行训练和发展。

有侧重、有步骤地提升学生思维能力，这是新版课标对说明文教学的期待，并已在新课标的学业质量标准中悄然指明方向。

二、于一线课堂中觉说明文教学培养思维能力之必要

然而理想是丰满的，现实却是骨感的，初中一线课堂中说明文教学的现状堪忧。很多教师围绕着说明文三要素组织教学，凡说明文皆处理"说明对象、说明方法、说明顺序"这三部分内容，教师上课可以说是了无生趣，学生学习也是苦不堪言。说明文课堂呈现模式化的回答，说明文的内容不再有人去关注，反倒是用所谓的说明文的知识去消解掉所获取的信息，甚至有些学生不看说明文本身，拿着题就开始按套路作答，学生的思维被这样的课堂禁锢。

另一种情况就是将说明文的内容本身当成了学习内容，使语文课失去了语文味。譬如，在教学《大自然的语言》时，学生化身为资深的生物学家，潜心探究物候学的影响因素；在教学《阿西莫夫短文两篇》时，学生又变身为地理学家和天文学家，解释板块构造理论和彗星撞击学说；在教学《大雁归来》时，又让同学们着重探求大雁的迁徙规律和习性；在教学《时间的脚印》时，让同学们成为小小科学家，由一块岩石判断更多的信息。何苦来哉？说明文固然会有知识性，但是当它在语文课中出现时，如何使它最大限度地保有语文味，不忽略它的语言形式、行文逻辑，这种分寸感和侧重点，很多一线教师难以把握。在上述类型的课堂上，学生就内容答内容，思维始终在浅表层滑行，很难向更深处漫溯，看似热闹的课堂，思维的含金量并不高。这种课堂蒙蔽性极大，容易让教师产生"这节课上得还不错"的错觉，反倒更应引起我们重视。

基于这样的课堂现状，说明文教学并未承担起培养学生思维能力的大任，反倒将学生的思维固化。因此，从现实层面来看，在说明文教学中探究提升学生思维能力的策略有其必要性和紧迫性。

三、在单元视域下谈说明文教学培养思维能力之策略

初中阶段将说明文单元集中在了八年级上册第五单元和八年级下册第二单元，按说明对象划分，八上五单元为事物说明文，八下二单元为事理说明

文，符合八年级学生由浅入深的思维认知规律。现以八下二单元为例，谈谈在大单元整合的背景下说明文教学培养思维能力的策略。

（一）学习目标须变

华东师范大学张心科教授提出说明文教学"应该重回阅读目的是'获取信息'这个原点"，笔者深以为然。获取信息是说明文最重要的教学内容，碎片化的说明文知识输入反倒肢解了说明文对信息的准确高效的传递，我们所要教给孩子们的，绝不是套路，而是阅读说明文的策略，即如何获取信息。例如，知道了药品说明书采用了列数字的说明方法，但不明白那些数据所传递出来的真切信息，那样的学习不也是竹篮打水一场空，徒有其表而已。

因此，张心科教授阐释道：阅读说明文，一方面要通过解说明白的文本，掌握一望而知的信息；另一方面更要通过各种方法掌握其无法解说明白的重要信息，即需要读者通过搜索、综合、归纳、分析、推理、应用等方法获得的这些信息。可见，通过某个说明性文本教学生获取文本信息的方法，是说明文教学的主要内容。

（二）教学方式要改

确定学习目标后，教学方式也要应势而变。传统的教学方式以讲授为主，教师在课堂上一连串地提问，学生配合式地快速作答。看似热闹的课堂却并没有完成思维体操，你问我答的教学方式严重限制了学生的思维，使学生的思维趋同化，令人着急。

而着眼于提高学生思维能力的课堂，必须让学生自发地加入课堂，有主动完成课堂任务的兴趣。并通过设置更具情境化的学习任务，以期起到事半功倍的效果。

以八下二单元为例，可设计驱动任务，使学生成为追求科学与理性的科普博主，并思考：创作怎样的科普文章才更易被读者接受，项目任务为在公众号上发布科普文章，完成线上科普微讲座，进而形成项目成果，如一篇推文或一次微讲座。而八下说明文就作为知识与能力建构的重要一环，学生要想完成驱动任务，必须认真地将这四篇文章吃透，且能达到迁移运用，这样的教学及评价，比之前仅靠做题、测试来得有乐趣且有意义得多。

（三）授课策略且试

1. 理清说明思路，训练思维的有序性

八下二单元所涵盖的四篇事理说明文《大自然的语言》《阿西莫夫短文两篇》《大雁归来》《时间的脚印》，它们的逻辑都是由浅到深，由现象到本质的纵向线性展开。《大自然的语言》从什么是物候和物候学引入，到阐述影响物候的四种因素，再到研究物候学的意义；《恐龙无处不在》从南极发现恐龙化石，加之恐龙不适合在南极生存，提出假想，是大陆在漂移不是恐龙在漂移，进而提出板块漂移学说，学生分析验证，从而得出结论——南极发现恐龙化石确能证明板块构造理论；《被压扁的沙子》也是由此及彼，由结果到原因的很好例证，从斯石英的发现，推导出恐龙灭绝的原因；《大雁归来》是按时间顺序，从 11 月的大雁一声不吭地南飞、到 3 月大雁回来、再到 4 月大雁集会，5 月大雁集会渐渐减少，读起来较其他几篇略轻松，似乎也同大雁一道轻松远足；《时间的脚印》由生活时间引出地质时间，再详细阐述岩石如何记录时间，最后谈岩石记录时间的意义。几篇文章条理清楚地将事理娓娓道来，理清其说明思路为教学内容的重中之重，理应成为教学的重难点，加以突破。

如何引导学生理清说明思路呢？在具体教学过程中有以下两种办法。

第一，借助思维导图，让学生思维可视化。例如，在教学《被压扁的沙子》时，如何从斯石英推导到恐龙灭绝的原因是撞击说，学生画了如图 1 所示的思维导图。

图 1

基于此，可基本断定学生将个中缘由已了解清楚，教学时只需要点拨学生易忽略的点，即拉顿地区岩层的年龄为 6500 万年，可以追溯到恐龙灭绝的年代，扣上这一环，学生的逻辑推演可更为缜密。

第二，借助段落顺序的排列，让学生思维序列化。例如，在教学《大自然的语言》时，笔者设置了这样的教学环节，第 7—10 自然段（即物候现象来临的取决因素）的顺序能否被打乱，以此促使学生思考这样排序的本身有从主到次、从时间到空间的逻辑顺序支撑。又如，在教学《时间的脚印》时，笔者提出，故宫用铜壶滴漏计时的内容是否应该调整位置？在经过同学们讨论后，发现可以调整到第二自然段省略号后，作为人们想出的记录时间方法的例子，也可以保持不动，作者的原意即用类比说明，铜壶滴漏和岩石记录时间的方式都是基于此消彼长的原理。

2. 对比文本异同，培养思维的深刻性

在进行对比阅读时，学生会对做比较的对象进行比较、分析、综合、判断这些深层的思维加工，这样就能在头脑中形成新的思维过程，这种方式不仅能使阅读达到高效，而且能使思维的深刻性得到发展。

具体教学过程中也有以下策略可供参考。

第一，对比原文与改文：在教学《时间的脚印》时，请学生根据思维导图将文章改写到 200 字以内。再请学生进行对比，学生赫然发现原文在表述关键信息的基础上，还使用了很多文学性的手法，譬如引用高士其的《时间伯伯》，用了诸多拟人、比喻的修辞手法。再往下想，自然就能延伸到处理本文的语言风格的问题上，如科学小品文承担着向大众科普的任务，必须通俗易懂，生动活泼。

第二，对比同一主题的文章：如《大雁归来》和《动物笑谈》，学习完后可引导学生做一个比较，从二者的表达方式、语言风格、主题思想等入手，紧扣这类文章科学性与通俗性相统一的特点，更能深入地把握此类文章作者的科学方法和科学态度。

第三，比较同一单元的文章：如《大自然的语言》和《时间的脚印》，这两篇文章都遵循从现象到本质，说明思路也大体一样，都是逐渐引出话题后，对事理进行深入阐释，最后谈研究的意义。且，这两篇文章在阐释事理时运用了多种逻辑顺序，将其对比，有助于完善学生对逻辑顺序的把握，以期学生日后能够更有层次、更有条理地表达。

3. 迁移阅读技能，发展思维的广阔性

第一，从教读课文迁移到自读课文：依据教材中对教读课文和自读课文的划定，如学习完《大自然的语言》后，学生能否自主学习《时间的脚印》，从提取信息，再到归纳概括信息，再到阐释运用。这不失为一个好的阅读技能的迁移训练，这样学生更能巩固读懂这类文章的方法和策略。

第二，从课内迁移到课外：如在学习《大自然的语言》时，成都刚好打了几声惊雷，笔者据此提出一般江淮地区在惊蛰时期会打雷，为何成都较江淮地区晚了十多天呢？这自然和影响物候现象的因素有关，同学们在课堂上兴致勃勃，不仅利用课文中提到的物候知识，也在课堂外积极查找资料，从读懂信息到运用信息，笔者认为目的已经达到了。

第三，从这一篇迁移到这一类：如学完《大雁归来》后，教师也可以让学生顺势于利奥波德的《沙乡年鉴》，利用学到的获取信息的方法，进一步拓展到其他篇目，以期学生更好地理解作者倡导的生态伦理观。

在说明文教学中能切实提高学生的思维能力，这本身是一项任重而道远的工程，笔者只期通过自身的尝试，能在这个领域取得一点突破，但也因自身理论和经验的不足，观点难免有偏颇和不成熟的地方，敬请指正。

参考文献

［1］中华人民共和国教育部．义务教育语文课程标准（2022年版）［M］．北京：北京师范大学出版社，2022：5.

［2］中华人民共和国教育部．义务教育语文课程标准（2011年版）［M］．北京：北京师范大学出版社，2011：6.

［3］中华人民共和国教育部．义务教育语文课程标准（2022年版）［M］．北京：北京师范大学出版社，2022：42.

［4］张心科．重回"获取信息"的原点：说明文教学的问题与对策［J］．语文教学通讯，2020（11）：14-20.

［5］张文艺．初中说明文项目学习设计研究［D］．成都：四川师范大学，2022.

扬核心素养之鞭，策以文化人之骥

——基于新课标背景下初高中一贯制语文教学新实践

樊勤攀

2022 年 4 月 21 日，教育部颁布了《义务教育语文课程标准（2022 年版）》。与 2011 年版的课程标准相比，新课标有以下几个新变化：新增了核心素养的内涵，新增了课程内容，新增了六个任务群，新增了学业质量要求，新增了教学研究与教师培训板块，课程实施中的教学建议也做了很多调整。

从课程内容设计来看，新课标提出了不同层次的学习任务群，第一层是基础型学习任务群，1 个任务：语言文字积累与梳理。第二层是发展型学习任务群，3 个任务：实用性阅读与交流、文学阅读与创意表达和思辨性阅读与表达。第三层是拓展型学习任务群，2 个任务：整本书阅读和跨学科学习。其中，跨学科学习强调的是拓宽语文学习和运用领域，围绕学科学习、社会生活中有意义的话题去开展阅读、梳理、探究、交流等活动。

由此可见，对学生核心素养的培养在语文课堂教学中需要被格外重视。新课标明确指出语文核心素养包括：文化自信、语言运用、思维能力和审美创造。"文化自信"首次在语文课标中被强调，且放在核心素养内涵之首，这应该是最大的变化。之前高中版课标的要求是理解与传承，新版的课标要求为文化自信。文化是一个国家、一个民族的灵魂，是一个国家和民族自立的精神支撑。再观 2022 年高考语文全国甲卷、全国乙卷、新高考 I 卷、新高考 II 卷四套试卷，它们由教育部教育考试院组织命制，试题落实"立德树人"的根本任务，充分挖掘中华优秀传统文化的当代价值，汲取革命文化和社会主义先进文化蕴藏的深厚力量。我们作为语文教师，在坚定文化自信上，要明确方向，语文教学一定是立足核心素养，以文化人；一定是让学生在广泛的阅读浸润中领悟古人出色的思想内涵，在实践中厚底气、强骨气、长志气。

立足核心素养，以文化人，大家都知道这很重要，但该如何做到呢？我们语文教师，尤其是初高中一贯制的语文教师更要思考，如何做到立足核心素养，以文化人。

毫无疑问，从对课程内容的解读中我们会发现：多阅读、会阅读、善于阅读，是立足核心素养，增强文化自信的最有效方式。

一、教师要引导学生了解一批增强文化自信的优秀读物

习近平总书记指出："中华优秀传统文化是我们最深厚的文化软实力，也是中国特色社会主义植根的文化沃土。"新高考 I 卷信息类文本阅读提供了两则材料：材料一节选自习近平总书记于 2016 年 5 月 17 日在哲学社会科学工作座谈会上的重要讲话，他强调要加强对中华优秀传统文化的挖掘和阐发，让民族性更加符合当代中国和当今世界的发展要求。材料二摘编自郑敏的《新诗百年探索与后新诗潮》，文中主要讨论重建中国本土诗歌传统和传统诗论的现代转化等问题，提出"没有传统何谈创新""古典诗论的当代人文价值"等看法，与材料一的核心观点紧密呼应。哪些是增强文化自信的读物呢？笔者认为，那些历经时间洗礼的经典古文值得我们含英咀华，我们的初中学生，应投入更多的时间去品经典、咀英华，于感悟中弘扬中华优秀传统文化。

我们可以从初一年级的文言文选篇中去阅读《世说新语》《论语》《吕氏春秋》《列子》《资治通鉴》《乐府诗集》等中华优秀传统书目，从传统文化中探寻中华文明的悠久历史和人文底蕴，寻找育人的源头活水，引导学生准确把握中华优秀传统文化的内涵与价值，深入思考中华文明在当代的创新性发展。

"熟读唐诗三百首，不会吟诗也会吟。"中国古典诗词，尤其是唐诗宋词，应该是中华文化经典的代表，引导学生在学习《义务教育语文课程标准（2022 年版）》中初中语文优秀诗文背诵推荐篇目（60 篇）之余，品读《唐诗三百首》，然后可以按诗人的创作风格来进行分类归纳整理，班级举行读《唐诗三百首》的分享活动，让孩子从小就在诗歌的滋润下进行生命的发育。此外，还可以引导学生品读《唐诗鉴赏词典》《宋词鉴赏词典》，懂诗家语，明诗家路，让中华文化精神内涵和人文精神激发学生内心深处的自信和自豪。

除了传统古诗文，我们还应该推荐一些现当代优秀篇章，通过博古融今，增强新时代青少年文化自信力量。

反对愚孝，解剖人性，关注普通人的悲苦，引导初一学生阅读《朝花夕拾》《骆驼祥子》等部编版全本名著系列学生精读版现当代优秀作品，让学生于思辨中树立正确的人生观、世界观、价值观。

反思来路、提炼精神，我们还应该引导学生于感悟中传承革命文化。

习近平总书记指出："中国革命历史是最好的营养剂。"革命年代缔造了伟大的红色精神谱系，锻造出反映中国共产党价值追求与精神风貌的革命文化。初中学生可以反复咀嚼体味教材中的《驿路梨花》《老山界》《谁是最可爱的人》等作品中蕴含的革命文化营养，领悟"人民是真正的英雄"的内涵。

二、教师要督促学生养成坚持整本书阅读的好习惯

当今社会，各种媒体闪亮登场，人们在快节奏的工作和学习生活中越来越倾向于碎片化阅读，但碎片化阅读获取的知识零碎，初一学生很难通过碎片化阅读形成知识体系，因此完整阅读仍然是培养孩子阅读兴趣最好的方法。完整阅读既可以增加学生的知识量，又可以提升学生的阅读水平和语言概括能力。作为语文老师，我们更应该帮助学生爱上读书，养成阅读的好习惯；平时除了每周末布置读书任务，更应该好好利用寒暑假，发动全班读书。要想使学生的阅读效果好，还应该建立监督机制，比如建立 QQ 读书群，规划三周或者四周的打卡时间，规定学生每天定时反馈读书形式，上传读书批注并将反馈结果以照片的形式直观地呈现在群里，使学生相互督促，善始善终。教师根据出勤情况评选出阅读自律之星，对其进行全班表彰，当即使规定的阅读打卡时间已经结束，孩子们依然还会坚持在群里打卡，不受监督，自觉自愿时，就意味着部分同学已经形成明显的阅读自律性。教师可以乘势而为，开学后坚持每周一节晚自习阅读，或者拿一节正课给学生阅读，每周阅读 2 万多字，初中三年坚持下来，我们不愁学生积累不了 260 万字的阅读量，不愁学生上了高中不爱读书，因为良好的阅读习惯会让他们自觉"一日不读书，尘生其中，两日不读书，言语乏味，三日不读书，面目可憎"。

综上所述，立足核心素养，增强文化自信，初高中一贯制语文教学皆应重视阅读，使学生勤阅读、会阅读，多读历经时间检验的中华民族的经典古诗文，多读体现现当代文化精髓的名家名篇，多读增进了解，加深情感的本土地方文化读物。教师制定与时俱进的有效监督反馈机制，营造阅读环境和阅读氛围，让学生在阅读中感悟生命被滋养的丰盈。一个人的阅读史就是一个人的精神成长史，而一个民族的精神境界，在很大程度上取决于全民族的

阅读水平。最后，希望我们都可以在新课标大背景的广阔草原上扬核心素养之鞭，策以文化人之骥！

参考文献

［1］ 中华人民共和国教育部．义务教育语文课程标准（2022 年版）［M］．北京：北京师范大学出版社，2022.

［2］ 陈希．青年人要在新时代伟大实践中长志气、强骨气、厚底气［N］．光明日报，2021 - 08 - 11.

［3］ 郑敏．新诗百年探索与后新诗潮［J］．文学评论，1998（4）：77 - 84.

第三章

创新

数 学 课 堂

高 中 >>>

借助思维导图将思维"可视化"解决压轴题

——以 2022 年高考全国甲卷理数 12 题为例

姜远航

　　我们在面对思维需求量较大的题目时，往往思维上具有一定的困难。而思维导图，可以帮助我们更好地呈现思维过程，以思维导图将思考过程可视化，达到厘清逻辑的基本过程。这里，我们以全国甲卷 12 题为例，来探索一下如何使思维在清晰的流程中得以更好地展示。

一、题目呈现

　　例 1：已知 $a = \dfrac{31}{32}$，$b = \cos\dfrac{1}{4}$，$c = 4\sin\dfrac{1}{4}$，则（　　　）。

A. $c > b > a$　　　　B. $b > a > c$　　　　C. $a > b > c$　　　　D. $a > c > b$

　　本题为 2022 年全国高考理科甲卷第 12 题（选择题最后一题），是一个典型的比较大小的问题。这一类问题充分考查了学生对知识的综合应用，对数学方法的选取也会显得多种多样。这里我们提供几种解法，和大家加以讨论。

二、解法分析及详解

（一）对于 b、c 的大小比较

　　首先，我们注意到 b、c 两个数中，有非常显眼的数字"4"，因此这里通过构造函数将这个固定的 4 变为一个变量，是构造函数中非常典型的一种处理方式。同时，如果挖掘三角函数的特性，试着解决这个比较大小的问题，

我们也可以考虑将角的三角函数，用几何方法构建出来。我们通过思维导图，将下列三种解法呈现出来。

下面的思维导图，笔者从代数思路分析方式和几何思路分析方式分别制作了一个图，以期望能够更清晰地表达出解决问题的突破口和思考方式。

（1）代数思路思维导图，如图 1 所示。

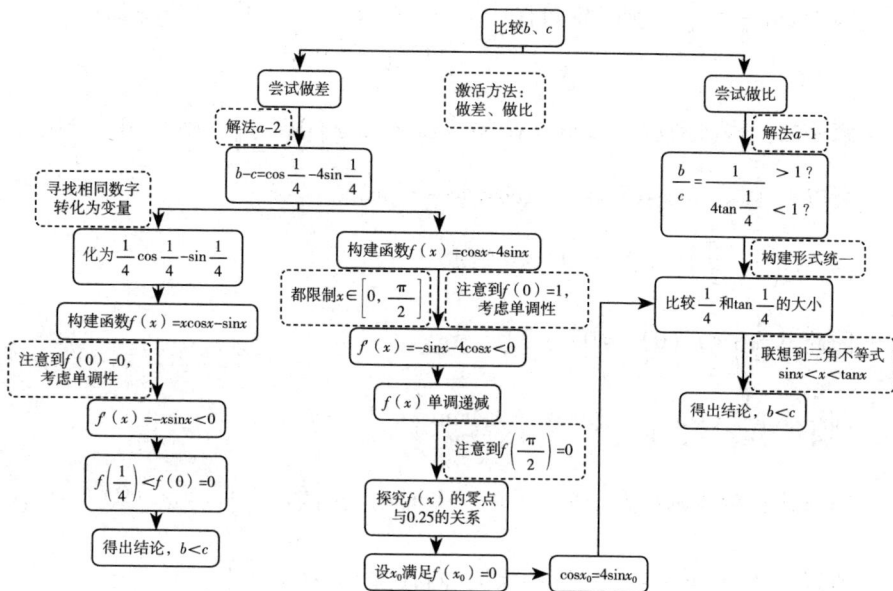

图1

（2）几何思路思维导图，如图 2 所示。

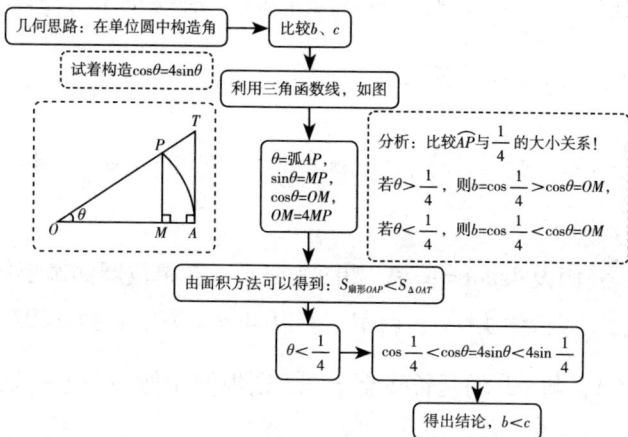

图2

解法一： 直接做比，利用不等式：当 $x \in \left(0, \dfrac{\pi}{2}\right)$ 时，$\sin x < x < \tan x$。

由题意，$\dfrac{b}{c} = \dfrac{\cos \dfrac{1}{4}}{4\sin \dfrac{1}{4}} = \dfrac{1}{4\tan \dfrac{1}{4}}$。

因为 $\tan \dfrac{1}{4} > \dfrac{1}{4}$，所以我们有 $\dfrac{b}{c} = \dfrac{1}{4\tan \dfrac{1}{4}} < \dfrac{1}{4 \times \dfrac{1}{4}} = 1$，所以得到：$b < c$。

解法二： 构造函数 $f(x) = x\cos x - \sin x$，$x \in \left[0, \dfrac{\pi}{2}\right)$，则 $f(0) = 0$。

所以 $f'(x) = \cos x - x\sin x - \cos x = -x\sin x$.

当 $x \in \left(0, \dfrac{\pi}{2}\right)$ 时，$f'(x) < 0$ 恒成立。

因此 $f\left(\dfrac{1}{4}\right) < f(0) = 0$。

即 $\dfrac{1}{4}\cos \dfrac{1}{4} < \sin \dfrac{1}{4}$，即 $\cos \dfrac{1}{4} < 4\sin \dfrac{1}{4}$，所以 $b < c$。

解法三： 构造函数 $f(x) = \cos x - 4\sin x$，$x \in \left[0, \dfrac{\pi}{2}\right)$，则 $f(0) = 1 > 0$。

所以 $f'(x) = -\sin x - 4\cos x < 0$，对任意 $x \in \left[0, \dfrac{\pi}{2}\right)$。

所以 $f(x)$ 在 $\left[0, \dfrac{\pi}{2}\right)$ 上单调递减。

我们考虑 $f(x_0) = 0$，则有 $\cos x_0 = 4\sin x_0$，所以 $\tan x_0 = \dfrac{1}{4}$。

由不等式：当 $x \in \left(0, \dfrac{\pi}{2}\right)$ 时，$\sin x < x < \tan x$。

$\tan x_0 = \dfrac{1}{4} > x_0$，所以 $f\left(\dfrac{1}{4}\right) < f(x_0) = 0$。可知：$\cos \dfrac{1}{4} - 4\sin \dfrac{1}{4} < 0$。

所以 $b < c$。

解法四： 我们设 $4\sin\theta = \cos\theta$. 如图 3 所示，在单位圆的扇形区域 OAP 中，$\angle AOP = \theta$，过 P 做 $PM \perp OA$ 于点 M，所以 $\sin\theta = MP$，$\cos\theta = OM$，$OM = 4MP$。

过 A 做 $AT \perp OA$，与 OP 的延长线交于 T，则根据相似三角形可知：$\dfrac{MP}{OM} = \dfrac{AT}{OA}$，

所以 $OA = 4AT$，所以 $AT = \dfrac{1}{4}$。

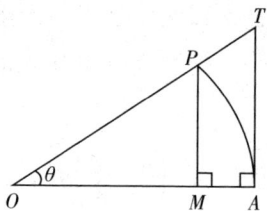

图3

扇形 OAP 面积为 $S_{扇形OAP} = \dfrac{1}{2}\overset{\frown}{AP} = \dfrac{1}{2}\theta$，$S_{\triangle OAT} = \dfrac{1}{2}|OA|\cdot|AT|$。如图3可知，$S_{扇形OAP} < S_{\triangle OAT}$，所以 $\theta < \dfrac{1}{4}$。

由于 $\sin x$ 在 $\left(0, \dfrac{\pi}{2}\right)$ 上为单调增函数，而 $\cos x$ 在 $\left(0, \dfrac{\pi}{2}\right)$ 上为单调减函数，且 $\theta < \dfrac{1}{4}$，于是有：$\cos\dfrac{1}{4} < \cos\theta = 4\sin\theta < 4\sin\dfrac{1}{4}$，所以 $b < c$。

在以上四种解法中，解法一是常规的通过两式比值与1的大小来判断，具有普遍性，是我们首先可以想到的问题。

解法二和解法三是构造函数，也是对不同式子中的相同量加以抽象把握得到的函数模型。而解法中提到的两种函数构造方法，其实告诉我们即使我们没有一次性选出最优的函数模型（实际问题中也往往不可能一眼就选出最优解），通过合理的分析也能够找到解决问题的途径。

解法四本质上是来自对教材思想的深度挖掘。教材上通过单位圆，充分呈现了三角函数的几何特征。我们不妨借助教材的想法，通过几何构造来尝试比较。既然要比较大小，那我们不妨先寻找到相等时候的临界点。这种方法其实和我们解法二和解法三中寻找函数隐零点暗暗相和。解法四背后的逻辑思路，其实也是在考虑 $\dfrac{1}{4}$ 弧度，与恰好使得 $\cos x = 4\sin x$ 的角的弧度做比较，然后利用中间值将两个数的大小加以划分，特别有趣的是，这里 $4\sin x$ 中的4，就不能直接化为变量，否则失去了两个三角函数值的深刻联系。

（二）对于 a、b 的大小比较

从上面我们已经看到，对于比较大小的问题，最重要的思想就是从所给的例子中寻找相似性。而对于数值的比较，我们往往可以考虑函数的构造。第一种解法就是基于构造函数的基本思想来完成。

首先，在构造过程中，对于 $\dfrac{31}{32}$ 的处理尤为重要。往往我们还不会一次性就想到利用二次函数加以构造。那么，是否一次函数就不行了呢？在最后我们会借助积分思想，对于这一个问题进行更深入的思考。我们可以看到，这其实也不是死路一条。

其次，在注意到有不等式当 $x \in \left(0, \dfrac{\pi}{2}\right)$ 时，$\sin x < x < \tan x$ 我们可以尝试在 0 的附近，把 $\sin x$ 和 x 直接联系起来从而丢掉正弦符号，而 b 的表达式却是 $\cos x$，因此可以考虑化成 $\sin x$ 函数来加以放缩尝试。这就为我们提供了第二种解法的思路。

最后，继续挖掘形式一致化的想法，我们也可以考虑把 $a = \dfrac{31}{32}$ 化为角的余弦。回顾教材，我们会发现教材上本来就是通过单位圆来定义了三角函数，并且构建了三角函数线这样的有向线段来对三角函数加以表示。那么我们也可以得到一个在单位圆中，利用几何方法来探索解决的一种思路。

下面我们利用思维导图来可视化思维过程，如图 4 所示。

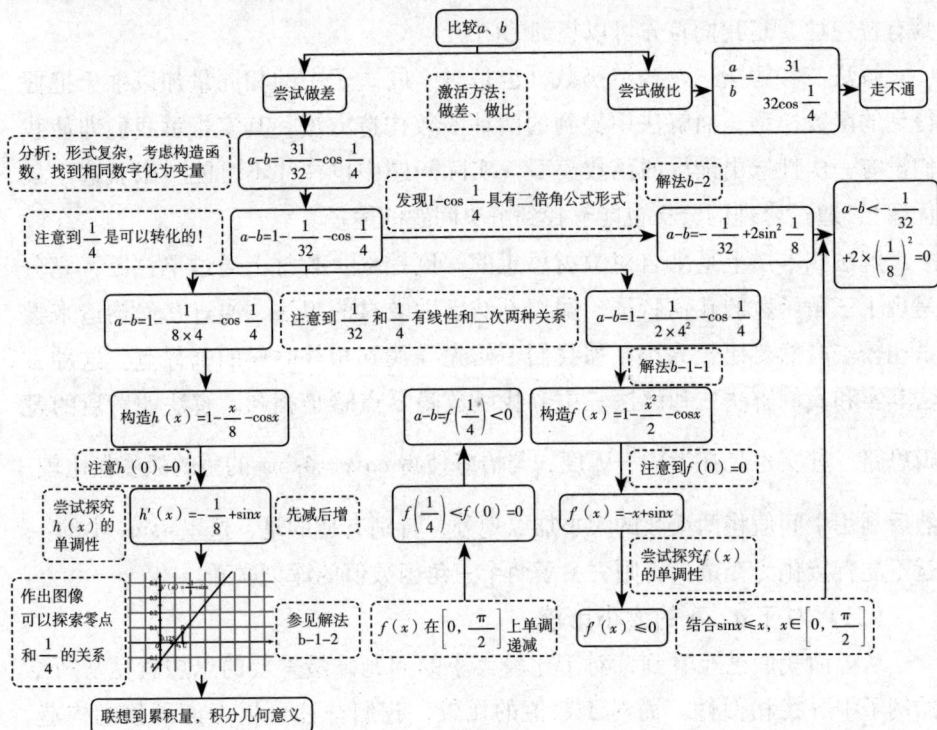

图 4

同样，我们通过回归教材，利用几何方法加以思考，可以得到思维导图，如图 5 所示。

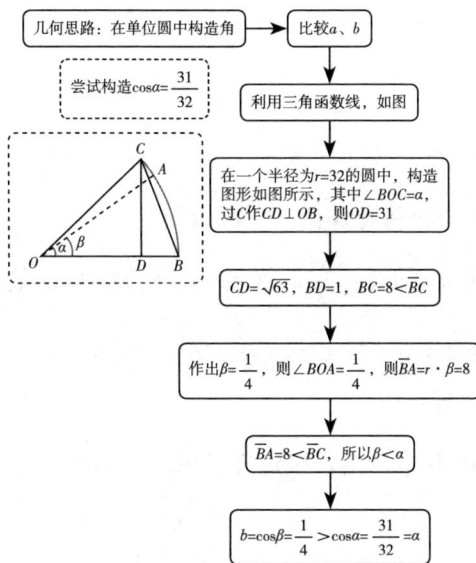

图 5

解法五： 构造二次函数。

设 $f(x) = 1 - \dfrac{1}{2}x^2$，$g(x) = \cos x$，则 $a = f\left(\dfrac{1}{4}\right)$，$b = g\left(\dfrac{1}{4}\right)$。

我们考虑 $h(x) = f(x) - g(x) = 1 - \dfrac{1}{2}x^2 - \cos x$，$x \in \left[0, \dfrac{\pi}{2}\right]$。

则 $l(x) = h'(x) = -x + \sin x$，$x \in \left[0, \dfrac{\pi}{2}\right]$。

所以 $l'(x) = -1 + \cos x \leqslant 0$，$x \in \left[0, \dfrac{\pi}{2}\right]$。

所以 $l(x)$ 在区间 $\left[0, \dfrac{\pi}{2}\right]$ 上单调递减。

所以 $l(x) \leqslant l(0) = 0$，即 $h'(x) \leqslant 0$，$x \in \left[0, \dfrac{\pi}{2}\right]$。

所以 $h(x)$ 在区间 $\left[0, \dfrac{\pi}{2}\right]$ 上单调递减。

所以 $h\left(\dfrac{1}{4}\right) = a - b < h(0) = 0$，即 $a < b$。

那么对于构造成的一次函数形式，我们将在后面通过解法八进行更深入的介绍。

解法六：发现二倍角关系。

由二倍角公式，$\cos\frac{1}{4} = 1 - 2\sin^2\frac{1}{8}$，结合不等式：当 $x \in \left(0, \frac{\pi}{2}\right)$ 时，

$\sin x < x < \tan x$。

所以 $\sin\frac{1}{8} < \frac{1}{8}$，所以 $\cos\frac{1}{4} = 1 - 2\sin^2\frac{1}{8} > 1 - 2 \times \left(\frac{1}{8}\right)^2 = \frac{31}{32}$，即 $a < b$。

解法七：利用单位圆将特殊值三角函数化。

我们设角 α 满足 $a = \cos\alpha = \frac{31}{32}$，在一个半径为 $r = 32$ 的圆中，构造图形如

图 6 所示，其中 $\angle BOC = \alpha$，过 C 作 $CD \perp OB$，则 $OD = 31$，所以 $CD = \sqrt{63}$。

所以 $BD = OB - OD = 1$。

连接 BC，$Rt\triangle BCD$ 中，由勾股定理，$BC = 8 < \overset{\frown}{BC}$。

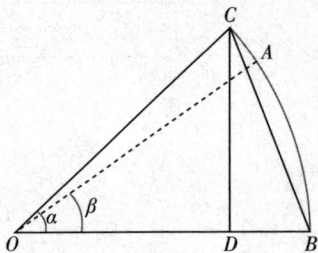

图 6

若在图中作出 $\beta = \frac{1}{4}$，则 $\angle BOA = \frac{1}{4}$，则 $\overset{\frown}{BA} = r \cdot \beta = 8$。

由图可知，$\overset{\frown}{BA} = 8 < \overset{\frown}{BC}$，所以 $\beta < \alpha$。

又 $y = \cos x$ 在区间 $\left[0, \frac{\pi}{2}\right]$ 上单调递减，所以 $\cos\beta > \cos\alpha$。

即 $b = \cos\beta = \frac{1}{4} > \cos\alpha = \frac{31}{32} = a$。

（三）深挖题目背景，借助大学先修知识来解决问题

1. 利用积分处理 a、b 的一次函数构造比较

对于我们前面提到的在 a、b 的比较中，如果将 a 构造成了一个一次函数

$f(x) = 1 - \frac{1}{8}x$，则 $a = f\left(\frac{1}{4}\right)$，这时候我们会发现：

解法八： 构造一次函数。

设 $f(x) = 1 - \dfrac{1}{8}x$，$g(x) = \cos x$，则 $a = f\left(\dfrac{1}{4}\right)$，$b = g\left(\dfrac{1}{4}\right)$。

我们考虑 $h(x) = f(x) - g(x) = 1 - \dfrac{1}{8}x - \cos x$，$x \in \left[0, \dfrac{\pi}{2}\right]$。所以

$h(0) = 0$，则 $h'(x) = -\dfrac{1}{8} + \sin x$，$x \in \left[0, \dfrac{\pi}{2}\right]$。

所以 $h'(x)$ 在区间 $\left[0, \dfrac{1}{4}\right]$ 上单调递增，且存在唯一一个零点 x_0，$\sin x_0$

$= \dfrac{1}{8} < x_0$。

作出 $h'(x) = -\dfrac{1}{8} + \sin x$ 的图像，如图 7 所示，其中 $C(0.25, 0)$。

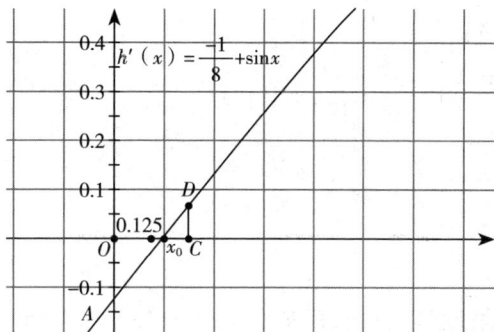

图 7

因为设 $l(x) = h'(x) = -\dfrac{1}{8} + \sin x$，所以 $l'(x) = \cos x$ 在区间

$\left[0, \dfrac{1}{4}\right]$ 上单调递减，即 $h'(x)$ 在区间 $\left[0, \dfrac{1}{4}\right]$ 上单调递增，且增长速度逐渐变慢。再结合图形观察，可以知道图中曲边三角形 OAx_0 的面积 S_1 大于曲边三角形 x_0CD 的面积 S_2，即 $S_1 > S_2$。对于这一点的详细证明，我们还可以通过构造曲边三角形 x_0CD 关于点 $(x_0, 0)$ 的对称图形 $x_0C_1D_1$，因为曲线段 Ax_0 的变化速率比曲线段 x_0D 的变化速率要快，所以曲线段 x_0D 的对称曲线段 x_0D_1 会被限制在曲线段 Ax_0 和 x 轴之间，再加上 $x_0 > 0.125$，因此点 C_1 会位于线段 Ox_0 上。这样，曲边三角形 $x_0C_1D_1$ 就会完全被包含于曲边三角形 OAx_0 内，我们就可以严谨地得到 $S_1 > S_2$。

根据定积分的定义，$h(x_0) - h(0) = -S_1$，$h\left(\dfrac{1}{4}\right) - h(x_0) = S_2$。

所以 $h\left(\dfrac{1}{4}\right) - h(0) = S_2 - S_1 < 0$，所以 $h\left(\dfrac{1}{4}\right) = a - b < 0$，即 $a < b$。

2. 利用泰勒展开式对 a、b、c 的大小判断一步到位

更进一步地挖掘出题背景，我们会发现这个题目中有很明显的多项式与三角函数的替代关系。如果具备一定的级数基础，我们就可以很快地发现，这个题目其实是有着浓厚的麦克劳林级数的特点，我们只需要把 $\sin x$ 和 $\cos x$ 在原点处展开为多项式，就可以瞬间解决这个问题。

解：已知以下麦克劳林展开式为

$$\sin x = x - \frac{x^3}{3!} + \frac{x^5}{5!} + o(x^6)，$$

$$\cos x = 1 - \frac{x^2}{2!} + \frac{x^4}{4!} + o(x^5)。$$

所以 $f(x) = \dfrac{\sin x}{x} = 1 - \dfrac{x^2}{6} + \dfrac{x^4}{120} + o(x^5)$；

$g(x) = \cos x = 1 - \dfrac{x^2}{2} + \dfrac{x^4}{24} + o(x^5)$；

$h(x) = 1 - \dfrac{x^2}{2}$。

所以当 x 在 0 附近时，我们有 $h(x) < g(x) < f(x)$。

所以 $a = h\left(\dfrac{1}{4}\right)$，$b = g\left(\dfrac{1}{4}\right)$，$c = f\left(\dfrac{1}{4}\right)$，所以 $a < b < c$。

指向数学关键能力培育的高考试题研究

——以 2020 年高考数学全国卷Ⅲ理科第 21 题为例

张　坤　周先华

　　"关键能力是指即将进入高等学校的学习者在面对与学科相关的生活实践或学习探索问题情境时，高质量地认识问题、分析问题、解决问题所必须具备的能力。"

　　2020 年，各高考数学试卷（包括全国卷Ⅰ、Ⅱ、Ⅲ文理各一套，及新高考卷Ⅰ和Ⅱ），均突出了对关键能力的考查。结合各学科素养和高中学生的身心发展规律，《中国高考评价体系》把高考中的关键能力分为三个部分：知识获取能力群、实践操作能力群和思维认知能力群。每个部分的主要内容如图1所示。

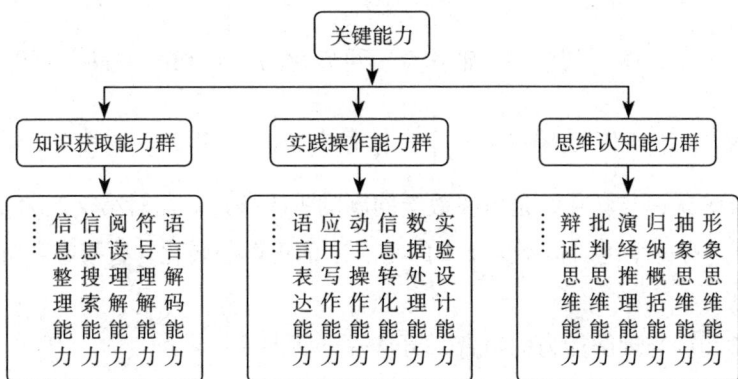

图1

　　结合数学学科的抽象性、严谨性和应用性等特征，以及社会发展对数学教育的新需求，为了便于高中数学课堂教学，我们把高考数学中的关键能力分为数学阅读与理解能力、数学实验与探究能力、数学思维能力、数学语言表达能力和数据分析能力这五个方面。

下面以 2020 年高考数学全国卷Ⅲ理科第 21 题为例，谈谈如何在高中数学教学中进行关键能力的培育。

一、数学阅读与理解能力

数学阅读与理解，是指学生在各类数学问题情境中基于思维的一种认识活动，在高考数学中主要体现在对文字、图形与数学符号等信息的搜索与整理，以及三者之间的相互转化的过程中。数学阅读与理解能力既是一种获取知识的能力，又是能对认识和思维产生十分重要影响的能力。特别是在高考数学探索创新情境和生活实践情境类试题中，数学阅读与理解能力能帮助考生获取新知识、探究新问题。

例： （2020 年高考数学全国卷Ⅲ理科第 21 题）设函数 $f(x) = x^3 + bx + c$，曲线 $y = f(x)$ 在点 $\left(\dfrac{1}{2}, f\left(\dfrac{1}{2}\right)\right)$ 处的切线与 y 轴垂直。

（1）求 b。

（2）若 $f(x)$ 有一个绝对值不大于 1 的零点，证明：$f(x)$ 所有零点的绝对值都不大于 1。

这道例题属于数学课程学习情境试题，对问题中已知条件的认识与理解是探寻解题思路的关键。条件"在点 $\left(\dfrac{1}{2}, f\left(\dfrac{1}{2}\right)\right)$ 处的切线"意味着切线的切点横坐标为 $\dfrac{1}{2}$，而"切线与 y 轴垂直"可转化为"该切线的斜率为 0"，从而再转化为 $f'\left(\dfrac{1}{2}\right) = 0$，解得 $b = -\dfrac{3}{4}$，从而第（1）问得解。这种对数学内容的基于思维的认识与转化，是解决数学问题的先决条件。而对第（2）问中条件"若 $f(x)$ 有一个绝对值不大于 1 的零点"的理解与转化，直接导致解题思路的多样性。

数学阅读与理解能力的培育，可从两方面入手：

（1）强化对数学基本概念和命题的数学本质的理解。只有直达数学本质的理解，才能实现对其转化。

（2）以数学主题阅读等教学方式，让学生以主题为核心，通过"链接、拓展、共建，实现对主题的深度剖析和理解，构建知识体系，推动学生进行系统化、逻辑化的深入思考，发展学生的数学阅读理解能力"。

二、数学实验与探究能力

数学实验，是指利用数学教具、模型或计算机创设实验情境，通过活动与实际操作体验学习数学知识的过程；而数学探究是运用数学知识解决数学问题的一类综合实践活动问题，数学探究能力主要体现在学生发现和提出有意义的数学问题、猜测合理的数学结论、提出解决问题的思路和方案、探索并论证结论等方面的素养。在高考数学中，数学实验与探究能力，主要用于解决那些关注对数学内部的更深入的探索问题和与未来的学习与生活动相关联的问题，以考查学生的探索新方法、积极主动解决问题的能力即数学探究素养，着重体现创新性。

在上例第（2）问中，对函数 $f(x)$ 的零点之间的关系进行探究与实验：

设 $f(x)$ 的其中一个零点是 m，满足 $|m| \leqslant 1$，且 $m^3 - \dfrac{3}{4}m + c = 0$。　　①

显然，若该函数只有一个零点，则结论显然成立；

否则，设方程的另一个零点为 n，则 $n^3 - \dfrac{3}{4}n + c = 0$。　　②

①②具有形式的一致性，于是尝试对两式相减，可得

$$m^3 - n^3 = \frac{3}{4}(m - n) \Rightarrow m^2 + mn + n^2 = \frac{3}{4}。$$

这是一个关于 m，n 的二次式，有两种探究方式，分别得到第（2）问的解法一、二。

第（2）问解法一： 以 m 为自变量，n 为参数，由于已知 $|m| \leqslant 1$，即关于 m 的一元二次方程 $m^2 + nm + n^2 - \dfrac{3}{4} = 0$ 一定有实数根，则其判别式

$$\Delta = n^2 - 4\left(n^2 - \frac{3}{4}\right) = 3 - 3n^2 \geqslant 0 \Rightarrow |n| \leqslant 1 \text{ 结论得证。}$$

第（2）问解法二： 以 n 为自变量，m 为参数，

则解关于 n 的一元二次方程 $n^2 + mn + m^2 - \dfrac{3}{4} = 0$ 得

$$n = \frac{1}{2}\left(-m \pm \sqrt{3(1 - m^2)}\right)，$$

所以 $|n| \leqslant \dfrac{1}{2}\left(|m| + \sqrt{3(1 - m^2)}\right) = \dfrac{1}{2}\left(|m| + \sqrt{3(1 - |m|^2)}\right)$。

令 $t=|m|$ $(0 \leqslant t \leqslant 1)$, $g(t) = (t+\sqrt{3(1-t^2)})$, $g'(t) = 1 - \dfrac{\sqrt{3}t}{\sqrt{1-t^2}} = \dfrac{\sqrt{1-t^2}-\sqrt{3}t}{\sqrt{1-t^2}}$,

则 $g'(t)=0$ 的根是 $t=\dfrac{1}{2}$, 所以 $g(t)$ 在 $\left(0, \dfrac{1}{2}\right)\downarrow$, $\left(\dfrac{1}{2}, 1\right)\uparrow$,

从而 $g(t)_{max}=g\left(\dfrac{1}{2}\right)=2$, 所以 $|n| \leqslant \dfrac{1}{2} \times 2 = 1$, 结论得证。

显然，对数学实验与探究能力的提升，是对《中国高考评价体系》中创新性要求的回应，要在新颖的试题呈现方式或设问方式中，培育学生主动思考并创新地完成探究性任务的能力。数学实验与探究能力的提升方法有以下两点。

（1）引入数学实验，培养良好的数学知识自主探究能力。例如，在研究正弦型函数 $y=A\sin(\omega x+\varphi)$ 的图像与性质、平面图形的翻折等问题时，通过几何画板等数学工具和小组合作与分享等学习方式进行数学实验，强化学生的亲身参与，能最大化地激发学生学习数学的兴趣，并能让学生在教师的引导下，提升自主探究能力。

（2）强化知识运用，培养良好的数学知识实践探究能力。例如，概率与统计板块的知识在日常生活、社会发展、科技进步等各个方面均有着广泛的应用，对应用类情境问题的解决过程进行实践与总结，能培养学生实践探究能力。

三、数学思维能力

数学思维能力是在数学活动中，通过对数学问题的提出、分析、解决、应用与推广等一系列探讨，以获得对数学对象的本质和规律性的认识的能力。数学思维具有明显的概括性、抽象性、逻辑性、精确性、辩证性、直觉性、美感性、想象性与猜测性等特性。

《中国高考评价体系》构建了由"一核""四层""四翼"组成的中国高考评价体系。关键能力是这个体系的考查内容——"四层"的四大组成部分之一。由于数学学科自身的魅力和其在社会发展中的独特作用，数学关键能力则主要体现在数学思维方面。或者可以说，数学素养中起着最核心作用的，就是数学思维能力。因此，抓住了数学思维能力，就抓住了数学学科的关键能力。"高考数学突出理性思维，将数学关键能力与理性思维、数学应用、数学探究、数学文化的学科素养统一到理性思维的主线上，在数学应用、数学探究等方面突出体现理性思维和关键能力的考查。"可以说，对数学思维能力的考查，是高考数学最重要的内容，这在"四翼"的各个层次的要求中均有着完美的体现（特别是在综合性、应用性和创新性方面）。

（一）形象思维能力

形象思维是以直观形象和表象为支柱的思维过程。数学的研究对象就两个：数量关系和空间形式。因此，数学的研究对象常常在数（数量关系）和形（空间形式）这两者之间进行相互转换。高考数学中的形象思维能力，主要表现为几何直观与空间想象能力和数形结合的能力。

在前面的例题中，如果以形象思维能力为导向，可得出下述解题方法。

第（2）问解法三：

由第（1）问求得 $b = -\dfrac{3}{4}$，下面按函数的零点个数进行分类讨论。

① 若 $f(x)$ 只有一个零点，则结论成立。

② 若 $f(x)$ 有两个零点，由 $f'(x) = 3x^2 - \dfrac{3}{4} = 0$，解得 $x_1 = -\dfrac{1}{2}$，$x_2 = \dfrac{1}{2}$，$\therefore f(x)$ 在 $\left(-\infty, -\dfrac{1}{2}\right)$ 上单调递增，$\left(-\dfrac{1}{2}, \dfrac{1}{2}\right)$ 上单调递减，$\left(\dfrac{1}{2}, +\infty\right)$ 上单增。要仅有两个零点，其图像如图 2 或图 3 所示。

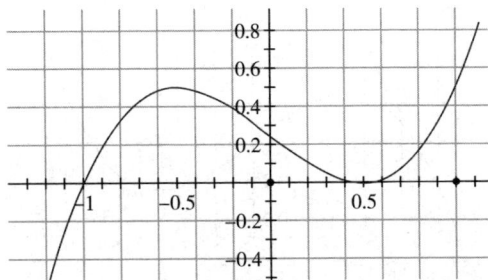

图 2

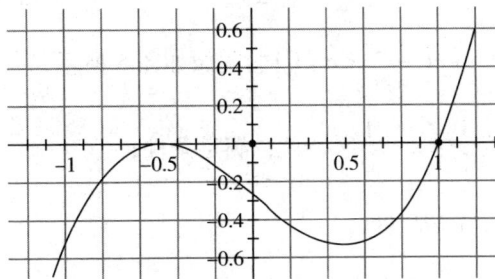

图 3

所以 $f\left(-\dfrac{1}{2}\right)=0$ 或 $f\left(\dfrac{1}{2}\right)=0$,解得:$c=\pm\dfrac{1}{4}$。

当 $c=\dfrac{1}{4}$ 时,$f(x)=x^3-\dfrac{3}{4}x+\dfrac{1}{4}=(x+1)\left(x-\dfrac{1}{2}\right)^2$,两个零点是 -1,$\dfrac{1}{2}$,满足条件;

同理,当 $c=-\dfrac{1}{4}$ 时也满足条件。

所以,结论得证。

③ 若 $f(x)$ 有三个零点 m,n,t($m<n<t$),则需 $\begin{cases}f\left(-\dfrac{1}{2}\right)>0\\[2mm]f\left(\dfrac{1}{2}\right)<0\end{cases}$,解得 $-\dfrac{1}{4}<c<\dfrac{1}{4}$。

可将 $f(x)$ 的图像看成 $g(x)=x^3-\dfrac{3}{4}x$ 的图像向上或向下平移 $|c|$ 个单位得到。其中,函数 $g(x)=x^3-\dfrac{3}{4}x$ 的图像如图4所示。

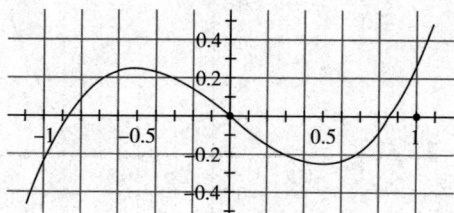

图4

当 $-\dfrac{1}{4}<c<0$ 时,$g(x)=x^3-\dfrac{3}{4}x$ 向下平移不超过 $\dfrac{1}{4}$,

函数 $y=g(x)+c\left(-\dfrac{1}{4}<c<0\right)$ 的图像如图5所示,

则 $-\dfrac{\sqrt{3}}{2}<m<-\dfrac{1}{2}<n<\dfrac{1}{2}<t<1$,满足条件;

当 $0<c<\dfrac{1}{4}$ 时,同理可证;

即函数 $y=f(x)$ 有三个零点时结论得证。

综上所证,$f(x)$ 所有零点的绝对值都不大于1。

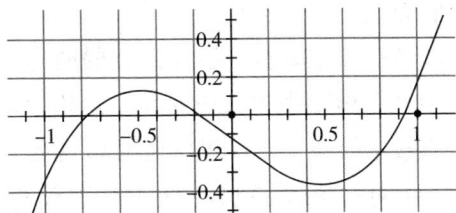

图 5

通过研究函数性质，做出函数图像，再通过观察函数图像研究函数的特征，是典型的形象思维能力的应用。要在教学中通过让学生观摩和操作，反复渗透这样的数学结合思想，从而逐步提升学生的形象思维能力。

（二）演绎推理能力

逻辑推理的方式主要包括两种：一种是由特殊到一般的归纳，表现为归纳概括能力；另一种是从一般到特殊的演绎，表现为演绎推理能力。在高考数学中，演绎推理能力一般表现为将所学数学概念与规则、数学命题与模型、数学思想与方法等应用于各类试题情境中以解决数学实际问题的应用。

在上述例题中，在解法二得出 $|n| \leqslant \dfrac{1}{2}\left(|m| + \sqrt{3\left(1-m^2\right)}\right)$ 的基础上，联想到柯西不等式 $\left(a^2+b^2\right)\left(c^2+d^2\right) \geqslant (ac+bd)^2$，则可得下述更加简洁的方法。

第（2）问解法四：由解法二得 $|n| \leqslant \dfrac{1}{2}\left(|m| + \sqrt{3\left(1-m^2\right)}\right)$。

由柯西不等式 $\left(a^2+b^2\right)\left(c^2+d^2\right) \geqslant (ac+bd)^2$，

即 $acbd \sqrt{\left(a^2b^2\right)\left(c^2d^2\right)}$，

所以 $\dfrac{1}{2}\left(|m| + \sqrt{3\left(1-m^2\right)}\right) \leqslant \dfrac{1}{2}\sqrt{(1+3)\left(m^2+1-m^2\right)} = 1$。

当且仅当 $\dfrac{1}{\sqrt{3}} = \dfrac{|m|}{\sqrt{1-m^2}}$，即 $|m| = \dfrac{1}{2}$ 时等号成立，证毕。

结论得证。

这种命题（公理、定理、性质等），在高中数学中非常多，而提升演绎推理能力，即意味着提高数学结论的应用能力。因此，要强化从理解这些命题的本质，即从理解命题来源与产生的角度进行学习。理解命题的来龙去脉，才能抓住其根本，并在整体上把握命题本身及其蕴含的通性、通法和数学思想，形成横向联系、纵向融合的整体能力结构。

（三）辩证思维能力

辩证思维能力，就是辩证地分析、解决问题的能力。它反映在高考数学上，就是要求考生必须从整体上把握数学对象，运用矛盾的、发展的、运动的、变化的观点去认识数学对象。辩证思维常常包含着对数学问题认识的两面性，如个性和共性、绝对与相对、已知与结果、必然与偶然、具体与抽象、有限与无限……

上述例题第（2）问中，设 $f(x)$ 至少一个零点，至多三个零点。

辩证地看，当然，一个或两个零点均可以看成有三个零点的特殊情形，即 $f(x)=0$ 有两个相同的实数根（或三个根完全相同），可得下述解法。

第（2）问解法五：根与系数的关系。

设 $f(x)$ 有两个或三个零点，其中两个零点可看成三个零点的特殊情形，即 $f(x)=0$ 有一个二重根。

设 $f(x)$ 的零点为 t，m，n，其中 $|t|\leq 1$ 且 $m\leq n$，那么，

$$f(x)=(x-t)(x-m)(x-n)=x^3-\frac{3}{4}x+c$$，对比系数得：

$$t+m+n=0；\ tm+tn+mn=-\frac{3}{4}$$，于是，

$$-\frac{3}{4}=m(t+n)+tn\leq m(-m)+\frac{1}{4}(t+n)^2=-m^2+\frac{1}{4}m^2=-\frac{3}{4}m^2$$，

从而 $m^2\leq 1$，$|m|\leq 1$，证毕。

我们可以通过批判性的数学阅读来提升辩证思维能力，特别是教材的"问题""探究""数学实验"等阅读材料中，蕴含着相当丰富的辩证思想。

（四）批判性思维能力

批判性思维就是运用理性的能力，它体现了我们的思维是否符合逻辑、是否坚守证据。它包括法则的应用、证据的收集与评估，以及在此基础上进行的行动计划的制订和结论的得出。简单地说，批判性思维意味着"逻辑＋证据"，它强调证据与逻辑的统一。在通过批判性思维得到的"科学真理"中，逻辑与证据缺一不可，没有证据的逻辑和没有逻辑的证据都只是研究的一半，都不是批判性思维。因此，批判性思维具有三个典型的能力特征：一是逻辑推理与论证的能力；二是收集、调查、辨识和运用证据的研究能力；三是心智开放的怀疑态度与对冲突、模糊性的包容。批判性思维不是批判，批判性思维是以提出疑问为起点，以获取证据、进行分析推理为过程，以得出有说服力的解答方案为结果。通过有效培养而成的具有良好批判性思维的

人，是更加审慎的思考者，即能够正确地、有逻辑地评估证据，考虑得更广泛、更全面，从而得出自己结论的人。

比如，高考数学中经常使用"正难则反"的思想。上例第（2）问中，根据 $y = f(x)$ 的导函数我们推导出 $f(x)$ 在 $\left(-\dfrac{1}{2},\ \dfrac{1}{2}\right)$ 上单调递减，在 $\left(-\infty,\ -\dfrac{1}{2}\right)$，$\left(\dfrac{1}{2},\ +\infty\right)$ 上单调递增，且 $f(-1) = c - \dfrac{1}{4}$，$f\left(-\dfrac{1}{2}\right) = c + \dfrac{1}{4}$，$f\left(\dfrac{1}{2}\right) = c - \dfrac{1}{4}$，$f(1) = c + \dfrac{1}{4}$。

要证明 "$f(x)$ 所有零点的绝对值都不大于 1"，我们来研究它的反面。可得下面的证明方法。

第（2）问解法六： 假设 "$f(x)$ 所有零点中存在一个绝对值大于 1 的零点 x_0"，根据图 2 和图 3 可知，$f(-1) > 0$ 或 $f(1) < 0$，即 $c > \dfrac{1}{4}$ 或 $c < -\dfrac{1}{4}$。

① 当 $c > \dfrac{1}{4}$ 时，$f(-1) = c - \dfrac{1}{4} > 0$，$f\left(-\dfrac{1}{2}\right) = c + \dfrac{1}{4} > 0$，$f\left(\dfrac{1}{2}\right) = c - \dfrac{1}{4} > 0$，$f(1) = c + \dfrac{1}{4} > 0$，

而 $f(-4c) = -64c^3 + 3c + c = 4c(1 - 16c^2) < 0$，

由零点存在性定理知 $f(x)$ 在 $(-4c,\ -1)$ 上存在唯一一个零点 x_0，

即 $f(x)$ 在 $(-\infty,\ -1)$ 上存在唯一一个零点，在 $(-1,\ +\infty)$ 上不存在零点，

显然，此时 $f(x)$ 不存在绝对值不大于 1 的零点，与题设矛盾。

② 当 $c < -\dfrac{1}{4}$ 时，同理可得，$f(-1) = c - \dfrac{1}{4} < 0$，$f\left(-\dfrac{1}{2}\right) = c + \dfrac{1}{4} < 0$，$f\left(\dfrac{1}{2}\right) = c - \dfrac{1}{4} < 0$，$f(1) = c + \dfrac{1}{4} < 0$，

而 $f(-4c) = 64c^3 + 3c + c = 4c(1 - 16c^2) > 0$，

由零点存在性定理知 $f(x)$ 在 $(1,\ -4c)$ 上存在唯一一个零点 $x_0{}'$，

即 $f(x)$ 在 $(1,\ +\infty)$ 上存在唯一一个零点，在 $(-\infty,\ 1)$ 上不存在零点，

显然，此时 $f(x)$ 不存在绝对值不大于 1 的零点，与题设矛盾。

综上，假设 "$f(x)$ 所有零点中存在一个绝对值大于 1 的零点 x_0" 不成立，所以 $f(x)$ 所有零点的绝对值都不大于 1。

这种通过正难则反，实现对问题转化的过程，也是批判性思维能力培育与提升的过程。

我们要在数学教学中培养学生的批判性思维，就是要建立一种开放的、不确定性的、无限可能的数学思维空间，而不是局限于"非黑即白"、唯一正确结果或"确定性"的思维，不再试图以一个终极的解决方案来解决数学问题，从而激发学生的想象力和创造性。批判性思维在课堂上主要表现为学生敢于质疑。从这个角度上讲，批判性思维既是一种思维能力，同时也是一种思维倾向。

（五）抽象思维能力

数学来源于我们现实生活，但数学是对现实世界的抽象。因此，抽象性是数学最本质的特征，抽象思维是数学中思考一切问题的最基本的思维方法。从数学概念与规则的生成、数学命题与模型的提出以及数学方法与思想的形成，无一不是在抽象思维能力的作用之下实现的。高考数学中，对抽象思维能力的考查，几乎贯穿所有试题。

上例第（2）问中，由于 $f(x) = x^3 - \frac{3}{4}xc$，观察 x^3，x 这两项的系数比为 $-\frac{4}{3}$，由此联想到三倍角公式 $\cos 3x = 4\cos^3 x - 3\cos x$，次数比为 3:1 的两项的系数比也恰好为 $-\frac{4}{3}$，由此思考，可得下述解法：

第（2）问解法七：

由三倍角的余弦展开式 $\cos 3x = 4\cos^3 x - 3\cos x$ 变形为：

$$\cos^3 x - \frac{3}{4}\cos x - \frac{1}{4}\cos 3x = 0。$$

令 $-c = \frac{1}{4}\cos 3x$，假设存在 θ 满足 $-c = \frac{1}{4}\cos 3\theta$，则有 $\theta + \frac{2\pi}{3}$，$\theta + \frac{4\pi}{3}$ 满足条件。

所以方程 $\cos^3 x - \frac{3}{4}\cos x - \frac{1}{4}\cos 3x = 0$ 有三个解：

$x_1 = \cos\theta$，$x_2 = \cos\left(\theta + \frac{2\pi}{3}\right)$，$x_3 = \cos\left(\theta + \frac{4\pi}{3}\right)$，且三个根都满足绝对值小于等于 1，

相当于在 $f(x) = x^3 - \frac{3}{4}x + c$ 函数有一个零点的绝对值不大于 1 的条件

下，其他所有零点的绝对值均不大于 1，结论得证。

数学抽象思维能力的培养，可从三个方面入手：

（1）通过适当的问题引导，积累学生从具体到抽象的数学活动经验，这是数学抽象思维能力提升的基础。例如，在概念教学、命题教学、问题教学中，要注重对思维方式的展示，让学生能更多地经历抽象思维的活动。

（2）通过典型案例，引导学生从不同的抽象高度认识一个对象。例如，从一个角的角平分线到三角形的内心，到三角形的面积与它的内切圆面积之间的关系，再到立体几何中三棱锥的体积与它的内切球的体积之间的关系……不但梳理了"内切"这个主题的由浅入深的、系统的知识结构，还通过主题式的教学，逐步提升了学生数学思维能力的层次。

（3）通过类比，培养学生从形式与结构上思考问题的能力。例如，类比等差与等比数列的定义、通项公式、求和公式及其推导过程、基本性质等，就可以探索出它们从运算的"和"与"乘"，"差"与"除"之间的对应关系，引导学生从形式与结构等更高层面思考问题，提升学生的数学抽象思维能力。

（4）通过在教学中长期渗透与潜移默化，引导学生形成一般性思考问题的习惯。例如，运用统一的观点，分析和认识离心率对圆、椭圆、抛物线和双曲线的图形的影响，引导学生得出圆锥曲线的统一定义。

四、数学语言表达能力

数学语言表达能力不同于一般的口头表达和书面沟通与交流，数学语言表达能力主要表现在能够始终围绕所研究的主题，观点明确、论述有理有据、严谨地表达出数学运算与论证过程。在高考数学中，填空题中要求数学语言准确、简洁；而解答题中对数学语言表达能力的逻辑性和条理性提出了较高的要求。对应于"四翼"的综合性、应用性和创新性。

上例第（2）问中，还可应用函数与不等式的思想，可得下述解法。要注意文字表述的准确性。

第（2）问解法八： 设 x_0 是函数 $y=f(x)$ 的绝对值不大于 1 的零点。

则 $x_0^3 - \frac{3}{4}x_0 + c = 0$，$\therefore c = -x_0^3 + \frac{3}{4}x_0 (|x_0| \leqslant 1)$，

令 $g(x) = -x^3 + \frac{3}{4}x(|x| \leqslant 1)$，$\therefore g'(x) = -3x^2 + \frac{3}{4}$，

令 $g'(x) = -3x^2 + \dfrac{3}{4} \geq 0$ 解得函数 $g(x)$ 在区间 $\left(\dfrac{1}{2}, \dfrac{1}{2}\right)$ 上递增，在 $\left[1, -\dfrac{1}{2}\right]$，$\left[\dfrac{1}{2}, 1\right]$ 上递减。

且 $g\left(-\dfrac{1}{2}\right) = -\dfrac{1}{4}$，$g\left(\dfrac{1}{2}\right) = \dfrac{1}{4}$，$g(1) - \dfrac{1}{4}$，$g(-1) \dfrac{1}{4}$。

所以 $g(x)$ 的值域为 $\left[\dfrac{1}{4}, \dfrac{1}{4}\right]$。

又令 $y = f(x)$ 的其他零点为 x_1，则 $x_1^3 - \dfrac{3}{4}x_1 + c = 0$，$\therefore c = -x_1^3 + \dfrac{3}{4}x_1$，

所以 $\begin{cases} -x_1^3 + \dfrac{3}{4}x_1 \geq -\dfrac{1}{4} \\ -x_1^3 + \dfrac{3}{4}x_1 \leq \dfrac{1}{4} \end{cases}$，解此不等式组，得 $\begin{cases} (x_1 - 1)(4x_1^2 + 4x_1 + 1) \leq 0 \\ (x_1 + 1)(4x_1^2 + 4x_1 + 1) \leq 0 \end{cases} \Rightarrow$

$-1 \leq x_1 \leq 1$。

即其他零点的绝对值不大于1，结论得证。

在利用导数判断函数单调性、将函数与不等式有机地结合起来解题时，要求考生能打破常规思路进行发散性的化归与转化，对考生的数学思维能力的广泛度、深度和数学语言表达能力等各方面都提出了相当高的要求。

五、数据分析能力

数据分析能力也是数学学科核心素养中重要的组成部分。数据分析能力主要表现为四个方面：收集和整理数据、理解和处理数据、获得和解释结论、概括和形成知识。在高考数学中，数据分析能力强调分析带有随机性数据的能力。在当今这个大数据时代，数据分析能力就是"用数学眼光发现问题"的能力，是用数学的思想方法概括和描述生产生活现象，并理性地分析解决问题的能力。在2020年高考数学全国卷Ⅲ文理科的第18题中，以当前社会普遍关注的空气质量和公园锻炼的人数为情境，考查学生对概率统计的基本思想和模型的应用，体现了《中国高考评价体系》的"四翼"的"应用性"。

数学关键能力的提升是一个长期的过程，需要在教学中由浅入深、循序渐进地渗透式展开。数学关键能力的主要载体是数学教材，而数学教材中的概念、法则、命题、公式、性质、定理和方法等都主要是在数学思维能力作用下的结果。而且，一般情况下，这些结果是隐藏了大部分数学思维过程的系统化的数学知识。所以，在数学教学中，必须根据《普通高中数学课程标

准（2017 年版)》和高考评价体系对数学关键能力的要求，针对学情，把那些被隐藏着的思维过程有序而生动地展现在学生面前，以取得积极的数学关键能力特别是数学思维能力的训练效果。

参考文献

［1］教育部考试中心．中国高考评价体系［M］．北京：人民教育出版社，2019：23．

［2］教育部考试中心．以评价体系引领内容改革　以科学情境考查关键能力——2020 年高考数学全国卷试题评析［J］．中国考试，2020 (8)：29 - 34．

［3］张思明．张思明与数学课题学习［M］．北京：北京师范大学出版社，2006：132 - 137．

［4］中华人民共和国教育部．普通高中数学课程标准（2017 年版)［M］．北京：人民教育出版社，2018：7．

［5］任樟辉．数学思维理论［M］．南宁：广西教育出版社，2001：200 - 209．

人教版教材中任意角的三角函数
内容的历史变迁

杨学智

新一轮的教材变革已经开启，高中数学教材又有了变化，教材的变化代表着对过往的总结更代表着对未来的教学导向，作为一线教师笔者也跟着教材一起成长。在某片段课比赛中，笔者参赛的题目是"任意角的三角函数"，因此笔者认真翻阅了人民教育出版社 20 世纪 80 年代后的四套高中数学教材，就任意角的三角函数内容的历史变迁进行了回顾与分析，希望能为今后的教学找到一定的参考。

一、20 世纪 80 年代后的四套高中数学教材

（一）高中数学课本《代数》《几何》82 年教材（甲种本）

人民教育出版社 1982 年 11 月至 1984 年 11 月出版了这套教材（以下简称"82 年教材"）。该教材按代数、几何分编，《代数》四册、《几何》两册。任意角的三角函数内容安排在《代数》第一册第二章第一节。教材第一章介绍的是集合、映射与函数、幂函数、指数函数和对数函数。这些内容为学生后续三角函数的学习打下了基础。

任意角的三角函数的内容是：第二章第一节角的概念的推广；第二章第二节弧度制；第二章第三节任意角的三角函数；第二章第四节同角三角函数的基本关系；第二章第五节诱导公式；第二章第六节已知三角函数值求角；后续再介绍三角函数线和三角函数的图像。

这套教材在给出三角函数定义的时候很直白，教材中是这样讲的："在初中我们已经接触过正弦、余弦、正切、余切这四种三角函数。它们都是以角

为自变量，以比值为函数值的函数。这四种三角函数的定义，当时是针对 $0°$—$360°$ 间的角作出的，并对 $0°$—$180°$ 间的角的三角函数做了一些讨论。下面将三角函数的定义推广到任意角的情形。"

设 α 是一个任意角，在 α 的终边上任取一点 P（x，y），且 P 与原点的距离 $r>0$，那么角 α 的正弦、余弦、正切、余切分别是

$$\sin\alpha = \frac{y}{r} \qquad \cos\alpha = \frac{x}{r} \qquad \tan\alpha = \frac{y}{x} \qquad \cot\alpha = \frac{x}{y}$$

有时，我们还要用到下面两个三角函数：

角 α 的正割 $\sec\alpha = \dfrac{r}{x}$

角 α 的余割 $\csc\alpha = \dfrac{r}{y}$

然后强调了个别比值要有意义，教材又从映射的角度强调了角的集合与实数集之间可以建立一一对应关系，三角函数可以看成是以实数为自变量的函数。

然后安排了与定义有关的两道例题。

例 1：已知角 α 的终边上一点 P（2，-3），求角 α 的六个三角函数值。

例 2：求下列角的六个三角函数值：①0；②π；③$\dfrac{3\pi}{2}$。

在已知三角函数值求角这一节中，给函数值求角，当值对应的角不是特殊角的时候，在计算器还很匮乏的年代，需要查三角函数表计算。

（二）全日制普通高级中学教科书（实验本）《数学》

1996 年 12 月至 1998 年 12 月人民教育出版社逐年按年级陆续出版了这套教材（以下简称"96 年教材"）。这套教材全套书分为三册（其中第一、二册均分上、下两个分册），分别供高中三个年级使用。

任意角的三角函数内容安排在数学第一册下，第四章第一节。由于初中教材的变化，开篇引入也发生了变化"锐角的三角函数都是以角为自变量，以比值为函数值的函数。下面我们在直角平面坐标系，研究任意角的三角函数"。

与 82 年教材一样，先给出正弦、余弦、正切的概念，不同的是紧接着介绍了这三种函数的几何表示，给出了角 α 的正弦线、余弦线、正切线，而 82 年教材三角函数线是在研究三角函数图像时给出的。此教材删除了反三角相关知识点。

给出定义以后，安排的例题与 82 年教材一样，没有变化，在讲正弦线、余弦线时强调了单位圆和有向线段，内容如下：

在平面直角坐标系内，作单位圆，设任意角 α 的顶点在原点，始边与 x 轴的非负半轴重合，终边与单位圆相交于点 P（x，y），x 轴的正半轴与单位圆相交于 A（1，0），过 P 作 x 轴的垂线，垂足为 M，如图 1 所示。

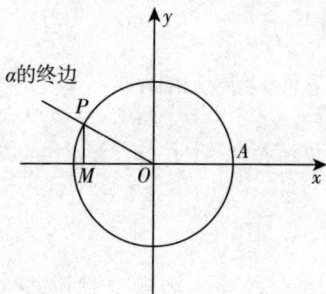

图1

当角 α 的终边不在坐标轴上时，我们可以把 OM、MP 都看作带有方向的线段：于是，根据正弦、余弦函数的定义，就有

$$\sin\alpha = \frac{y}{r} = \frac{y}{1} = y = MP$$

$$\cos\alpha = \frac{x}{r} = \frac{x}{1} = x = OM$$

这两条与单位圆有关的有向线段 MP、OM 分别叫作角 α 的正弦线、余弦线。

（三）普通高中课程标准实验教科书《数学》A 版

还没有进入新课改的地区，现在用的课本（以下简称"2004 年教材"），任意角的三角函数被安排在了《数学4》（必修）。

2004 年教材从锐角三角函数定义出发，过渡到在直角坐标系下用终边上点坐标表示的锐角三角函数，锐角三角函数的比值不会随着点 P 在角 α 的终边上位置的改变而改变，为引入单位圆进行铺垫。进一步推广至任意角三角函数的概念。

设 α 是一个任意角，它的终边与单位圆交于点 p（x，y），那么

（1）y 叫作 α 的正弦，记作 $\sin\alpha$，即 $\sin\alpha = y$。

（2）x 叫作 α 的余弦，记作 $\cos\alpha$，即 $\cos\alpha = x$。

（3）$\dfrac{y}{x}$ 叫作 α 的正切，记作 $\tan\alpha$，即 $\tan\alpha = \dfrac{y}{x}$（$x \neq 0$）。

正弦、余弦、正切都是以角为自变量，以单位圆上点的坐标或坐标的比值为函数值的函数，我们将它们统称为三角函数。

然后把终边定义法作为课堂上的一个思考问题给出，在三角函数符号的判断，和第一组诱导公式讲解完后，在讲解三角函数线时，完全不提余切、正割、余割。

（四）普通高中教科书《数学》

最新的教材（以下简称"2019 年教材"）任意角的三角函数内容被安排在数学第一册第五章第二小节，需要注意的是本小节的标题改为了"三角函数的概念"去掉了"任意"二字，开篇并没有从锐角三角函数的定义开始复习，而是建立一个单位圆的模型，从刻画单位圆上点 P 的变化情况出发，重点让学生体会函数中自变量和函数值之间的依存关系，体会函数的概念。教材中是这样给出的：

用任意角 α 去刻画 P 点的周期变化规律，联系变量，构造函数，任意给定一个角 α，它的终边 OP 与单位圆的交点 P 的坐标，无论是横坐标 x 还是纵坐标 y，都是唯一确定的。所以，点 P 的横坐标 x 纵坐标 y 都是角 α 的函数。

设 α 是一个任意角，它的终边与单位圆交于点 p（x，y），那么

（1）把点 P 的纵坐标 y 叫作 α 的正弦函数，记作 $\sin\alpha$，即 $\sin\alpha = y$。

（2）把点 P 的横坐标 x 叫作 α 的余弦函数，记作 $\cos\alpha$，即 $\cos\alpha = x$。

（3）把点 P 的横坐标与纵坐标的比值 $\dfrac{y}{x}$ 叫作 α 的正切，记作 $\tan\alpha$，即

$\tan\alpha = \dfrac{y}{x}$（$x \neq 0$）。

把终边定义法作为本节的例 2 给出，要求证明，三角函数线内容没有出现，单位圆定义作为后续每一小节的引入点，推导同角三角函数的基本关系，研究诱导公式，利用点 P 的纵坐标 y 画点，得到三角函数的图像。

二、关于任意角的三角函数内容的几点思考

任意角的三角函数是学习三角函数的基础，作为三角函数定义的起始课，综观上面的教材，教材编写者在不同时期，都渗透当时那个时代的教学理念。下面笔者结合上述教材谈谈笔者对任意角的三角函数内容的认识。

（一）关注基本内容

这四套教材，从知识容量上讲，逐次删减，降低了学生学习的难度。

82 年教材，用终边定义法，给出任意角的三角函数的定义，知识点上更注重理论上的推导，三角函数这一章还涉及了反三角函数，难度大，对学生抽象思维要求高。

96 年教材，有了明显的调整，删除了反三角函数，重点放在正弦、余弦、正切上，虽然还是用终边定义法给出了任意角的三角函数的定义，但是加强了数形结合思想，在任意角的三角函数的定义后，马上给出了三角函数线的内容，丰富了三角函数线的概念。这套教材在编写时注意了在如何逐步提高学生分析和解决问题的能力上下功夫，在叙述方式和例、习题的选编设计方面，力求符合学生的认知规律。

2004 年教材，从初中锐角三角函数边的比值的定义出发，然后过渡到坐标，用单位圆定义法给出任意角的三角函数的概念，通过学生积极参与知识的"发现"与"形成"的过程，删去了余切、正割、余割的概念。在任意角三角函数概念的建构过程中，学生可以加深对数学概念本质的理解，感悟数学概念的严谨性与科学性。

2019 年教材，直接用单位圆坐标定义法给出任意角的三角函数的概念，体现函数模型的作用，显得更为简单直观，使学生在概念的形成过程中，体会函数思想。抽象概括出三角函数，在这一过程中，学生可以感受到数形结合、运动变化、对应等数学思想方法。删去三角函数线的内容，单位圆坐标定义贯穿后续学习的整章内容。

（二）体会函数思想，关注数形结合思想

学生在学习本章内容前已经学过函数，这使为他们形成函数思想做好了充足的准备。另外，在指导高中生推理函数的基本性质时，常用的方法有解析式定义推理、利用图像推理，而这两个解题方法也就与数学思想方法中的函数与方程思想以及数形结合思想方法相对应。2004 年教材，引入单位圆定义法定义任意角三角函数概念，突出数形结合思想；2019 年教材，任意角三角函数概念的建构，在突出数形结合思想的同时，又突出渗透了函数思想，所以，教材的变迁是学术的进步，新教材能真正帮助高中生形成数学思维与能力。

（三）关注学生数学核心素养的培养

《普通高中数学课程标准（2017 年版 2020 年修订)》中提出数学六大核

心素养，具体为数学抽象、逻辑推理、数学建模、数学运算、直观想象、数据分析。它们是关于数学思想方法、数学思维以及数学知识与技能的结合，具有基础性、可塑性、发展性、全面性和持久性的特征。核心素养下的高中数学教学要改变过去"增加知识容量"，过于看重知识任务的教学目的，高中生所需要掌握的不仅是知识，还需要掌握获取知识的能力，以及解决生活中实际问题的能力；是要通过数学核心素养的培养，养成在实际生活中从数学角度思考问题的习惯。教材从以往的只注重知识的讲解，到注重知识形成产生过程的关注，再到数学思想的渗透和数学核心素养的渗透，2019 年教材在这里给了我们全新的感受。核心素养下的高中数学教学要关注高中生的全面发展，对教师的教、学生的学的能力都提出了更高的要求。教师应该综合分析每章节的数学内容，从中分析数学知识背后所蕴含的思想方法，将教学目的调整为帮助高中生形成正确的数学思维。

苏霍姆林斯基说过："在人的内心深处，都有一种根深蒂固的需要，那就是希望自己是一个发现者和探索者。"笔者也希望自己是一个发现者和探索者，高考导向逐渐明晰，核心素养正在渗透，在更好的教育导向下让我们一起前行。

参考文献

［1］人民教育出版社数学室 . 高级中学课本（试用）代数（甲种本）第一册［M］. 北京：人民教育出版社，1983.

［2］人民教育出版社中学数学室 . 全日制普通高级中学教科书（试验本）数学第一册（上）（必修）［M］. 北京：人民教育出版社，1998.

［3］人民教育出版社，课程教材研究所，中学数学课程教材研究开发中心 . 普通高中课程标准实验教科书　数学　4 必修［M］. 北京：人民教育出版社，2007.

［4］人民教育出版社，课程教材研究所，中学数学课程教材研究开发中心 . 普通高中教科书　数学　必修第一册［M］. 北京：人民教育出版社，2019.

初 中 ▷▷▷

挖掘教材，进行数学文化渗透

——以北师大版初中数学教材为例

邢 成

一、数学文化的含义

就数学文化的含义而言，仁者见仁，智者见智，并没有严格的定义，一般来说，数学文化有狭义和广义两种理解。狭义的数学文化是指纯粹的数学，如数学的知识、方法、思想、精神和数学的形成及发展历史，它们是数学文化的重要内容，是实实在在的数学。广义的数学文化是指数学与人类活动的交集，也就是只要与数学相关的人类活动，就属于数学文化的范畴。

二、进行数学文化渗透的意义

教育部颁布的《义务教育数学课程标准（2011 年版）》指出："数学文化作为教材的组成部分，应渗透在整套教材中。为此，教材可以适时地介绍有关背景知识，包括数学在自然与社会中的应用，以及数学发展史的有关材料，帮助学生了解在人类文明发展中数学的作用，激发学习数学的兴趣，感受数学家治学的严谨，欣赏数学的优美。"进行数学文化的渗透至少有以下三个方面的意义。

（一）激发学生学习数学的兴趣

数学知识不是孤立、零碎的，而是有内在逻辑关系的整体。在数学教学中融入数学文化，能让学生意识到数学知识的产生是水到渠成的；数学知识的背后蕴含丰富的数学思想，且这些数学思想又能促进人们对数学知识的深度理解。随着学生理解能力的提升，他们将更能洞察数学知识的本质，享受数学学习的乐趣。

（二）学会像数学家那样理性思考问题

数学教学过程是学生在教师的指导下，通过数学思维活动学习数学家的思维活动的成果，并发展数学思维能力的过程。教育思想家卢梭说过："问题不在于告诉他一个真理，而在于教他怎样去发现真理。"在教学中教师应善于借鉴数学家的思维方式，为学生创设"再发现"与"再创造"的时机。在解决问题时，教师引导学生从多个角度思考，就问题不断深入、拓展，并将问题一般化，使学生体会数学的理性精神，学会像数学家那样理性思考问题。

（三）欣赏数学的优美

古希腊数学家普洛克拉斯说："哪里有数，哪里就有美。"数学起源于计数，数学的美，既有理性美，又有趣味美；既有复杂美，又有简洁美；既有精确美，又有粗放美；既有曲折美，又有对称美。数学是一种美的综合体，在教学中教师应善于带领学生去发现数学美、欣赏数学美。

三、进行数学文化渗透的实践探索

北师大版教材很好地贯彻了新课标的教学建议，综观北师大版初中数学教材，随处可见数学文化的影子，教材通过多种渠道进行数学文化渗透，如章头、想一想、习题、综合与实践、阅读材料、几何图形、数学名人等板块。但是，有些教师平时忙于带领学生做题，应付各种考试，特别重视富有成效的知识讲解与解题训练，对数学文化认识不足、重视程度不够，较少思考教材所蕴含的数学文化信息，没有真正去挖掘或领悟教材的数学文化价值，忽略了数学教育的数学文化渗透。

（一）利用"想一想"及练习题材料进行数学建筑文化渗透

例1：（北师大义务教育教科书数学九年级上册第四章第96页"想一想"）如图1所示以矩形 $ABCD$ 的宽为边在其内部作正方形 $AEFD$，那么我们可以惊奇地发现，$\frac{BE}{BC}=\frac{BC}{AB}$，点 E 是 AB 的黄金分割点吗？矩形 $ABCD$ 的宽与长的比是黄金比吗？

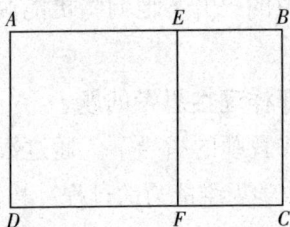

图 1

分析： 古希腊的巴台农神庙的外廊形状是一个优美的黄金矩形，其宽与长之比等于黄金分割比 $\dfrac{\sqrt{5}-1}{2}$，以宽为边长裁去一个正方形，余下的矩形仍然是黄金矩形……若重复上述工作，可以得到无数多个黄金矩形，该图形渗透着几何直观、数学模型等重要数学思想，包含了丰富的黄金分割的数学文化价值，黄金分割是几何中两大瑰宝之一。教师要善于挖掘其中的文化价值，对学生进行建筑文化渗透。

古代建筑源远流长，历史悠久，建筑发展的历史也是一部人类工程数学的发展史。

黄金分割比例在日常生活中有着非常实用的价值，艺术作品《蒙娜丽莎》、著名建筑上海东方明珠塔等都蕴含着黄金分割之美，黄金分割比在许多建筑中被广泛地应用。

（二）利用公式进行数学美育文化渗透

例2：（北师大义务教育教科书数学七年级下册第一章第20页"平方差公式"）两数和与这两数差的积，等于他们的平方差。

$$(a+b)(a-b)=a^2-b^2$$

分析： 平方差公式充分体现了数学的化归、模型等重要数学文化思想，包含了丰富的数学美育文化价值。平方差公式变中有不变，不变中有变化，变与不变交织在一起，是矛盾的统一体。培根曾谨慎地预见，"数学不是一成不变的，新的研究方向会不断出现"。平方差公式体现了培根的饱含哲理的思考预见，这正是数学的无穷魅力所在，推动着数学不断向前发展。

例3： 对于一元二次方程 $ax^2+bx+c=0$（$a\neq0$），当 $b^2-4ac\geq0$ 时，它的根是 $x=\dfrac{-b+\sqrt{b^2-4ac}}{2a}$（北师大义务教育教科书数学九年级上册第二章第42页）。

分析：个人以为一元二次方程的求根公式在初中数学公式中是最美的，原因有以下三点：第一，学生在初中阶段已经学过加、减、乘、除、乘方、开方六种数学运算，该公式包含了全部六种数学运算，数学六种数学运算的先后顺序也决定了求解一元二次方程的前提条件必须首先求出判别式 $\square = b^2 - 4ac$ 的值；第二，判别式 $\square = b^2 - 4ac$ 的值的符号也自然决定了一元二次方程的解有三种情况；第三，公式的分母是 $2a$，隐含了一元二次方程 $ax^2 + bx + c = 0$ 中 $a \neq 0$ 的条件。这是一个一元二次方程的"万能"公式，它向我们展示了数学的抽象性、一般性和简洁性。

数学中的许多公式简洁、统一、和谐、对称，令人赏心悦目；数学公式是人类智慧的结晶，数学公式的美，丰富、质朴、深沉，令人流连忘返，甚至拍案叫绝。需要我们用欣赏的眼光去发现数学公式之美，在教学中进行数学美育文化渗透。

（三）利用章头进行数学历史文化渗透

例4：（北师大义务教育教科书数学七年级上册第五章第129页"一元一次方程"）

丢番图（Diophantus）是古希腊数学家。人们对他的生平事迹知道得很少，但流传着一篇墓志铭叙述了他的生平：

坟中安葬着丢番图，多么令人惊讶，它忠实地记录了其所经历的人生旅程。上帝赐予他的童年占六分之一，又过十二分之一他两颊长出了胡须，再过七分之一，点燃了新婚的蜡烛，五年之后喜得贵子，可怜迟到的宁馨儿，享年仅及其父之半便入黄泉。悲伤只有用数学研究去弥补，又过四年，他也走完了人生旅途。

——出自《希腊诗文选》（*The Greek Anthology*）第126题

你能用方程求出丢番图去世时的年龄吗？

你对方程有什么认识？列方程解决实际问题的关键是什么？

本章将学习一元一次方程的概念、解法和应用，充分感受方程的模型思想。

分析：数学的发展史其实就是一部数学文化发展史。通过丢番图的墓志铭可以大致了解他一生的重要事迹，丢番图（246—330）是古希腊亚历山大学后期的重要学者和数学家，被认为是代数学的创始人之一，丢番图对算术理论有深入研究，他完全脱离了几何形式，在希腊数学中独树一帜。该章头可以发掘丰富的古希腊数学历史文化，是对学生进行数学历史文化渗透的很好载体。

例 5：（北师大义务教育教科书数学八年级上册第五章第 102 页二元一次方程组）

今有鸡兔同笼，

上有三十五头，

下有九十四足，

问鸡兔各几何？

分析：鸡兔同笼最早记载于《孙子算经》中，是中国古代的数学名题之一。其解法多样，许多学生在小学就有接触，有假设法、抬腿法、列表法等多种方法，但小学生局限于抽象思维能力还不高，部分学生对这些方法难以理解，特别害怕应用题。进入初中，要引导学生用代数的通用方法求解，该章头也包含了中国古代数学历史文化价值，起到了承前启后的作用，激励学生学习用更好的通用方法解决以前的问题。

数学发展的历史是数学家们刻苦勤奋、锲而不舍追求真理，以生命和热情谱写的壮丽诗篇的历史。负数概念建立和使用经历的艰辛历程，历史上关于寻求三次方程解法的论战，非欧几何的发展和突破，这些材料包含丰富的数学历史文化价值，教师可以引导学生去阅读、去感受和思考。

（四）利用习题材料进行数学名著文化渗透

例 6：（北师大义务教育教科书数学八年级上册第 116 页"问题解决"）《九章算术》中记载了一个问题，大意是：有几个人一起去买一件物品，每人出 8 元，多 3 元；每人出 7 元，少 4 元。问有多少人？该物品价值多少元？

分析：《九章算术》是中国古代张苍、耿寿昌经过整理和增补而成的一部数学专著。《九章算术》以计算为中心，密切联系实际，旨在解决人们生产、生活中的数学问题。它内容丰富，影响深远，是一本综合性的数学历史著作，也是当时世界上最简练有效的应用数学。它的出现标志中国古代数学形成了完整的体系。

该习题材料给师生提供了发掘数学名著文化的思考线索。学生了解经典数学著作，既能促进对民族文化的认知，增强文化自信，又有助于数学科学素养的提升。

四、结束语

"教"和"育"是两个不同的概念，"教"的是知识，"育"的是思想和文化，知识诚可贵，文化价更高。数学教育本质上是数学文化渗透教育，数学文化渗透本质上是一种数学教育文化思想的渗透。数学文化渗透是将外在的数学知识同内在的人性生命教育进行有机结合，使学生在探索客观世界的同时，也丰富学生内在的精神世界，既体现理性精神又体现人文精神，又真正将数学教育的过程变成培养人的过程。现行北师大数学教材中提供了丰富的数学文化素材，值得教师深入去挖掘后对学生进行文化渗透。

参考文献

［1］中华人民共和国教育部．义务教育数学课程标准（2011 年版）［M］．
北京：北京师范大学出版社，2012.

［2］庄丰．数学文化教学之思考与实践［J］．数学通讯，2020（18）：
23 – 27.

［3］殷玉波．数学文化是一种数学教育思想［J］．中学数学教学参考，
2019（16）：1.

［4］任伟芳．无用之用的数学文化［J］．中学数学教学参考，2019
（26）：1.

初中数学课堂形成性习题课针对性选择策略的研究

王彦苏

在实际教学中，教师往往忽略习题课的作用，用大量练题、试题、评讲等来代替习题课，使得习题课收效甚少。甚至很多教师把习题课误认为就是作业评讲课，就题讲题，白白浪费了宝贵的课堂时间。通过对初中数学习题课现状进行针对性的调查研究后，笔者认为有必要对初中数学习题课进行实践研究，弥补日常教学的不足，提供一线教学经验。

本研究主要是以初中教学习题课的现状调查及与部分初中学生的日常交流为着眼点，以教师日常教学实践为基础，根据多次实践的教学案例进行总结分析，试图探究加强初中数学习题课针对性的策略。

一、形成性习题课

习题课的类型不是千篇一律的，针对不同的教学内容和学生特点，教学设计也就各不相同。在学习了新的概念和新的定理、定义时，为了让学生更好地理解掌握新知识，教师往往会设计一堂习题课，我们把这样的习题课叫作形成性习题课。数学教学中知识的检测是通过题目的完成情况来实现的，因此习题练习是数学教学的重中之重。数学的概念、定理都是通过习题来呈现的。我们在新授课中学习的新知识，必须通过习题练习来进行应用、掌握。而新授课的重点则在于知识的来源，生成、运用知识解决问题的时间较少，这时，我们就需要通过形成性习题课来加深学生对新知识的理解，加强学生对知识的运用。

案例：《相似三角形判定及应用》教学实例

（一）探究准备

（1）已知：如图 1 所示，$\angle B = \angle D = \angle ACE = 90°$，若 $AC = 10$，$BC = 6$，$ED = 2$，则 $CD = $ _____。

（2）已知：如图 2 所示，矩形 $ABCD$ 中，E 为 AD 上一点，$BE \perp EF$ 于 E，若 $AB = 3$，$AE = 4$，$ED = 2$，则 CF 的长为 _____。

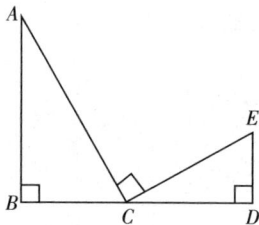 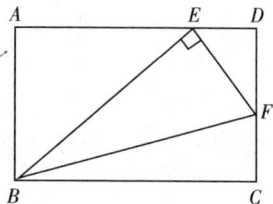

图1   图2

（二）主动学习课堂探究活动

探究一：特殊的"K"型相似

例1：如图 3 所示，D 为 BC 上一点，$\angle B = \angle C = \angle EDF = 60°$，$BE = 6$，$CD = 3$，$CF = 4$，则 $BD = $ _____。

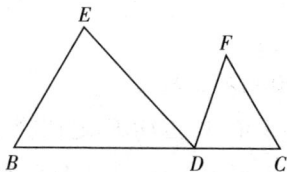

图3

变式：如图 4 所示，若正三角形的边长为 9cm，$\angle ADE = 60°$，D 为 BC 上一点，且 $AD = DC$，则 AE 的长为 _____。

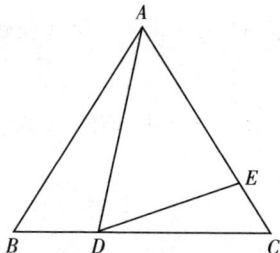

图4

探究二：一般的"K"型相似

例2：如图5所示，B，D，C三点共线，∠B = ∠EDF = ∠C = α。

求证：△BDE∽△CFD。

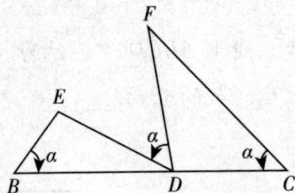

图5

证明：如图6所示，相似三角形中"K"型。

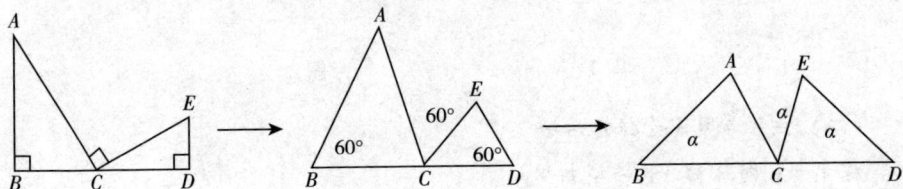

图6

条件：_____；

结论：_____。

探究三："K"型相似的证明及应用

例3：如图7所示，△ABC 和△DEF 是两个全等的等腰直角三角形，∠BAC = ∠EDF = 90°，△DEF 的顶点 E 与△ABC 的斜边 BC 的中点重合。将△DEF 绕点 E 旋转，旋转过程中，线段 DE 与线段 AB 相交于点 P，线段 EF 与射线 CA 相交于点 Q。

（1）如图7①所示，当点 Q 在线段 AC 上，且 AP = AQ 时。

求证：△BPE≌△CQE。

（2）如图7②所示，当点 Q 在线段 CA 的延长线上时。

求证：△BPE∽△CEQ。

（3）如图7②所示，当 AB = AC = 4，BP = 1 时，分别求 AQ 和 PQ 的长。

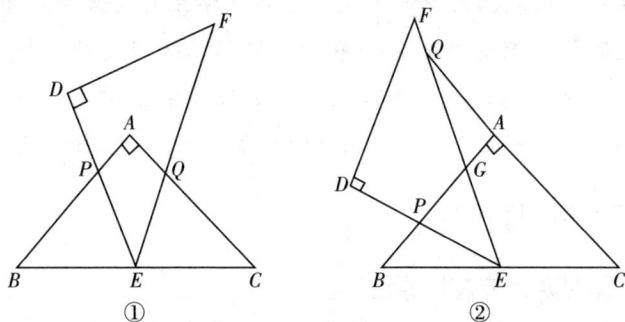

图 7

变式：如图 7②所示，若线段 AB 与线段 EF 相交于点 G，当 $AB = AC = 4$，$BP = 1$ 时，试求 AG 和 EG 的长。

（三）课后检测任务

（1）如图 8 所示，在等边 $\triangle ABC$ 中，D 为 BC 边上一点，E 为 AC 边上一点，且 $\angle ADE = 60°$，$BD = 4$，$CE = 3$，则 $\triangle ABC$ 的面积为_____。

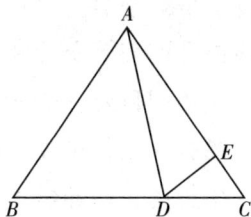

图 8

（2）如图 9 所示，已知点 A（0，4）、B（4，1），点 P 为线段 x 轴上一点，且 $PA \perp PB$，则点 P 的坐标为_____。

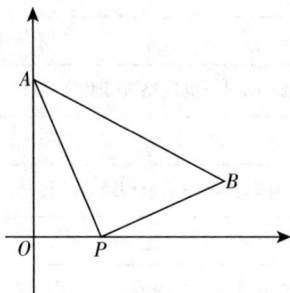

图 9

在新课学习了相似三角形的判定定理后，学生对于如何应用判定定理还不太熟悉，这时，我们就需要上一节对应的形成性习题课，帮助学生掌握、运用判定定理解决问题。通过多次设计、实践初中数学课堂形成性习题课，比对学生掌握情况，我们总结出了相应的习题课针对性选择策略。

二、针对性选择策略

策略一：练习题组应有目的性

数学知识的掌握情况是通过试题呈现的，数学习题设计的目的就是帮助学生掌握数学知识和技能。在选取习题时，要根据需要强化的知识点进行筛选，要使习题有多种作用，如复习概念、训练技巧、提升思维等。但由于初中学生的学情特点，习题除了围绕知识点进行设计，还必须考虑学生的心理特点，不能没有难度梯度，一来就是难题，把学生吓到，应该从基础题目开始，层层递进地加深难度。在选取习题时，对基础知识和基本技能的题目不能忽视，解题通法更是要强调的重点，注重学生的思维提升和数学思想的渗透。例如，案例中的课前准备就是结合学生旧知进行设计以起到复习回顾作用，而例题则是根据新知实施提升训练。变式练习则侧重于查看学生掌握知识、运用知识的情况。习题组中的题目要有全面性，尽量起到复习巩固的作用。此外，习题组中的题目还要有一定的难度。例如，案例中的探究三，注重训练学生数学思维，开发学生智力，培养学生数学素养。总之，新授课后的习题课应围绕新授知识中的重点、难点进行题目设计，可以是同一类型、统一结构的试题，也可以是有所提升的变式训练，目的是让学生能够更好地运用新知识解决问题，流程图如图10所示。

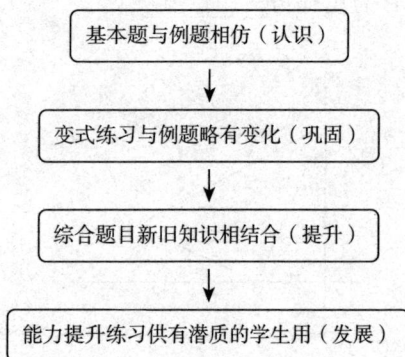

图 10

策略二：设置习题应该体现阶梯性

设置习题的阶梯性尤为重要，原则上遵循低起点、高立意，题组的设计要由易到难，由简单到复杂，由基础题目到综合题目，让不同层次的学生都学有所获。低起点、高立意可以让学生感知到难题也来自基础知识，不过是一些知识的叠加，一些技巧的变式而已，消除学生对难题的畏惧。在上述教学案例中，习题课分为了三个部分：主动学习探究准备的题目较为基础题目，所有学生都应该掌握；探究一例题部分为中档题目，也是本节知识的重点和难点，适合中等以上的学生；而探究三能力提升则是新旧知识的混合题目，适合学有潜力的孩子。此外，习题不能一味地贪多，大量做简单的机械训练是无效的，那只能让学生处于疲惫状态，而能力却得不到提高。在教学案例中，探究例题后面都设计了变式练习，目的就是让学生举一反三，学会灵活地运用知识和技能。

策略三：习题课要注重启发性

在新课程的指导下，探究性题目为必考题，阅读理解题目增多，灵活性高，选择性多，解题方法多样，盲目进行题海战术的教学模式已经不能适应新的考试规则。因此，习题的设置不能仅仅局限于对知识的掌握运用，还要注重对学生学习品质的培养，培养学生不畏困难、勤于探究的精神。数学的推演、分析、思考能力会让学生终身受益，因此，在习题课教学中教师要注意解题思路的呈现，教会学生解决问题的通法，并注意用多种方法解题，启发学生的数学思维。例如，在教学案例中，主动学习探究准备中，考查的是相似三角形的判定定理的直接运用。探究一中归纳了"K"型相似三角形的解法，探究二中"K"型相似图形有了变化，让学生从变式中找到解决问题的通法，启发学生思维。探究三进一步综合运用判定定理，训练学生的分析能力，提高学生的解题能力。

第四章

创新
英 语 课 堂

高中 >>>

提问——高中英语阅读教学中语言学习和思维培养融合的有效途径

李厚明

一、问题的提出：现时的阅读教学费时多、效率低，改进阅读教学势在必行

高中英语新课标所倡导的核心素养指的是学生的语言能力、学习能力、思维品质和文化意识，这四者的关系是密不可分的。新课标要求教师在培养学生语言能力的同时，培养他们的学习能力，教会学生如何学习英语。同时，倡导学习活动观，即通过在具体的、与生活相关联的、有意义的教学活动中对学生的思维品质进行培养，促进他们学习能力和语言能力的提升。让学生在了解、比较国内外文化的差异过程中，进一步理解和认同中华文化，增强学生对祖国文化的自信，实现培养学生核心素养的目的。

然而，在现实的很多情况下，英语的学习确实还存在"用最多的时间学习最少用的知识，以最少的接触机会去发展较少用的能力"，造成了"费时多、效率低"。笔者认为解决该问题的关键是教师是否在日常的英语课堂教学中找到一个恰当的切入点，把语言知识的学习和思维培养结合起来，并使之融合在一起。因此，作为高中英语学习的教学重要资源材料——课本阅读教材可以成为一个突破点。基于阅读教材"教师通过创设与主题意义密切相关的语境，充分挖掘主题（材料）所承载的文化信息和发展学生思维品质的关键点"，将特定主题与学生的生活建立密切关联。将英语学习和思维培养很好地融合在一起，能为学生提供一个真实的、有意义的语言学习环境。

由此可见，在新课程标准倡导的结合主题语境的情况下，作为我国高中英语教学重要内容的课本阅读教学材料便是一项可以充分挖掘和利用的资源。教师可以通过对阅读材料信息的深度加工、组合、整理，提出合理、巧妙的问题，把学习材料的教学和思维培养结合起来，把学习内容与学生的生活实际结合起来，将有助于学生积极参与英语学习的过程中来。学生通过对问题的回答，从被动地听讲变为主动地参与，实现运用语言的过程并达到在学习中使用、熟悉、掌握语言的目的。同时，在这一过程中使学生实现思维能力的培养、学习能力的提升、语言能力的提高和对母语文化的进一步认识和认同。

二、通过提问在阅读教学中实现实施语言学习和思维培养融合，改善教学方式，提升教学效益

高中英语教材提供的阅读材料是教师重要的教学资源，尽管有的材料一出版就可能失去时效性，但是教师同样可以充分地对其加以利用。

首先，结合教材文本设置合理的问题。巧妙的设问能够联系文本材料，从一个新颖的角度提出问题，让学生思考文本中提及的事实，找出事情的前因后果、来龙去脉并得出新的认识。通过让学生思考、回答这些问题，把语言学习和思维能力培养融合在一起，培养学生缜密的思维方式和良好的思维习惯。

其次，结合学生生活实际的合理设问。把阅读教学与学生的生活实际联系起来，让他们能够有机会用英语来表达与主题相关的自己真实的想法和感受，用英语来思考相关的问题。这进一步拓展了学生的学习材料和内容。学习内容不再是被动接受的、他人的、与学生生活实际有一定距离的材料，而是与学生生活息息相关的语境，从而拉近了学习和生活的距离，让学习活动生活化、情景化。让学习活动具有实用性和真实性，也让学习活动具有现实的意义。

最后，结合阅读教材合理地设问。让学生在回答问题的过程中不知不觉地运用英语来思考、分析、做判断或得出结论；让学生不再将关注的重点只是聚焦在语言知识本身，而聚焦在语言的功能上，实现语言运用的目的，实现语言形式和意义的有机结合。

三、提问在阅读教学中实现语言学习和思维培养融合的具体案例

在课堂上，在教师巧妙问题的引领下，学生通过对问题的思考，运用比较、分析、归纳、判断和推理等手段，学会思考、学会如何学习英语、学会表达自己的意见。这一过程是学生获取知识、运用知识并变得更加自信的过程。这正是"在教学中将语言知识转化为学生的语言运用能力，帮助学生正确理解和表达意思、意图、情感和态度"。如何在阅读教学中设置合理、巧妙的问题实现语言学习和思维培养的融合呢？教师可以从下面几个教学案例中得到启发。

（1）熟读文本，基于文本关键内容和构成设置恰当的问题帮助学生有效获取文本主要信息。获取文本信息是学生基于对文本的理解，运用掌握的文中关键词汇再现文本主要信息，属于认知的理解、记忆范畴。

例如，在学习外研版必修一模块一 My First Day at Senior High 时，教师可以这样来提问：

What about Li Kang's first day at senior high? Use some adjectives to describe it.

From what aspects does Li Kang describe his senior high school? Students will write down what they can think of from their memory on the paper. （classroom, teachers, English class, classmates and homework）然后进一步要求学生用形容词来描述这几部分并给出支撑的句子和原因。

通过回答上面设计的问题学生能很明确地抓住文本的主要信息，并能够有条理、有逻辑地思考问题和表达观点。学生在回答问题的过程中自然而然地用英语思考，用英语表达。对于有些问题，教师还可以进一步追问，如"Why is Mrs. Shen's method of teaching different?"以进一步拓展学生的思维。学生可能会回答："She thinks that reading comprehension and speaking are important."教师还可以继续追问，鼓励学生积极思考，输出相关的信息。

（2）熟读文本，挖掘文本信息、找文眼，探究字里行间的信息和作者言外之意。在了解文本基本信息之后，教师可以进一步挖掘文本信息，提出富有思考性的问题，让平淡的文本增加挑战性、趣味性，让学生都积极地参加英语学习的思维活动中来。这一阶段主要涉及认知过程中的推理、判断。例如，在学习外研社教材必修一模块三 My First Ride on a Train 时，文本中有这样几处信息，"Suddenly, it looked like a place from another time. We saw abandoned farms which were built more than a hundred years ago"。此处，作者描述的画面突然改变，由原来一幅美丽的风景画突然变成一个被遗弃的世界。

在第三段结尾时作者写道："One night, at about midnight, I watched the night for hours. The stars shone like diamonds."教师可以问："Why Alice Thompson could watch the night sky for hours?"

S1：The stars were brighter in the countryside than in the city.

T：why?（教师追问）

S：Because light pollution in the city.

S2：It was rare for her to see so many stars in the sky and she was very interested in watching them.

学生给出的理由非常有道理，结合了学生自己的生活经历，运用英语准确地表达了自己的意思。语言交流真实有效，语言学习和思维训练巧妙地结合在一起，语言交流自然得体。

（3）熟读文本，设置富有思辨性、挑战性的问题。教师在熟读文本的基础上，通过精心设计，反复琢磨，带领学生从不同的角度分析、理解文本。下面通过一个教学实例来展示如何从不同的角度来重新利用阅读教材的文本。在学习选修六模块五 Frankenstein's Monster 时，教师让学生以 monster 的口吻来讲述故事，选了其中一篇习作。

要求："If you were the monster, what made you hate people in the world?"该问题是教师经过反复琢磨后设置的一个巧妙的问题，学生能够运用从教材中学到的知识，结合自己的理解和思考，写出一篇有真情实感的文章。

习作：

The man called Frankenstein created me. When I opened my eyes, I saw him stand（standing）behind me. I breathed hard and it was too difficult to move my arms and legs. Frankenstein stared at me with frightened face. I want to say something to him, but he ran away. When I found him in his bedroom, he just wake（woke）. He looked terrible and run（ran）. I just wantecl to say "Thanks".

I couldn't make friends with anyone. They were all frightened when they saw me. They called me "monster" and said I was ugly. I wanted to speak and learn it（not clear here）. Through that way I cannot be there alone, I thought. But in fact no one understand（understood）me. When Frankenstein refused to create a wife for me, I know I will be the（删除"the"）alone.

I began to hate Frankenstein. Why did he create me? Just for fun? Or for his own imagination? I couldn't stand. Then I tried to find some way to make Frankenstein feel lonely and painful like me. So I murdered his friend. But it seemed that he still didn't understand me. So I killed his new wife.

Life is light (not so important) in my mind, but I just want someone who can understand me and help me move out of lonely (loneliness).

撰写该篇文章的是一个英语基础中等的学生，由于教师设置的问题结合了所学知识和学生的兴趣所在并具有一定的挑战性，不少学生都能写出具有一定思想性的习作。

（4）拓展文本信息，把文本信息与学生的生活实际结合起来设置问题。在高一第一个月月考后，让同学们给笔者写一封信，谈一谈其各自高中学习中遇到的问题。这样的设问，把英语学习和学生的学习实际情况联系起来，让他们有话可说，有思想可以表达，有利于实现语言学习和思维训练的有机结合。基于这样的学情，笔者给学生设置了如下周记要求：

A letter to Mr. Li. Students are supposed write the problems they come across in senior high after the first month.

习作：

Dear Mr. Li,

I'm so glad that I could write to tell you something about what I'm thinking recently.

As you know, the monthly tests have finished not long ago. I'm not sure how you think of the score I got in the English test. To be honest, I am a little satisfied with it. But at the same time, I know that I still have a lot of aspects to be improved. For example, the listening part, the grammar part and my handwriting. I'll try my best to learn English well, not just for test.

What trouble me most are the grades of chemistry and physics. I don't think I did well in these subjects. I could get (have got) higher scores. I like these subjects and I really want to learn them well and get the highest scores in the class. But the grades of this tests really make me a bit disappointed. I know there are still a lot problems on my own in study. But I wonder if it's true that girls can't get as high scores as boys on chemistry, math or physics. How I wish I could be as excellent as boys. But anyway, where there is a will, there is a way. I will work harder to be a better girl in the future.

Thank you for reading my letter.

该实例展示了把阅读教学和写作活动结合起来，把阅读中获得的语言知识和与学生生活实际相关的具体活动联系起来，实现语言学习和思维训练的有机融合。

四、小结

为了落实高中新课标对英语教学的要求，提高高中英语教学的有效性，教师教学的重点可以放在阅读教学中文本的处理上。教师备课时处理教材文本的重心应该放在如何巧妙设置问题上，让学习活动具有一定的思维挑战性，把语言学习和思维训练有机地融合在一起。让问题逐步从理解、记忆到分析、判断，再到运用、创新，不断提高对学生思维能力的要求，通过这样的问题设计，充分调动广大学生参与教学活动中来，实现学生语言和思维的进步。在学生回答问题的过程中，教师与学生及时互动，并辅之以恰当的追问，帮助学生在思维的广度和深度上拓展，帮助学生进入深度学习。在文本学习的后期，教师可以巧妙地结合文本内容与学生生活实际设计好的输出话题，把从文本材料中学习的内容与学生的生活实际联系起来，实现把知识运用到生活实践的目的。

参考文献

［1］中华人民共和国教育部．普通高中英语课程标准（2017 年版）
　　［M］．北京：人民教育出版社，2018.
［2］龚亚夫．重构基础教育英语教学目标［J］．课程·教材·教法，
　　2010，30（12）：55 - 60.

基于主题意义的高中英语课内外语篇
融合教学例析

王 欢

《普通高中英语课程标准（2017 年版）》（以下简称《课标》）指出："英语课程应该把对主题意义的探究视为教与学的核心任务，并以此整合学习内容，引领学生语言能力、思维品质、文化意识和学习能力的融合发展。"《课标》提出，英语教学要"丰富课程资源，拓展英语学习渠道"，"英语课程应根据教和学的需求提供贴近学生，贴近生活，贴近时代的英语学习资源，创造性地开发和利用现实生活中鲜活的英语学习资源，积极利用音像、广播电视、书报杂志、网络等拓展学生学习和使用英语的渠道"。课外拓展阅读是基于教材语篇阅读文本的补充和延伸，科学有效地利用和开发课外文本对于更好地培养学生阅读兴趣、文化品质、思维能力和语言能力等起着重要的作用。但是在实际教学中，不少教师在选择阅读材料时比较随意，选择的语篇欠缺与教学内容的相关性，与单元主题相差甚远；或者在设计阅读活动时缺少连贯性，课本阅读活动和课外阅读活动设计脱节，忽视了单元主题和语篇对阅读教学的作用，缺乏对主题意义的探究，不能有效地拓展和单元主题意义相关的背景知识，导致学生无法进行有效的课外阅读。

基于以上问题，本书探索基于主题意义的阅读教学模式，旨在引导学生在主题意义的小组活动探究中提升自己的阅读及思维能力。

一、基于主题意义的阅读活动内涵

主题是语篇语义所围绕的中心议题，为言说和探讨等语言应用提供范围和语境。特定主题语境所传递的思想、文化内涵、情感、态度、价值观就是该语境蕴含的主题意义。主题为语言学习提供主题范围或主题语境，主题语境不仅规约着语言知识和文化知识的范围，还为语言学习提供意义语境，并有机渗透情感、态度和价值观。学生对主题意义的探究是学生学习语言的重要内容，直接影响学生语篇理解的程度、思想发展的水平和语言学习的成效，教师应通过选取适合学生且学生感兴趣的主题，并围绕该主题选取合适的读物进行适当的指导以及相关的评估。以主题为统领，学生通过对阅读语篇的整体感知，激活已有图示，在意义生成的过程中将新获取的语言信息与已有认知图示联系起来，进行新旧信息融合。结合学生发展特点及语言学习规律等因素，选择对应一定教材单元主题的阅读材料，让学生围绕主题进行拓展阅读活动，并在阅读过程中，增强学生的情感体验，进而提升学生的语言学习能力、创造性和批判性思维能力以及交际互动能力。

二、基于主题意义的课内外语篇融合例析

（一）深入解读文本主题，以学生学情和课内外语篇内容为立足点

学生的学情和课内外语篇是主题意义探究的基础。教师在开启教学时，要基于学生的已有认知，精准解读主题内涵和课内外语篇蕴含的主题元素，明确定位单元主题。因为教师分析和理解主题的角度和深度会直接影响学生对文本主题的认知和情感体验。

本书课内语篇选用外研版新教材必修一模块三"Family matters-developing ideas"部分"Like father, like son"主题语境为人与自我中的家庭生活。语篇为戏剧类型，讲述了父亲和儿子由于立场不同，在儿子的未来职业规划上产生分歧和冲突，最终矛盾由祖父调和的故事。这个语篇与单元话题密切关联，是单元重点语言知识的载体，是单元的核心部分。为了加深学生对本单元主题意义的理解，课外语篇选用了外研版《悦读联播分级群文阅读》高二下册模块二"Thank you, grandfather"，此单元同为家庭话题，语篇类型为邮件。文章先是介绍了写作背景 American National Grandparents Day，从而引出 Christine 在 Grandparents Day 给爷爷写了封 E - mail 以表达对爷爷的爱。文章主体为一封家书，信中表达了对祖父母浓浓的爱，以及对爷爷多年来对她的付出和积极影响的感激之情。两篇文章的主题意义均为"对家庭成员的尊重、爱与感恩"。《课标》指出：深入研读语篇、把握主题意义、分析文本特征和语言特点及其主要意义的关联，对教师做好教学设计具有重要意义，是教师落实英语学科核心素养目标的重要前提。因此，在进行阅读教学前，笔者从

What、Why、How 三个方面，以及主要内容、主题意义、作者意图、语言修辞和文本结构五个维度进行了文本分析。从"三个方面""五个维度"解读教材语篇与课外语篇，见表1。

表1

三个方面	五个维度	教材语篇 Like father, like son	课外语篇 Thank you, grandfather
What	主要内容	父亲和儿子由于立场不同，在儿子的未来职业规划上产生分歧和冲突，最终矛盾由祖父调和的故事	本文主体为一封家书，信中表达了对祖父母浓浓的爱，对爷爷对作者多年来的付出和积极影响表达感激之情
Why	主题意义	围绕家庭冲突，传达正确的处理冲突的方式——爱、包容与尊重	围绕家庭亲情，回忆往昔珍贵片段，感谢爷爷给予无私的关爱和照顾
	作者意图	理解家庭矛盾的原因，并正确看待和解决日常生活中的家庭矛盾	学会爱和感恩
How	语言修辞	本文为戏剧，语言大多为日常对话，简单易懂，但是生动有趣	本文是一封家书，语言优美、情感丰富
	文体结构	文章以时间顺序展开，包含了戏剧的基本要素：settings、characters、actions、dialogue and plot	文章结构主线为：grandpa's behavior—impact on me—thanks to grandpa

在对课内外语篇进行解读之后，学生不仅对文本内容和语言知识有了清晰的了解，而且对作者的写作意图和语篇价值导向也有了清楚的认识。

（二）基于主题引领，以承接主题意义为语篇融合着力点

袁顶国、朱德全认为："主题式教学设计以主题为中轴，围绕教学主题展开教学活动，即以教学主题为枢纽，系统内诸要素之间彼此联系、相互作用、协调运行，驱动师生'双适应双发展'。"按照激活主题—明确主题—理解主题—内化主题—外化主题的主题意义探索路径，课内化语篇主题意义的探索路径。如图1"Like father, like son"主题意义探索和图2"Thank you, my grandfather" 主题意义探索路径所示。

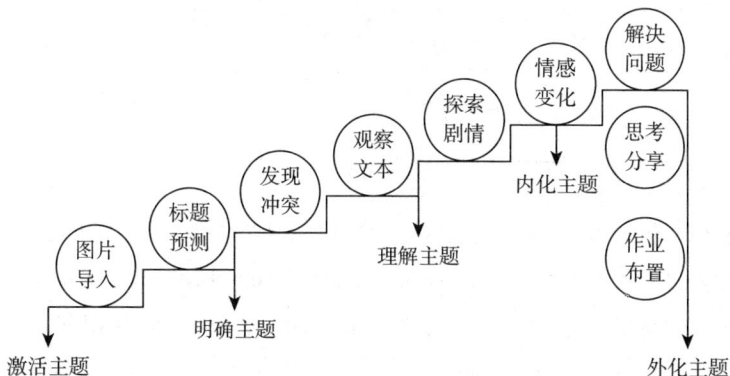

图 1

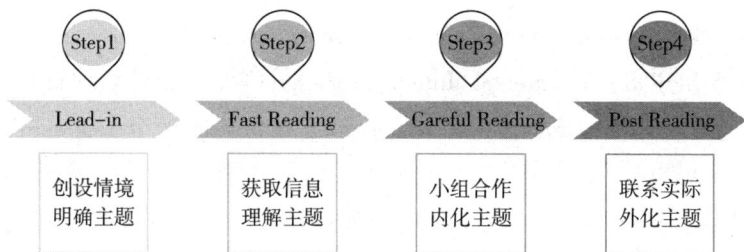

图 2

教材语篇"Like father, like son"作为第一课时，以家庭冲突为切入点引导学生去正确看待并解决家庭矛盾，从而引出家庭成员之间应该更多地给予爱、包容和尊重。

课外语篇"Thank you, grandfather"作为第二课时，以一封家书的形式直接表达了对爷爷的爱和感激，是对于课本教材文本主题意义的一个主题延伸和阅读拓展，进一步加深了学生对于主题意义的理解和探究。

（三）开展小组活动，以内化主题意义为融合提升点

程晓堂提到，"基于主题意义探究的英语教学在设计时应围绕主题设计教学内容和教学活动，通过主题把教学内容和不同教学板块联系起来。应该以主题和内容为主线、以语言为暗线设计教学活动和教学环节"。教师在课内文本"Like father, like son"的活动设计中，让学生以小组为单位，以思维导图的形式将主线剧情探索和暗线情感变化分别画出来，以此来加强学生对主题意义的内化，如图3以内容为主线的思维导图所示。

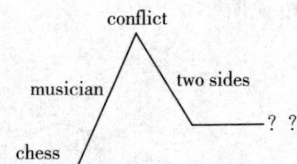

图 3

在深入了解了各方观点与态度差异以后，学生以小组为单位，进行父亲与祖父之间的人物与态度分析，从父亲说的"You should be a lawyer"这句话中学生可以推断出父亲是比较专制的，即 authoritative，而从祖父的话"I just wanted you to be happy; I advise to think carefully; I am proud of you"中学生可以推断出祖父是比较民主的，即 democratic。接下来让学生以小组为单位对以下三个问题进行辩论与讨论。

Q1：Which side are you on, the son or the father, to play music or be a lawyer?

Q2：Which kind of parental attitude do you prefer? Father's or grandfather's?

Q3：Do you think grandfather's suggestion is practical, if you were the son, would you take it?

通过小组辩论，不仅提高学生的辩证思维，同时也加深学生对文本主题意义的理解。最后，为了再次加深学生对课内文本主题意义的理解，教师让学生再次回到标题"Like father, like son"，并引导学生思考为什么标题要叫作"有其父，必有其子"。学生以小组为单位讨论祖父、父亲与儿子的相同与不同之处，他们的相同之处在于 independent thinking 和 good for kids，不同之处在于 hobby 和对小孩的 expectation 不同。基于这些不同，教师继续追问："How to solve the conflict between them?"以此来加深学生对主题的更深入理解，教师引导学生得出结论：set aside difference, seek for common，即求同存异的处事态度。

为了顺利将课内文本和课外文本自然地融合在主题意义"对家庭成员的尊重、爱与感恩"下，教师借鉴了教育戏剧中"snap shot"即画面定格活动，不同的职业选择，如图 4 所示：小组讨论想象 10 年之后的不同画面，设想 10 年后，儿子会成为什么样的人？是什么状态？同时让学生了解黄金台词（Golden Line），黄金台词即给每个人配一句台词，比如，"I want you to be happy and pursue your dream"（爸爸），"Congratulations, I am so proud of you two!"（爷爷）。在课外文本阅读课中，由课内文本的黄金台词环节顺利过渡

到读课外文本 "Thank you, grandfather!" 教师提出问题：

T：Now, imagine you are very successful musician, lawyer or a man who is successful in both careers; will you say thanks to your father or grandfather?

Ss：Yes, if I got the prize, I will say thanks for supporting me, grandfather/father!

此活动自然地帮助过渡到我们的课外文本 "Thank you, grandfather!"。

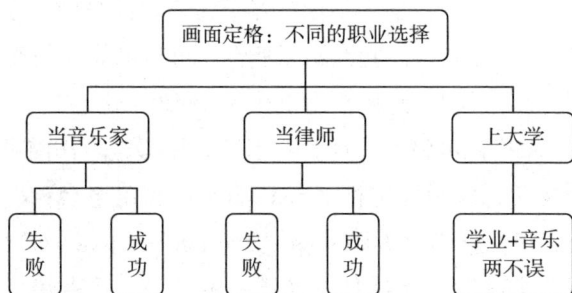

图 4

在课外文本 "Thank you, grandfather" 的活动设计中，学生同样以小组为单位，梳理文本内容，分析人物行为和对作者的影响，以及作者对爷爷的感谢，最后以思维导图的形式呈现出来。以内容为主线，以语言为暗线的思维导图，如图 5 所示。

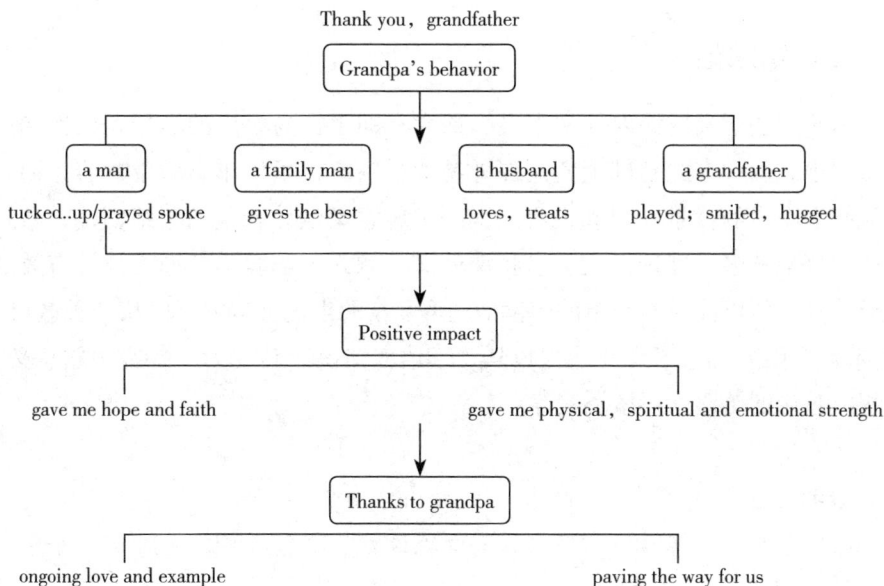

图 5

课外语篇是作者对于爷爷给自己积极影响的爱的表达，是对课内文本情感的一种升华，旨在引导学生将自己内心对家人的爱正确表达出来，通过阅读课外文本的家书，进一步内化了主题意义——"对家庭成员尊重、爱与感恩"。

（四）开展读后续写，以外化主题意义为融合创新点

"在主题式英语教学中，学生不仅学习了语言，而且获得了其他方面的知识、经验、智慧，对周围世界有更深的理解，同时也能在情感、态度和价值观等方面有所收获。"程晓堂为了让学生顺利地外化主题，对于课内文本"Like father, like son"，可将其设计为戏剧读后续写，写作前可以采用教育戏剧学习中的一个技巧，即画面定格（Snap Shot）和黄金台词（Golden Line）。借助于画面定格，可以让学生大胆预测"like father, like son"中小男孩最终的选择，并进行故事续写，无论是选择哪一种结局，作者最后成功与否，本文的主题意义都是要表达对家人的尊重与爱，学生通过戏剧续写将主题外化。而对于课外阅读材料"Thank you, grandfather"，在课后可以让学生结合"Like father, like son"中的情景，让学生模拟作者，结合自己曾经与父母之间发生的冲突以及现在的感悟，给自己的爸爸或者最爱的家人写一封 Thank - you letter，去表达自己内心对他们的爱。以读后续写的方式可以将同一主题意义下的两个文本进行写作衔接，让学生在写作中去外化主题意义。

三、结束语

基于主题意义的课内外文本融合探究有助于提高学生的学习积极性和课堂参与度，教师在此基础上使用课外阅读材料不仅可以丰富教学内容，而且可以拓展学生的背景知识和视野。围绕主题意义设计新颖的小组活动，帮助学生更好地从多维度理解文本。将课外文本融入语篇教学，加之设计有效的小组活动，可以让原本简单的阅读活动焕发新的生机。教师可以从"教教材"转变为"用教材教"，学生也可以从"学语言知识"转变为"探究主题意义"并提升自己的英语学科核心素养。

参考文献

[1] 程晓堂. 基于主题意义探究的英语教学理念与实践［J］. 中小学外语教学（中学），2018，41（10）：1 - 7.

[2] 高媛媛. 基于主题意义探究的初中英语大单元阅读探索［J］. 教学

与管理，2021（13）：61–63.

［3］李奕奕．基于大单元设计的英语阅读深度教学［J］．教学与管理，
2020（28）：46–48.

［4］中华人民共和国教育部．普通高中英语课程标准（2017年版）
［M］．北京：人民教育出版社，2018：59–63.

［5］袁顶国，朱德全．论主题式教学设计的内涵、外延与特征［J］．课
程·教材·教法，2006（12）：19–23.

［6］周园．主题意义下初中英语单元整体教学探究［J］．中小学外语教
学（中学），2020，43（10）：15–20.

阅读语篇思维可视化教学策略研究

温富玖

在数次英语测试中，学生都在阅读理解七选五板块失分严重，通过分析极课云平台数据，发现学生的问题主要是出现在选择段中过渡句时，容易受到迷惑项干扰，做出误判。究其原因，就是学生不会分析语篇结构，没有构建起语篇思维，不能识别语篇中的各种显性和隐性标志。更深层次的原因则是教师在教学设计中缺乏对语篇文本主题的挖掘，问题设置逻辑混乱、缺乏主线和层次性，没有语篇教学整体观等。

一、阅读语篇思维培养的意义

高中英语阅读教学中师生语篇思维的缺失，让学生的归纳建构能力发展受到了制约，难以正确地理解文章的篇章结构以及有效挖掘文本主题意义，从而降低了学生英语思维品质培养的效率，限制了学生英语思维品质的发展水平。要有效培养学生英语思维品质，离不开对语篇主题意义的探究。《课标》明确指出，学生对主题意义的理解程度，影响着学生对语篇的理解、思维的发展和语言学习的效果。

在以语篇为核心的阅读教学中，结合语篇思维探究语篇的主题意义尤为重要。本书旨在探索高中英语阅读课堂中，围绕语篇主题意义，运用可视化工具整合语言、内容和思维，揭示师生语篇思维过程，进而提升学生思维品质，并促进学生分析和解决问题能力的提升。

二、阅读语篇思维教学策略

可视化工具不仅可以帮助学生梳理语篇思维，也可以帮助师生建构文章的思维过程。针对当前阅读教学中语篇思维培养中的问题，笔者结合可视化工具提出了四条教学策略，以期在主题意义探究的过程中提升学生语篇思维构建和运用能力。

（一）语篇解读深层化：明确主题意义，细化教学目标

语篇是作者表达思想的外显工具，是读者与作者进行信息互动的载体。教师对语篇的解读程度影响了其对文本主题意义提炼的精准度，进而影响学生对语篇的理解程度及其思维发展水平和学习效果。

在语篇解读过程中，教师可以通过从语篇的写作目的、文本体裁、行文思路、关键内容和话题语言出发，提炼语篇的主题意义。语篇的作者进行创作，其必然是带着某种目的去阐明某事物而使用语言。要达到这一目的，需要依托相应的具体文体，运用一定的行文思路，组织文章的关键内容，并使用相应的话题语言。在提炼语篇主题的过程中，需要对这四个方面进行深度挖掘，找到它们之间的内在联系，实现形式、内容、语言和思想的统一。

带着明确的主题意义，合理设定阅读语篇的教学目标，是英语学科核心素养在英语阅读课堂中能否落实到位的前提。语篇解读为教师设计合理可行的教学目标提供了依据。在此基础上，教学目标的设定还要结合学生学情和《课标》对相应学段学生要达到的标准进行细化。教学目标可以基于语篇围绕发现问题、分析问题和解决问题的方法，在语篇教学中有层次、有逻辑地培养学生在具体的情境中解决问题的能力，最终提升学生的关键能力和必备品格。

（二）教学设计活动化：形成问题序列，衔接输入输出

学习活动是实现教学目标的具体手段，高中英语教学中的学习活动应体现综合性、关联性和实践性。基于语篇的学习活动，既要考虑语篇宏观结构和微观结构的联系，也应考虑语言输入和语言输出的关系。

对语篇进行深层解读后，教师梳理出文章整体框架布局、段落与段落间逻辑等宏观结构，并根据段落内部主题句与支持信息、句与句之间的逻辑等微观结构，可以找到文章各层次的思维路径。基于语篇主题意义，挖掘语篇思维呈现方式，可以设计出符合思维逻辑的各类问题序列。要实现对语篇主题意义的探究，教学活动的设计可以考虑以主题和内容为主线、以语言为暗线。以此为基础而设计的问题序列，可以从文章内容的理解和分析入手，再到对语篇主题意义的整合和推断，最后实现主题语言联系实际生活的应用和迁移。

语篇作为信息的载体，对其内容、意义和文化的理解并不是英语学习的

终点，而应是英语学习的起点。在学习活动的设计过程中，需要具备整体意识，进行语言输入和语言输出的总体建构。语言输入是学生建构语篇主题意义的基础，而输出任务则是学生加深主题理解、迁移主题表达的保证。输入和输出可以贯穿阅读教学的各个环节，在主要以阅读输入为主的阅读课堂中，可以进行以说和写为主的输出活动来实现输入与输出的无缝衔接，实现学生英语学习效益的最大化。

（三）教学过程显性化：生成思维图示，建构课堂板书

教学过程是对教学设计的落实环节，既强调教学设计的实施，也应凸显教学现场生成。在高中英语阅读课堂中，教师可以充分利用信息化技术手段，提前展示教学设计中的问题和情境等来提高教学效率。同时，教师也可以在课堂上与学生一起生成思维图示，建构课堂板书来揭示语篇思维的过程性。

思维图示具有特定的适用性，基于文本解读的教学设计要考虑具体语篇的特定思维路径，进而有针对性地运用某一或多个思维图示。在学生接触思维图示的初期，教师可以采用支架式的思维图示，提前给出图示的核心要素；当学生深入理解文本后，在课上和学生一起将思维图示补充完整；当学生已经对相关的思维图示比较熟悉时，教师可以让学生自己绘制相应的思维图示，让学生与学生一起建构。课堂互动中产生的思维图示还可以运用现代技术予以保留，以提升教学效果。学生在互动中主动绘制思维图示的过程，就是学生内化语言知识，构建语篇思维的过程。

思维图示可以揭示语篇结构及其要素的逻辑关系，但对于语篇中的细节，课堂中师生、生生间的思维碰撞的表达有限。利用课堂板书，可以对语篇当中的话题语言进行归纳；可以对互动过程中的思维碰撞进行整合；可以覆盖思维图示无法呈现的内容，并通过精练的语言外显教师提取概括的思维过程，有效地引导学生进行提取概括。教师在建构板书的过程中，可以结合思维图示、根据黑板布局，分板块地进行建构，最大化地将阅读语篇的教学过程显性化。

（四）效果评价多元化：灵活教师评价，充分生生评价

评价是课堂教学活动的重要组成部分，是教师和学生改进课堂学习效果的关键。通过评价，教师可以"监控学生的学习过程，检测教与学的效果，实现以评促学，以评促教"。基于语篇思维培养的效果评价，不仅仅局限于学生思维发展，还应关注学生的语言学习、价值情感、表达技巧等方面，最终促进后续的教和学。

评价包括教师对学生的评价和学生之间的评价，两者互为补充。教师的评价，要有针对性和层次性，解决个体学生问题的同时，也促进整体学生的思维发展。具体的评价手段可以灵活多样，可以是对问题答案的肯定、提炼，或者是图示说明的再解读要求，或者是对回答的追问，也可以是课堂作业的具体反馈等。在实际教学中，往往会产生一些超出教师预设的反馈。对于这些非预期生成，教师应特别予以重视，使其成为促进有意义的学习的重要组成部分。

学生与学生之间的评价，应充分关注学生的主体地位，给学生以自我反思、真实交流和互助协作的机会。在生生评价过程中，学生拥有了充分的话语权和表达权，从而有利于激发其思考动力。学生在课堂上对问题的回答、构建的思维图示，可能思路正确，也可能思路偏差。面对不同的情景，教师可以请其他同学做出评价，调动学生分析、比较、反思等思维过程。课后作业的评价，不仅可以学生互评，还可以学生自评。这种以学生互评和自评为主的评价方式，可以让更多的学生主动地参与英语学习中，让不同层次的学生实现表达并有所收获。

三、结束语

语篇的思维过程揭示了语篇主题意义的构建过程。运用可视化工具可以让学生关注到探究的过程，并通过加深其对文本的理解来发展其思维。在阅读语篇思维可视化教学中，学生通过问题序列的引导，运用思维图示构建起了显性化的语篇思维。

与此同时，充分的课堂互动和板书展示给学生提供了丰富的话题语言。学生围绕语篇的话题语言活动进行学习，在提取、重组、实践、内化话题语言的英语学习活动中探究了文本的主题意义。内容、语言和思维实现了高度统一。

要充分发挥思维可视化工具作用，教师需要熟悉相关思维程序和思维图示的具体运用范围，并考虑问题序列的合理性。对于具体的语篇，教师需要从语篇解读、教学设计、教学过程和效果评价四个环节进行综合性和关联性设计。在实践中，不断提升思维可视化工具与具体语篇的融合。

参考文献

[1] 中华人民共和国教育部．普通高中英语课程标准（2017 年版）
　　［M］．北京：人民教育出版社，2018：14，13，77.

［2］陈新忠. 高中英语教学中语篇的主题与主题意义［J］. 英语学习
（下半月），2018（11）：8－10.

［3］H. G. WIDDOWSON. Discourse Analysis［M］. 上海：上海外语教育
出版社，2012：6.

［4］王蔷，钱小芳，周敏. 英语教学中语篇研读的意义与方法［J］. 外
语教育研究前沿，2019，2（2）：40－47，92.

［5］程晓堂. 基于主题意义探究的英语教学理念与实践［J］. 中小学外
语教学（中学），2018，41（10）：1－7.

［6］李宝荣. 基于主题意义开展英语阅读教学的思路与策略［J］. 英语
学习（下半月），2018（11）：5－7.

［7］刘濯源. 思维可视化：减负增效的新支点［J］. 中小学管理，2014
（6）：10－13.

［8］李春芳，陈曦. 基于英语学科能力的高中生思维品质提升探究［J］.
中国考试，2019（3）：34－42.

［9］郭宝仙，章兼中. 如何在课堂教学中培养英语学科核心素养［J］.
课程·教材·教法，2019（4）：66－71.

借技术创新，显课堂智慧

徐 飞

一、传统英语课堂教学的现状

在传统英语课堂教学中，通常以教师讲解为主，学生通过背诵、记忆、模仿、复述等方式学习，留给学生自学、自练的时间有限，学生少有训练和运用思辨能力的机会。在学生的操练环节，教师多凭借主观经验，对学生的学习行为无法进行有效的分析，缺乏有效直观的手段进行教学监督管理。师生互动方面，当教师在全班提问时，学生参与机会少，参与面小，缺乏较全面的适当适时的教学评价；教师不能及时获悉学生的学情，无法精确统计学生掌握情况的百分比，不能将评价体现于课堂中，缺少对学生的活动积极性和反思积极性等多方面的评价。这与新课标提倡的"发展学生思维能力、提高学生综合人文素养、发展学生创新能力"等理念相去甚远。

二、智慧课堂课中基本教学环节结构模式对英语课堂教学的启示

（一）课题导入

教师采取预习反馈、测评练习和创设情景等方式导入新课，并且提示或精讲预习中存在的问题。

（二）展现与分享

学生展现课前自学成果，围绕新课导入进行演讲展示、分享观点，并重点学习在预习中理解不透的知识，积极参与课堂教学。

（三）新任务下达

教师下达新的学习探究任务和成果要求，并下达任务完成后的随堂测验题目，推送到每个学生的终端上。

（四）合作探究

学生开展协作学习，主要包括分组合作探究、游戏学习等方式，教师设计活动，组织或指导互动讨论，学生开展小组协作后提交成果并展示。

（五）随堂检测

学生课上完成课题导入和新任务后，进行学习诊断，完成随堂测验练习并及时提交，得到实时反馈。

（六）精讲与点评

基于数据分析，教师根据测评反馈结果对知识的重难点进行精讲，对学生薄弱环节进行补充讲解，对重点进行问题辨析，通过多样化的互动交流解决学生在新任务中遇到的问题。

（七）巩固提升

学生针对教师布置的弹性分层作业和任务，对所学习的新内容进行运用巩固，拓展提升。

该模式较为清晰地解释了智慧课堂课中不同层级的环节，对中学英语课堂教学具有较强的指导意义。该模式将课题引入作为智慧课堂的最初环节，把巩固拓展提升列为课堂的最终环节，很好地说明了课题引入与拓展提升的关系。中学英语教学作为输入性的活动，最终目标是实现创造性的语言输出。该模式顺应了学生的认知过程，为中学英语教学的课堂设计提供了理论依据。

二、教学设计案例

本文以人民教育出版社出版的中学英语教材 Go for it（八年级下册）Unit6 An old man tried to move the mountains. Section A2a – 2c 的教学为例，以智慧课堂课中基本教学环节结构模式为指导依据，谈谈如何使用智慧课堂软件惠及课堂，扮亮中学英语课堂教学。

（一）教材内容分析

第 6 单元谈论的话题是传说和故事，单元目标是让学生能够听懂用英语叙述的简短故事，并能根据故事发表自己的观点。根据单元课程安排，本节课是 Section A 部分的听说课，介绍了《愚公移山》这个故事。要求学生根据图片简单地复述故事，并根据故事发表自己的观点。

（二）学生情况分析

传奇式的寓言故事一般会引起学生的兴趣。教师可以充分调动学生的积极性，鼓励学生大胆开口，运用英语表达与此话题有关的内容，以此对学生进行情感态度的培养，并引导学生积极地用英语讲出寓言故事，发表对故事的观点。

（三）教学目标

（1）知识目标：扩大词汇量，掌握动词的过去式，理解课文，熟练运用词汇，了解如何讲述英语故事。

（2）能力目标：能借助 how、what、who、why 等引导的疑问句完成故事的叙述；学会在故事叙述中运用连词。

（3）情感目标：通过用英语讲传说故事这种方式，培养学习英语的乐趣。

（四）教学重点和难点

能够迅速准确地从所给材料中获取信息；掌握讲故事的固定句型；较为熟练地运用所学的连词；较为准确地用英语讲故事。

（五）教学方法

（1）小组合作学习。

（2）利用智慧课堂软件，多媒体 Power Point 等手段。

（六）教学过程

Step1：平板自学（推送、倒计时）

教师通过智慧课堂软件的推送功能，推送本堂课的新词和新短语到学生的平板上，并利用智慧课堂软件中的倒计时功能，设置倒计时两分钟，让学生利用平板自主学习。教师课堂语言"I'll send new words and new phrases of this class to all of you. You have 2 minutes to try to be familiar with them by yourselves."。

推送及倒计时功能，不仅激发和培养了学生兴趣，也让学生从"要我学"转变成"我要学"，利于学生养成良好的学习习惯，发展自主学习能力，提高核心素养。

Step2：检测（抢答、随机点名）

两分钟倒计时结束后，教师让学生注视教室屏幕，让学生根据图片，说出相应的单词或者短语。这个环节，学生可以利用手上的平板或者遥控器进行抢答，教师还可以根据整个课堂情况，选择使用随机点名的方式来检测学生对新词汇的掌握情况。教师课堂语言"Time is up. Let's check your learning. "。

教师通过对学生自学的检测，增进学生英语学习的效果。除此之外，教师通过抢答、随机点名的方式，在教学过程中既增强了学生上课的趣味性和参与性，还提高了学生分析问题和解决问题的能力。

Step3：**预测、讲解、排序（拍照上传、投票、放大镜功能）**

教师在屏幕上打乱顺序展示《愚公移山》的几幅图片，让学生尝试预测故事的发展，给图片排序。在此环节，教师通过拍照上传功能把部分学生的排序答案上传展示，并增加投票功能，让全班学生投票选出哪一位同学的答案可能是正确的排序结果。接着，教师带领学生观察图片的细节（使用放大镜功能），用英语讲解一些新的知识，再根据这些新的知识，得出正确的图片排列顺序。教师课堂语言"Please look at these pictures, and try to put them in the right order. " "Let's vote for the possibly right answer. " "Pay attention to the detail, so we may get the right order. "。

教师通过拍照上传功能，让全班每一位学生同时看到几个学生的答案展示。这时学生的思考不是单向思考，而是双向思考。插入的投票环节能鼓励学生大胆表达自己的想法、观点，这对激发学生的求知欲与发散思维具有重要意义。讲解环节借助放大镜功能，可以有效地放大细节的讲解，确保教室里的每一位学生都能参与。

Step4：**练习、核对（数据分析、计分板）**

教师在屏幕上呈现英语练习题，并播放音频，让学生勾画出所听到的单词。学生在平板上完成练习并回传到智慧课堂教师端，教师根据学生的作答情况得出数据分析，并在小组计分板上加减分。教师课堂语言"Listen to the tape and circle the right words. Then send your answers back to me. "。

2b：Listen again and circle the words you hear.

（1）A man saw Yu Gong and his（children/family）when they were working on moving the mountains.

（2）He told Yu Gong he could never do it because he was old and（poor/weak）.

（3）As soon as the man finished（talking/speaking），Yu Gong said that his family could continue to move the mountains after he died.

（4）Finally, a god was so moved by Yu Gong that he sent（two/three）gods to take the mountains away.

（5）This story reminds us that you can never（know/see）what's possible unless you try to make it happen.

在传统课堂中，教师希望了解学生的掌握情况，但苦于学生众多，当练习后需要核对答案时，教师无法精确地知道所有学生完成情况的好坏。但利用智慧课堂的数据分析功能，学生可以使用 IRS 反馈器答题。当学生完成练习题，并用平板把答案回传给教师后，教师立即得到数据分析的结果，展示出全班学生作答情况的柱状图。以这样的方式，在课堂教学过程中，教师既布置了学习任务，又做好了监督和反馈的工作，同时也关注到了学生的个体差异。计分板功能可以对小组进行及时有效的评价。小组的表现及时地保存在小组计分板上，学生可以直观地看出哪些小组暂时领先，哪些小组还需要更加积极努力。这样有助于提升学生的团队合作意识，有助于激发学生的表达欲。

Step5：小组合作、讲述故事（直播功能、讨论区或弹幕功能、计分板）

教师让学生以小组的形式合作讲解故事。当小组成员站起来讲述故事时，教师利用智慧课堂直播功能实时直播。与此同时，班上其他学生使用弹幕功能在教室正前方的屏幕上讨论和评价，教师同步在小组计分板上加分。教师课堂语言"It's your time to work in groups. Try your best to tell a story. You can tell it with the pictures and you can also tell it with your imagination."。

在小组呈现环节，教师利用智慧课堂的直播功能进行实时直播，并投影到教室正前方的屏幕上，让全班学生有一种身临其境的感觉。开通讨论区或者弹幕功能，屏幕上就会投放出学生的所思所想，有利于每一位学生都畅所欲言，激发学生的想象力，使其会想、善想、能想；并在想象中不断深化对英语知识的理解，开阔视野，进而实现在培养学生想象力的同时，也真正达到培养学生思维能力的目的。计分板则继续起激励刺激的作用。

四、教学后的反思

本节课参照智慧课堂的课中基本教学环节结构模式，开展了五个步骤的教学任务。学生在这堂课上将视觉和听觉转换成视听觉，最后进入自己的大脑，形成记忆。同时，课堂上教师借助智慧课堂的先进技术手段激发了学生的兴趣，调动了学生的积极性。教师还通过数据分析、计分板等功能，及时捕捉到了学生的学情，调整教学节奏，取得了较好的课堂效果。

参考文献

［1］陈华，武似梅．基于大数据的智慧课堂教学设计与实践研究［M］．北京：经济科学出版社，2022：16－29.

［2］迈克尔·林辛．设计智慧课堂：培养学生一生受用的学习习惯与思维方式［M］．安俊，付稳，译．北京：中国青年出版社，2019：57－63.

［3］陈正伦，汤平．基于信息技术的英语教与学［M］．重庆：重庆大学出版社，2022：82－96.

［4］杨德军，黄晓玲．高中学生发展核心素养与学校课程创新［M］．北京：北京师范大学出版社，2020：34－45.

［5］高钧．数据驱动下的智慧课堂精准教学［M］．北京：中国人民大学出版社，2020：63－78.

"双减"政策下构建初中英语
高效课堂的策略探究

朱小林

在新时期，"双减"政策已逐渐实施，为了更好地满足新时期英语教学的需要，我们必须在原有教学模式的基础上进行适当的改革和创新。为此，本书对"双减"政策进行了分析，并对"双减"背景下的初中英语课堂教学策略进行探讨，旨在提高初中英语课堂的教学效率和质量。

一、"双减"政策下构建初中英语高效课堂的必要性

（一）时代发展的必然

为了更好地落实"双减"政策，教师一方面要做好"减法"；另一方面也要做好相应的"加法"。在初中英语课堂教学中，要在结合教学内容的基础上，丰富教育教学资源，更好地满足学生在英语学习方面的兴趣，达到优化教育教学效果的目的。在这个过程中，可将现代化教学手段融入其中，为学生营造有趣生动的教育教学氛围，引导学生在课堂有限的时间内习得更多的知识内容，促进教育教学效率的提升。

（二）培养学生英语素养的需要

在"双减"政策下，学生的学习态度有一定的转变，教师应引导学生更加主动地融入英语知识学习之中。在"双减"政策的引导下，教师应转变传统的教育教学模式，充分合理地利用课堂教学时间，保证学生在课堂上对所学习的知识内容能够消化、吸收和理解。另外，教师要对作业进行科学合理的设计，转变机械、单一的作业设计形式，为学生设置多样化的作业内容，更好地突出英语学科的重要作用。

131

二、"双减"目标下英语高效课堂的构建策略

（一）设立多元教学目标，培育核心素养

教学目标是课堂教学的核心，是教学活动实施的根本。为打造初中英语高效课堂，教师应为英语课堂教学设立多元目标，即语言知识目标、思维认知目标以及社会文化目标。从语言知识层面，教师应培养学生基本的英语听、说、读、写技能，夯实学生英语学习基本能力；从思维认知层面，教师应培养学生的批判性思维，帮助学生掌握有效的英语学习策略；从社会文化层面，教师应使学生通过英语学习，实现社会知识与英语学科的融合，鼓励学生接受多元文化，具有国际意识。

（二）发挥学生主体地位，构建英语高效课堂

在新时期的教育背景下，教学模式更多倡导的是突出学生主体作用，让学生变成课堂的主人，转化学生以往被动接受英语知识的状态，时刻围绕学生自身设置和组织多样化的教学活动，以此来激发学生潜力和自主意识的良好养成，保障其更加积极主动地参与教学活动当中，从而实现自主学习。在这一过程中，教师要注意教学内容和知识体系的整改，尽可能地减少一些重复和过于笼统的知识，将教学内容压缩，着重讲解和精讲关键英语知识内容，并不断地培养学生自我意识，鼓励学生自己探索和完成相关教学活动与任务，实现真正意义上的高效英语课堂构建。

（三）通过小组合作学习构建初中英语高效课堂

高效课堂应以学生为主体，而小组合作学习恰好可以满足这一要求，所以，在进行初中英语高效课堂的构建时，教师便可采用小组合作学习法。例如，在教学 "Friends" 时，教师便可将小组合作学习法利用起来，通过提问、任务等方式使学生对知识进行深入的探究，并使学生在潜移默化中理解知识、掌握知识。针对这部分知识，教师可以提出的问题包括但不限于："Who is the hero of the article? Where is the location? What happened? What would you do if you were the hero? What is the emotion that the article permeates? What is the most frequent sentence pattern? Can you try to sum up your grammatical knowledge?"。这些问题具有层层递进的特点，而初中生的各项能力处于发展之中，无法凭借自身能力完全理解并掌握知识，如果让学生自行找寻答案会使教学活动的效率、质量受到影响。

（四）创设语言环境，在提高听说能力上做"加法"

1. 英语学习环境创设

我国英语教学的主要障碍是英语学习与汉语使用环境的矛盾。这就要求教师在英语教学实践中要有意识地进行创设。例如，充分利用和开发影视、音频、多媒体、信息技术等多种现代科技手段创设语言交流环境，丰富教学内容、活跃课堂气氛、培养学生兴趣、激发求知欲，从而实现对学生英语听说能力的培养。

2. 教学实践中，要求教师要注重学生听说能力的培养

义务教育阶段的英语学科教师应充分使用英语来组织课堂教学，积极引导学生努力使用英语回答问题。应指导学生建立日常生活英语交流制度、开设英语主题班制度，鼓励学生自编、自导、自演英语文艺演出节目等。随着英语水平的不断提高，学生达到能说、会说、敢说、愿说的目的，其听说能力会得以迅速提高。

（五）扩大课外知识，拓宽学生视野

英语学习与其他学科不同，英语这种语言的学习涉及不同国家文化知识的交流和碰撞。在实施"双减"政策背景下，为了提升英语课堂的有效性，保障学生的英语学习能力和思维，英语教师可以有意识地在上课过程中为学生拓展一些课外知识，增强学生对于国外文化的了解，拓宽学生的视野。在遇到涉及文化知识和文化差异的话题时，教师可以有意识地引导学生了解中西方的文化差异和文化习俗，从而帮助学生更好地了解我国的传统文化与西方文化，这对于学生更好地学习英语，培养英语思维具有十分深远的影响。

三、结束语

总之，在"双减"政策下，初中英语课堂教学有了一系列的变化，其中针对课堂教法与教材的处理和改进，以及当堂高质量地完成作业，都有助于学生更好地掌握课堂上的英语基础知识，提高学生综合运用语言的能力，并在一定程度上有助于减轻学生英语学习的课业负担，从而降低学生对课外培训课程的依赖。英语教师在英语课堂教学中需要贯彻和落实减负的理念，确立正确的教育思想，不断地探索追求，不断地改进英语教学方法，运用高效的课堂教学方式来拓宽学生的思维，激发学生学习英语的兴趣，培养学生掌握和运用知识的态度和能力，使每个学生都能得到充分的发展。

参考文献

［1］杨文辉．谈提高初中英语课堂教学有效性的方法［J］．中学生英语，2021（32）：130.

［2］江素华．关于构建初中英语高效课堂的思考［J］．天天爱科学（教学研究），2020（1）：150.

［3］韦娅菊．关于构建高效初中英语课堂的几点思考［J］．新课程（中学版），2019（1）：106.

基于"教—学—评"一体化的初中英语
写作教学设计与实施

袁 讯

英语写作即综合运用英语知识进行书面的输出，其体现了使用英语表达观点、思想和态度的高阶思维过程。然而，教师在初中英语写作教学时常常存在教学目标、学习活动和活动评价的不一致的问题，导致无法有效地培养学生的核心素养。

课堂教学是教师有目的、有计划组织学生实现有效学习的活动过程。学生是否真正掌握教师教的内容，需要教师通过合理的评价手段，充分发挥评价功能，才能检测课堂的教、学效果。《普通高中英语课程标准（2017 年版 2020 年修订）》在明确"教学评一体化"的概念后指出："'教'是教师把握英语学科核心素养的培养方向，通过有效组织和实施课内外教与学的活动，达成学科育人的目标；'学'是学生在教师的指导下，通过主动参与各种语言实践活动，将学科知识与技能转化为自身的学科核心素养；'评'是教师依据教学目标确定评价内容和评价标准，通过组织和引导学生完成以评价目标为导向的多种评价活动，以此监控学生的学习过程，检测教与学的效果，实现以评促学、以评促教。"由此可见，"教学评一体化"强调了评价的导向和促学功能。崔允漷、夏雪梅也提出：教师在特定的课堂教学活动中，教师的教、学生的学以及对学习的评价应该具有目标的一体化。"教"是以目标为导向，指向学科核心素养的培养；"学"与教的内容保持一致，发展学科核心素养；"评"的目的在于促教与促学。

"教—学—评"一体化设计要明确教什么、为什么教、怎么教、怎么评等方面的内涵和要求，使核心素养落地英语课堂，实现英语学科"立德树人"

的根本任务。下面以人教版英语八年级上册 Unit7（Section B3a－3c）的写作课为例进行阐述。

一、基于"教—学—评"一体化的初中英语写作教学设计

（一）解读文本，梳理语篇主题

第七单元的单元主题是"Life in the future"，属于"人与社会"主题。单元主题意义是学生通过单元学习后能够预测并讨论关于未来生活的想象，并对未来建立起积极的目标和展望，从而形成热爱生活、乐观向上的人生态度。

写作板块共分为三个部分。活动"3a"要求学生阅读一篇女孩 Jill 对 20 年后生活畅想的文章，并选择方框中的词填入文章使其完整。该部分的活动主要是为学生创设写作情景，并为后面的写作积累内容和框架。活动"3b"要求学生根据自身情况完成一个关于 20 年后生活设想的表格。此活动可以激发学生的发散性思维，为写作素材内容做准备。活动"3c"要求学生在"3a"和"3b"的基础上完成写作。上述三个活动层层递进、环环相扣，从创设写作话题、积累写作语言和框架、完成写作三个方面展开。此外，本单元的 Section A 部分围绕"100 年后对客观世界变化的畅想"，对学生的将来时态的语言形式使用已经做了充分铺垫，Section B 的话题则回归围绕学生自身，引导学生就关于自身将来会发生的一些变化进行讨论，以及未来机器人对人类生活的影响，这一部分为写作内容积累了丰富的语言素材。因此，此写作板块主题为"设想自己 20 年后的生活"，将对语言形式（将来时）和语言内容积累进行创造性运用和巩固。

（二）评估学情，制定教学目标

教学对象为八年级学生，他们基本具备在阅读中获取信息的能力，以及独立思考、解决问题的能力和合作学习的能力。然而，许多学生在理解和整合知识方面有所欠缺，且其批判评价能力也有待进一步提升。为此，笔者利用写作模型"Hamburger Writing"将写作板块的教学聚焦于写作的谋篇布局和语言的逻辑性以及丰富性，培养学生的逻辑思维、批判概括能力、迁移创新能力，使学生在学习过程中形成正确的人生态度。基于文本解读和学情分析，写作板块的教学目标制定为：

（1）能够准确识别、梳理、概括文本中关于未来生活想象的语言表达形式，掌握提升语言逻辑性和丰富性的策略。

（2）能够有效提取信息，探究未来生活畅想的内容和结构。

（3）能够运用目标语言完成关于未来 20 年生活的写作与评价。

（4）对未来设立积极乐观的目标和期望。

（三）依据教学目标，设计教学和评价活动

在确定教学目标后，笔者据此设计"教—学—评"一体化的写作教学活动和评价活动，详见表 1。

表 1

教学目标	活动形式	活动层次	效果评价	评价主体及方式
1. 能够准确识别、梳理、概括文本中关于未来生活想象的语言表达形式，掌握提升语言逻辑性和丰富性的策略	1. 完成教材中 Jill 写的关于 20 年后自己生活的文章 2. 小组讨论并思考：How does Jill talk about her future life? How to make a logical writing	分析与判断；内化与运用	流畅、准确的口头回答	观察、提问、追问；教师评价
2. 能够有效提取信息，探究未来生活畅想的内容和结构	学生小组归纳总结 Jill 提到的关于未来生活的方面。 教师引入" Hamburger Writing"的写作模型，强调文章的完整结构重要性	概括与整合	建构完整的想象未来人生结构的"汉堡包写作"模型导图	分享、展示作品；教师评价、同伴互评
3. 能够运用目标语言完成关于未来 20 年生活的写作与评价	学生完成写作；学生互评、修改	创造与想象；批判与评价	基于评价标准，赏析自己和同伴的习作	分享、展示习作；教师评价、自我评价、同伴互评
4. 对未来设立积极乐观的目标和期望	讨论并畅想以后的丰富人生和精彩世界	迁移与运用	表达观点，形成批判思维	观察、提问、追问；教师评价、同伴互评

二、基于"教—学—评"一体化的初中英语写作教学实施

（一）创设主题

真实的情景创设和有效的设问能激活学生与文本之间知识与经验的信息差，激发学生的好奇心和求知欲。首先，教师通过一首关于"憧憬未来"的歌曲和提问"What's the girl asking about？"和"What will your life be like in the future？"激活学生的已知，引出主题。其次，教师创设真实的主题语境"Recently our school newspaper is collecting the answers to the question：'What will your life be like in 20 years？'Let's write to the school newspaper."。

最后，教师顺应情境，引入"3a"的阅读文本——关于 Jill 对 20 年后未来生活的设想，学生阅读并完成教材"3a"的选词填空。

（二）积累语言知识和写作框架

以学生单独朗读的方式核定完"3a"的答案之后，教师通过提问"How does Jill write about her future life？"学生讨论并总结归纳 Jill 是通过哪些方面描述未来生活的，总结出相应的写作框架和句型表达，并通过进一步提问"How will you write about your future？"激发学生关于未来更多方面进行畅想，形成自己独特的未来设想，发展创造性思维。

接着学生完成教材"3b"活动"Complete the chart about your life 20 years from now and write down your answer in a whole sentence."。在这一过程中，学生将刚才总结的句型结构通过书写的方式巩固运用，丰富了学生的语言准备，为正式写作提供了脚手架。

当学生完成"3b"写作后，教师通过提问"So can we send our answers to the school newspaper now？"引导学生思考一篇优秀写作应具备的特征。教师通过提供"Hamburger Writing"模型，以此为媒介培养学生写作的结构完整性、语言逻辑性和表达准确性的意识。

（三）运用所学进行写作

在这一环节中，教师让学生基于情景"write to the school newspaper about the answer to the question：'what will your life be like in 20 years？'"，促进学生迁移应用所学。在写作前，教师再次提醒"hamburger writing tips"。在写作过程中，教师不仅关注每位学生的写作进度和过程，并给予学生及时的帮助，而且记录学生的共性问题，为评价活动的开展收集学习证据。

（四）开展多元评价

在学生完成写作后，教师应开展学生自评、同伴互评和教师评价相结合的多元评价，以使学生不断反思并修改习作，提升思维品质。写作评价指标是评估写作过程的一种工具，它应紧密围绕教学目标，根据特定的写作评价标准构建评价模式，旨在促进学生学习行为的改善和学习质量的提高。首先，教师提供写作评价标准，见表2，让学生进行自评；其次，教师选取两名英语水平不同学生的习作，带领全班学生一起从文章结构、内容表达、句子衔接性等方面进行修改和润色，侧重讲解学生的普遍性错误，为接下来的小组互评做铺垫；最后，教师采取异质构组的方式，让不同英语水平的学生以小组为单位，根据评价标准对组内同伴的习作进行互评。

Stage3 Post – writing   Evaluate your writing.

表2

Item	content	Score
All about the topic （围绕主题）	my life in 20 years	☆
A complete structure （结构完整）	Topic sentence Juicy details closing	☆
Rich expressions （表达丰富）	different sentence patterns	☆
Correct tense （时态正确）	simple future tense	☆
Good handwriting （书写美观）	clear and tidy	☆

（五）教学反思

本堂课以"教—学—评"一体化为理论指导，通过脚手架的搭建层层递进，具有一定的逻辑性。教师穿插、融入各类评价，帮助学生更清楚地认识自我，促进了所学知识的内化与整合。从课堂反馈和最终产出作品来看，教学效果较理想，不同层次的学生都有所得，实现了预期的学习目标。

1. 教—学—评围绕目标开展，发展英语学科核心素养

在"教—学—评"一体化理念的引领下，教师确定目标，设计目标实现的步骤和方法。课堂评价活动贯穿教学的全过程，所有活动均服务于目标的实现，具有关联性和实践性。学生的学习过程和状态可视，其语言能力、文化意识、思维品质、学习能力都得到不同程度的发展。

2. 以读促写，激发教师创新教学

本课以阅读篇章为载体，以语言、话题和结构为支撑，渗透写作意识和策略，为学生的后续写作打下了基础。教师在思考如何创造性地整合、使用教材的同时，创新意识和能力得到提升，并进一步思考：在教学中，应深层理解 Writing 板块和教材各个部分之间的相互关系，充分挖掘、利用教材提供的语言材料，帮助学生降低写作难度，拓展写作思维，培养写作能力。同时，利用有趣生动的写作模型，让学生对写作的结构意识、逻辑意识和语言准确度意识加强和内化。

3. 教学活动设计，体现学生的主体地位

在"教—学—评"一体化的课堂上，教师开展教学和评价活动要考虑到不同层次学生的"最近发展区"，通过设计具有关联性和实践性的小组探究活动，引导学生以自主、合作的方式开展学习，弥补个人能力的不足，并激发思维，获取更多灵感和知识，从而实现"以学生为主体"的课堂学习。

三、结束语

为实现教学效果最大化，基于"教—学—评"一体化的初中英语写作教学需要遵循以下原则：一是教、学、评三个环节都必须围绕教学目标展开；二是教学目标的达成以教学活动为载体，以学生掌握为目的，以评价为检测手段；三是教师应运用多元化的评价方式发现学生学习过程中的问题，并反思和调整自己的教学行为，充分地发挥和探索评价的作用，以评促教、以评促学，确保教学、学习与评价的一致性，发展学生的英语学科核心素养。

参考文献

[1] 王蔷，李亮. 推动核心素养背景下英语课堂：教—学—评一体化：意义、理论与方法 [J]. 课程·教材·教法，2019，39（5）：114–120.

[2] 余雪冰. 初中英语"教—学—评"一体化阅读教学实践：以人教版英语八年级下册 Unit7 Section B（2a–2e）教学为例 [J]. 广西教育，2022（25）：43–47.

[3] 中华人民共和国教育部. 义务教育英语课程标准（2022 年版）[M]. 北京：北京师范大学出版社，2022：48.

[4] 冯丽，杨勤心. 在初中英语写作课中发展学生的思维品质——以一节写作修改课为例 [J]. 中小学外语教学（中学篇），2016，39

（7）：53－59.

［5］吴玲．基于"教—学—评"一体化的初中英语写作教学设计与实施
［J］．教学月刊·中学版（外语教学），2022（6）：32－35.

［6］崔允漷，夏雪梅．"教—学—评一致性"：意义与含义［J］．中小
学管理，2013（1）：4－6.

［7］李宇航．基于教、学、评一体化的初中英语写作教学实践探究［J］．
英语教师，2021，21（13）：168－171.

第五章

创新
物理、化学、生物课堂

巧用大数据，助力高中物理习题精准教学

权丽娜

在大数据背景下，教育对课堂教学的精准化要求更高，"以学生为中心、以学定教、育人为本"的理念已逐步深入人心，由此学生的学习方式、教师的教学方式都发生了较大的变化。精准化反馈与个性化教学变得越发重要。目前高中物理习题教学仍然进行着大量的重复性训练，难点并未突破。学生每天进行重复、枯燥的题海战，教师凭借自己的经验进行相应的教学。面对日益发展的科学技术，我们应该改变习题教学的盲目性和机械性，因此大数据背景下的习题教学研究极具价值，在此，笔者就结合自己的教学实践和教学案例分析，就高中物理习题教学谈一谈自己的一些思考。

一、对于大数据的理解

随着科学技术的日益进步，互联网、人工智能、大数据分析、物联网等技术快速进步，人们的生活和工作方式发生着巨大变化，数据的功能和价值越来越明显，人们收集和生产数据的意识越来越强，数据的类型、维度、规模、广度都随之增长。学校教育教学工作应借力大数据的特点和优势，对"大数据"进行专业、详细、有效的分析，精准反馈、精准教学、精准发力、精准施策，以实现数据的"价值"和"增值"。

笔者在教学过程中重点使用了"极课大数据"进行了数据采集和分析。极课大数据重点聚焦学生的问题进行有效的分析、诊断，为教师提供有效的反馈数据。对学生，可以精准地反馈学生的学习问题，生成针对每一个学生的个性化错题集，实现知识的个性化推送，有助于提高学生学习的有效性；对教师，通过作业、考试数据的反馈，利用极课系统进行分层作业推送，有助于教师实现分层教学；对家长，让家长及时了解学生的状态，提升家校沟

通的质量和效益，发挥家校沟通的作用。

二、基于大数据的有效习题教学策略

在传统的课堂教学中，教师往往凭借自己的经验进行备课和课堂教学，但现在的学生知识面广、知识量大，同时个体差异比较大，而课堂教学仍属于大班教学、灌输性教学，这种教学方式效果比较差，不能准确、全面地把握学生的具体情况，因材施教更无从谈起。

（一）有效分析数据，精准掌握整体学情

极课大数据系统可以为整个年级、每个班级、每个学生提供每次考试的情况，以及每次考试的变化情况，也可以详细地展现每个知识点的整体得分情况和学生个人得分情况，这有助于备课组长、学科教师有效把握学生学情，提高备课的针对性，提升课堂教学的效率和效益。极课系统可以推出基于学生个体的错题库，教师可布置针对性的巩固作业，提升学生学习的有效性，减少学生做无用功的时间。

（二）精准分析数据，实现个性化教学

虽然学生知识的盲点、易错点、易混点都差不多，但每个孩子都是不一样的生命体，他们对知识的理解能力有所不同，我们不应该用同一把尺子去衡量他们。教师的教学应该更富针对性、有效性，应充满艺术感，凭借所谓的经验进行教学会让学生感到乏味、无聊，教师应该充分发掘每个生命体的优势，尊重个体，让每一个学生成为更好的自己。大数据时代的优势越来越明显，用精准的数据展现不同的问题，虽说不是百分之百准确，但相对传统的教学而言，它为实现"个性化"教学提供了有力的保障。

笔者所使用的极课系统不仅可以自动统计出每道题目的错误率，还可以统计相关知识点的错误分布，帮助任课教师找出学生个体存在的知识薄弱环节，从而便于教师进行针对性的辅导和讲解，这可以精准到每位同学的每一个知识点，使不同层次学生都获得发展。

（三）聚焦数据反馈，提升课堂教学效率

学生学习高中物理的能力高低，与物理习题教学有着极其密切的联系。特别是对于高三的学生，以试题为载体进行复习，习题质量的高低直接决定了学生的学习效果。"教无定法"，每位教师的教学风格不同，所用的教学方法也不一样。但在以"学生为中心"的新课程改革理念下，教师的教育教学方法应不断提升，让绝大部分的学生的思维得到提升，能力得到拓展，实现

真正的成长和发展。教师应针对学生的易错问题，进行有效教学，通过对自身的习题教学过程进行记录、分析、反思，最终形成案例。对这些案例进行研究有助于教师改进在教学过程存在的不足，使教师的教、学生的学形成有机统一的整体，进而提高课堂效率。

例1：如图1①所示，两平行正对的金属板 A、B 间加有如图1②所示的交变电压，一重力可忽略不计的带正电粒子被固定在两板的正中间 P 处，若在 t_0 时刻释放该粒子，粒子会时而向 A 板运动，时而向 B 板运动，并最终打在 A 板上，则 t_0 可能属于的时间段是（ ）。

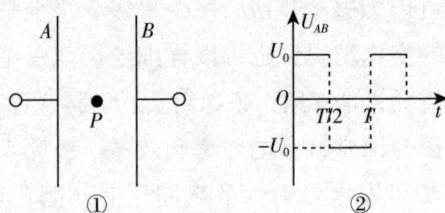

图1

A. $0 < t_0 < \dfrac{T}{4}$　　B. $\dfrac{T}{2} < t_0 < \dfrac{3T}{4}$　　C. $\dfrac{3T}{4} < t_0 < T$　　D. $T < t_0 < \dfrac{9T}{8}$

分析：电场类问题当中研究类平抛运动规律的应用是重点和难点内容，如图2所示，考查了学生对"平抛运动规律"的掌握情况，学生理解起来比较困难。教师通过这道例题帮助学生掌握解决类平抛运动的处理思路——水平、竖直、关联，也考查了学生对"平抛运动规律"的合理推理能力。这道习题属于构建型习题，此类题目需要学生将物理概念、规律方法等进行重组黏合才能解决。并不是所有的学生都能掌握的。

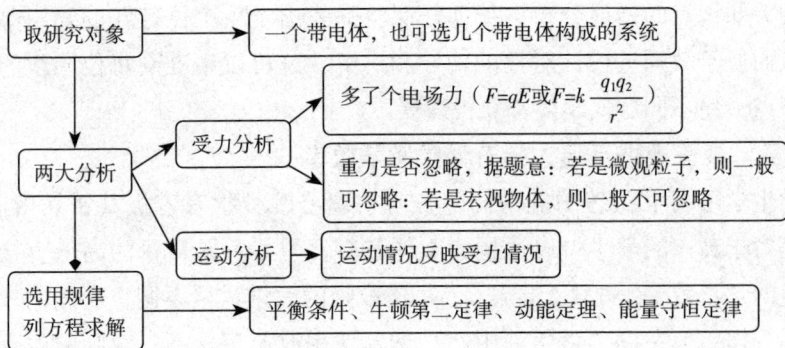

图2

例2：一辆客车在路面以 36km/h 的速度行驶，突然发现有一列货车在其正前方 205m 处以 21.6km/h 的速度同向匀速前进，为了避免两车相撞，客车紧急刹车，请问客车在刹车过程中的最小加速度是多少？

分析：此类问题属于追及相遇问题，货车和客车并不是同时同地运行，属于学生易错题，学生最好画出物体运动的示意图，才能避免在处理此类问题时客车和货车相遇时位移相等。教师要引导学生将解题方法和从同地出发结合起来，让学生掌握追及相遇问题的解题方法。最终可总结如下几步：

（1）根据题意画出物体运动草图。

（2）根据草图找出位移关系。

（3）根据题意找出时间关系。

（4）根据位移、时间关系和运动规律列方程求解。

（5）总结做题步骤和解题思路。

例3：如图3所示，固定的地面上的倾斜光滑杆，其上套有一个质量为 m 的光滑圆环，圆环与轻质弹簧相连，弹簧的另一端固定在地面上的 A 点，此时弹簧处于竖直状态，原长为 d，让圆环沿杆滑下，当圆环滑到杆的底端时速度恰好为零。则在圆环下滑过程中（　　　）。

A. 圆环动能最大时弹簧的弹性势能最大

B. 圆环机械能守恒

C. 弹簧的弹性势能变化了 mgd

D. 弹簧的弹性势能先增大后减小再减小

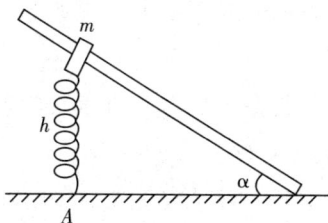

图3

分析：对例3中的 B 选项，由于机械能守恒定律适用的研究对象是系统，而 B 选项中研究的只是圆环。由于弹簧与圆环相连，必然会给圆环一个弹力，这个弹力相对于圆环和地球组成的系统来说是外力，外力做功，系统的机械能不守恒，所以 B 是错的。很多同学习惯上利用思维定式，根据功能关系认为机械能守恒的条件就是"只有重力或弹力做功"，对知识的学习缺乏本质认识，忽略了机械能守恒定律适用的系统性和相对性，对象不同，弹簧弹力有可能是外力引起的机械能变化。如果把 B 选项改成圆环和弹簧组成的系统机械能守恒，那么 B 选项就正确了。如图 4 所示，这个案例的启发是学生存在思维误区，说明学生的知识网络还没建构完成、认知结构还不够完善。教师应利用数据反馈的信息，将其及时融合到课堂教学和课后训练中，走出自己的思维误区，完善知识结构，帮助学生构建完整的知识体系。

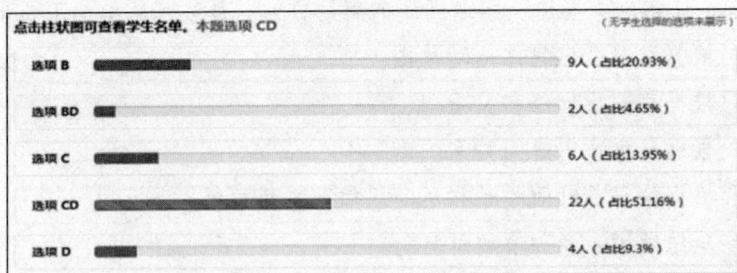

图 4

在"互联网＋教育"的模式下，精准的教学可以大大提升教学效果，为学生创设更多的机会进行拓展学习。巧用极课云实现数据的采集与分析，充分挖掘大数据的优势，能够为教育教学助力，使习题教学针对性不断提升，策略不断丰富和革新，最终实现高中物理习题的精准教学。

参考文献

［1］ 王斌，陈英. 大数据背景下的高中物理教学［J］. 课程教育研究，
　　 2016（17）：173.

［2］ 李铁章，王海兵. 极课大数据下的高三物理精准化教学探讨［J］.
　　 物理之友，2018，34（4）：26－28.

［3］ 赖仰明. 高中物理习题教学有效性的实践研究［D］. 福州：福建师
　　 范大学，2013.

［4］ 秦然. "导学案"为载体的高中物理习题课自主学习研究［D］. 济
　　 南：山东师范大学，2013.

［5］ 翟厚岚. 物理课堂教学案例研究的实践与思考［J］. 物理教学探讨，
　　 2013，31（11）：1－3，5.

"双减"背景下初中科创教育的探索与实践

罗 乐 张镭心 赵语凝

一、问题的提出

随着科学技术的不断发展，希沃白板、希沃授课助手等课堂教学软件和手机 GeoGebra 图形计算器、视频制作软件等数字化工具在教育教学中得到了广泛普及，在普适计算、泛在感知环境中，培养具有创新性、实践性的未来人才，成了增强综合国力的重中之重。我国多次提出并强调创新驱动的发展战略，而人才驱动作为创新驱动的核心内容，它的发展直接影响着未来创新人才的培养与创新型国家的建设。

物理是科学教育的主要内容，是学生进行科技创新的重要抓手；物理核心素养的落实是科学教育的主要目标，是学生进行科技创新的能力基础。初中物理是一门综合性较强的学科，但我们容易将本应以理解生活、科学思维培养为主的教学，变为以教师讲授知识、学生记忆和训练为主的教学，导致学生缺乏分析和解决真实问题的能力，缺少综合利用各学科知识进行实践的机会。而科创教育，相较于传统的科学知识传授，更加重视知识的应用，注重培养学习者通过团队合作创造性地解决复杂的实际问题的能力。可以说，科创教育担当着培育创新人才的使命。

近年来，各地深入开展减轻义务教育阶段学生作业负担和校外培训负担（以下简称"双减"）工作，取得了初步成效。《义务教育物理课程标准（2022 年版）》提出，常规教学需要适当迈向跨学科的融合，要敢于打破学科壁垒培养学生的综合能力。探索在"双减"背景下改进学科教学，提升学生学科核心素养水平具有重要意义。本文将计算物理教育理念融入初中物理教学创新，强调加强普适计算认知，提高个体实际的或者复杂的解决问题的能力；转变主流教学范式，培养未来创新人才；探索计算物理教育研究范式，创新学科教育理论；打破传统学科壁垒，探索物理学与工程技术、信息技术等进行跨学科实践的途径。

依据 S-3PBL 科创教育模式，我们提出了初中物理 S-3PBL-2 科创教育方法，在课堂内外进行科创教育探索，如图 1 所示。课堂内探索将传统知识讲授转变为项目式学习；课堂外探索基于跨学科实践活动培养学生综合运用各学科知识解决问题的能力并减轻学生书面作业负担。

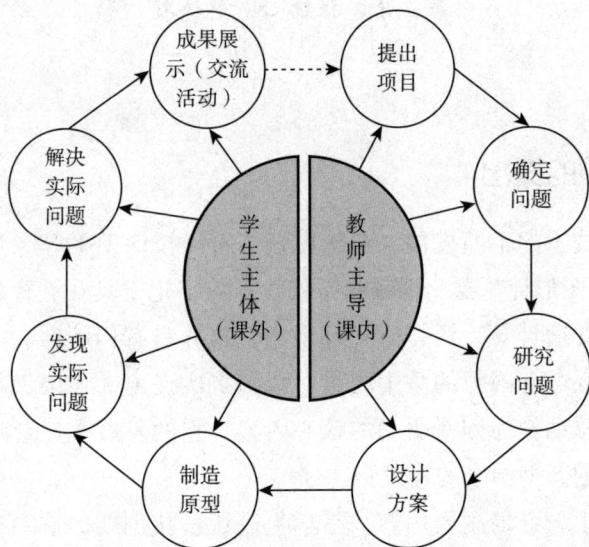

图1

学校将初中物理学科教育与科创教育融合，探索出初中物理科创教育的实施路径。初中物理科创教育实践由校本课程、选修课程、课外活动、物理课堂四条路径组成。笔者在七年级下的校本课程"趣探究科学世界"中开展物理实验活动与微型科创项目（微制作）；在八年级"物理科创"选修课程中进行物理科创项目；利用"物理嘉年华"课外活动征集学生科创实践作品；在物理课堂中应用项目驱动的科创教学模式进行跨学科教学融合与创新。这四条路径相互联系，通过将科创实践活动融入学生的物理学习之中，发展学生跨学科运用知识的能力、分析和解决问题的综合能力、动手操作的实践能力，培养学生积极认真的学习态度和乐于实践、敢于创新的精神。

二、科创教育实践的两条路径

依据 S-3PBL-2 科创教育方法，分别在课内和课外两条路径开展教学实践，课内主要是在物理课堂中进行跨学科融合，课外通过校本课程、选修课程和课外活动进行科创教育实践。

（一）关于初中物理课堂教学创新的案例探索

在初中物理课堂教学中，将教科版八年级上册物理第四章第一节"光的直线传播"进行物理学与工程技术的跨学科融合教学。通过观察针孔相机1.0版、改进针孔相机2.0版、设计针孔相机3.0版三个活动，带领学生一起学习光源、光的直线传播条件、光线模型、小孔成像的特点及其应用等物理知识，以及发展其利用光路图解释光学现象的基本技能。

（1）提出项目：自制针孔相机。

（2）确定问题：在观察针孔相机1.0版的组成部件后，设计并制作出2.0版本，最后思考如何对2.0版本进行迭代，升级为3.0版本。

（3）研究问题：观察针孔相机1.0版的关键结构有哪些？针孔相机2.0版如何正确选取成像物体、小孔和光屏？如何用针孔相机2.0版观察并总结成像特点？

（4）设计方案：在课中创设"用以致学"的新型课堂，学生观看教师提前制作好的针孔相机1.0版本的视频，从而设计2.0版本的制作方案。教师应注意引导学生在观看视频的同时思考1.0版本是否合理，是否需要全部重新设计，还是只需要改进，以及具体的改进方向。

（5）制造原型：引导学生利用已有材料完成针孔照相机2.0版的制作并观察成像特点，总结光学成像规律。学生利用针孔相机对成像原理进行一系列的探究，进一步研究其蕴含的物理规律，通过物理知识完成对针孔照相机2.0版成像原理的解释，在教师的引导下完成针孔照相机的学案。

（6）发现实际问题：如何选取成像物体、小孔形状及光屏材料等关键结构，针孔相机还在成像清晰度、操作便捷度等方面有改进的空间。

（7）解决实际问题：学生通过生活经验、具体实验、查阅资料，得出最佳的材料选取组合并准确地总结出小孔成像规律；进行组内交流和组间交流，思维相互碰撞，思考如何针对各方面进行产品优化迭代。课后让学生优化产品，利用所学知识设计针孔照相机3.0版，在此过程中，从课堂的"用以致学"过渡到课后的"学以致用"。

（8）成果展示（交流活动）：课堂中，教师使用希沃白板教学，学生使用希沃授课助手投屏，以视频、PPT等方式开展成果展示报告会，展示制作、迭代改进过程、作品实物和模型原理等，让全班同学能够清晰地观察实验现象。学生借助问卷星小程序进行自评与互评，评价数据能够实时反馈至后台直接公布得分，这极大地提高了统计效率，保证了得分的公平性与过程的透明性。

不同于以往"学以致用"的传统课堂，科创教育重构后的物理课堂以项目研究为主线，在制作中探究其原理，总结规律，学习知识，创设"用以致学"的新型课堂。学生利用所学物理知识结合产品制作的实际问题，如外观造型、成像效果、使用场景等，设计出针孔照相机 3.0 版，进行产品的优化，并在这个过程中激发学生从跨学科角度思考问题的意识。在光学这一章节的学习中，以成像元件为研究项目主题，教师和学生还进行了"万花筒""凸透镜相机""伪 3D 投影仪"等相关光学成像器件的制作、原理探究、改进和创新。

（二）关于初中物理课外教学的案例探索

在物理课堂之外的校本课程、选修课程和课外活动中同样开展了学生跨学科实践活动。以课外活动为例，在"双减"政策背景下，紧密结合课内教学，根据国家课程教学内容以及学生的实际自我能力提升需求，提出跨学科实践的主题并构建真实的情境，探索物理作业的多样化，指导学生完成跨学科实践作业。

（1）提出项目：自制电子身高测量仪。

（2）确定问题：如何设计一个电路测量身高。

（3）研究问题：研究怎样把身高的长度数据转化为电路中的电表示数。

（4）设计方案：身高是长度数据，而恰好滑动变阻器的阻值和滑片与两端接线柱之间的长度距离有关。如果所测身高发生变化，则滑动变阻器的滑片高度位置随之变化，阻值改变，从而影响电路中的电流和电压，并且身高和电表的示数一一对应。设计的电路图最好能让电流表或电压表的示数随所测身高的变化是均匀的，方便把电表直接改装成一个身高表。

（5）制造原型：根据电路设计图制作成品。使用成品进行实验测量，将所测数据导入手机软件 GeoGebra 图形计算器，生成函数图像并得出数据拟合公式。

（6）发现实际问题：成品 A 的函数关系不是一次线性函数，电压表示数不会随身高均匀变化，而是随身高的均匀增高逐渐加速增大。

（7）解决实际问题：改进设计电路为假滑变电路，由于电压表的内阻很大，接入电路的总阻值几乎不随电压表接头的位置变化，电流大小可认为恒定不变，使得电压表的示数随身高均匀变化。优化产品为电子身高测量仪成品 B，重新测量数据，并再次导入手机软件 GeoGebra 图形计算器，生成函数图像并得出计算公式。

（8）成果展示（交流活动）：小组进行实验研究后，对成品 A 和 B 进行班级内的现场测量展示，由全班同学共同评估。

相对于死记硬背、机械重复的常规作业，跨学科实践作业则通过小组合作完成，有利于学生的创造性学习和实践操作，让每个学生都可以结合自己的兴趣和特长来完成，在培养学生动手能力的同时，让学生输出自己对物理的理解，加强学生对各学科知识的综合应用能力。学生深度体验项目，在设计和制作的过程中不断根据实际问题调整细化方案，从原理到外观，从器材选取到测量精度，不断地进行探究和改进，结合物理课中学习的基本电学知识，不断尝试利用多种技术手段进行调试。手机软件 GeoGebra 图形计算器、视频制作软件等数字化工具的使用，发展和构建起完整的科学素质，提高了学生借助现代信息科技解决问题的能力。

科学教育已经发展到第三个阶段，在普适计算、泛在感知环境中，数字化工具不再只是教育辅助工具，而是成了科学教学、科学探究的重要手段。物理是科学教育的主要内容，在课内和课外的初中物理课程与科创融合的跨学科教学创新实践，不仅为物理学科教育创新和发挥学科育人功能提供了经验，基于案例还为"双减"背景下中小学的课内和课外科学教育课程创新提供了建议。

三、结束语

本文借助数字化工具创新初中物理教学，依据 S – 3PBL 科创教育模式，探索出了 S – 3PBL – 2 科创教育新途径和新方法：课内学生通过动手实践掌握科学知识，深化知识的理解与运用，加强学科教学的实践性；课外学生通过科创项目加强跨学科知识综合应用能力，让学生逐渐建立起利用跨学科的知识、技能解决实际问题的意识和能力，发展和构建起完整的科学素养，并按照"双减"的要求，减轻常规作业负担。

未来可以进一步探索如何在"双减"背景下改进中小学课堂内外的科学教育，拓展数字化虚拟学习空间，充分利用科技馆等校内外资源，借助数字化手段为师生赋能，让科学知识在更真实的情境中被体会，在解决真实的问题中被获得，从而有效地提高学生动手操作的实践能力、分析解决问题的综合能力，切实培养学生核心素养、创新精神和信息素养，落实创新驱动的发展战略要求。

参考文献

[1] 蒋炜波，赵坚. 新修订"义务教育物理课程标准"的特点探讨与实施建议 [J]. 中学物理，2022，40（10）：2-6.

[2] 项华，曾子珉，刘靖怡. 计算物理教育的逻辑起点、途径及未来图景 [J]. 中小学信息技术教育，2022（C1）：102-106.

基于 STEAM 项目式学习的初中物理教学研究

邵海林

一、背景

随着时代的发展，人类面临的知识量积累愈加庞大，传统的单科教学模式已逐渐不适应时代的发展，综合性的教学模式应运而生，并旨在培养具有综合能力与创新能力的未来人才。传统的物理教学以考试分数为追求目标，教师在课堂教学上往往以讲授为主，通常先梳理物理概念，通过灌输方式将课本知识讲解给学生，而后带领学生针对性地进行习题训练。这种教育方式随着时代的发展开始露出弊端，这种以考代讲及反复练习的形式通常只是训练了学生的答题技巧和熟练程度，容易造成学生重分数轻能力。

二、STEAM 教育模式探索

（一）STEAM 概念与实施方式

STEAM 有别于传统的单科教育模式，是融合科学、技术、工程、艺术及数学等不同的学科，打破学科边界，综合应用学科知识解决特定问题的教学。

项目式学习是 STEAM 教育中常用的，在物理教学中改变枯燥的概念讲述与反复习题练习的教学模式，在教育过程中与学生共同再现真实场景和现象，以项目为单元，以问题为导向，由学生以跨学科知识亲自动手设计实验方案并完成实验，深入讨论并分析物理原理，从而获得知识的一种学习方式。

项目式学习的关键在于融合分散的专业学科知识，综合应用各学科能力解决问题。基于项目式学习的特点，STEAM 教育理念与项目式学习契合度极高，在初中物理教学中融入项目式学习，通过"真实情境"为项目实施提供场景，通过以完成真实的任务为目标，以事件为导向，改变学生获取知识的方法，在项目式学习过程中建立模型，有助于提高学生学习兴趣、锻炼学生动手能力、提高学生分析能力。

（二）项目式教育流程与模式设计

笔者在研读相关文献的基础上，研究项目式教学的关键环节，制定了适合自身的教学流程，如图1所示。

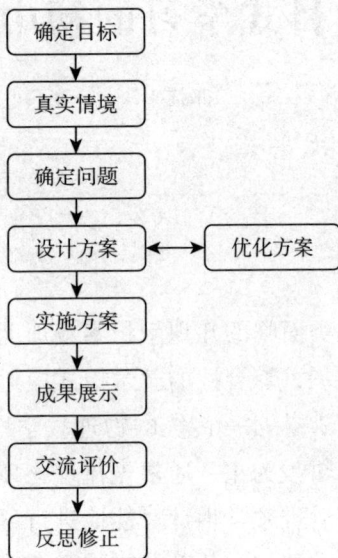

图1

笔者为项目式教学流程设计了两种模式，一种是以问题为驱动的教学模式，另一种是以项目为驱动的教学模式，如图2及图3所示。

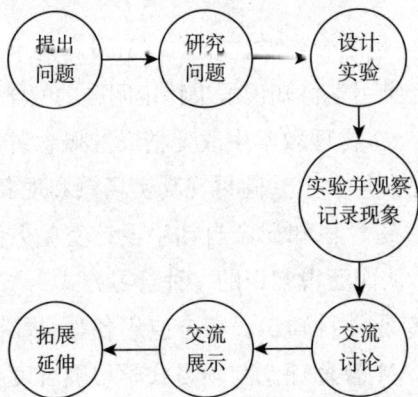

图2

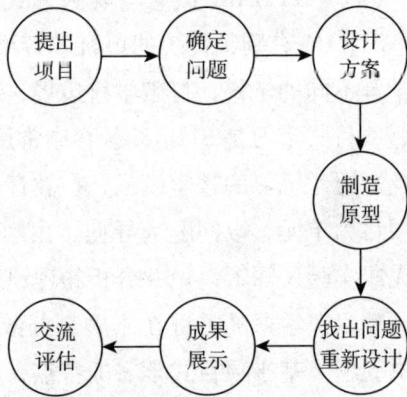

图3

三、STEAM 教育模式案例实践

笔者将 STEAM 教育理念融入初中物理选修课堂中，在课堂中以生活中常见的矿泉水瓶为实验的主要材料，以八年级上的物理知识为基础，开展了各种物理实验，以下面两个实验为例对两种模式做简要探讨。

（一）问题为驱动的 STEAM 教学案例——以弯曲的光为例

在学习完教科版八年级上册物理第四章光学内容后，学生已经学习了关于光的传播、反射、折射的基础知识，并能通过上述知识分析常见光学现象。

1. 提出问题

同学们完成了初中物理光学学习之后，对光的传播方式有了基本认识。然而，在教师展示的"弯曲"实验现象中，光在均匀的水流内发生了"弯曲"，引发了学生的思考。

2. 研究问题

学生通过观察、思考，提出自己的疑惑：光发生的是反射还是折射？

3. 设计实验

学生通过观察现象，选择生活中易于获得的矿泉水瓶为实验器材，设计实验方案。用圆规在矿泉水瓶的中下部扎一个小孔，然后用胶带封住小孔，将瓶子装满水并盖上瓶盖。在实验开始时，打开瓶盖并撕开胶带，水在大气压强作用下从矿泉水瓶的小孔中流出，此时实验者在矿泉水瓶小孔对侧瓶壁使用激光透过水射向流出水的小孔并观察此时的物理现象。

4. 实验并观察记录现象

实验开始后，在弯曲的水流中观察到"弯曲"的光。学生进行仔细观察，并利用平板电脑以视频记录实验现象。观察并记录实验现象。

5. 交流讨论

结合观察到的现象，对实验原理进行分析、讨论，达成小组共识，记录在探究活动记录表中，分析实验。

6. 交流展示

学生以小组为单元对实验过程、方法、原理进行展示，其他学生小组在展示过程中可提出疑问并进行讨论，一部分同学认为光在水中发生了折射，才会弯曲传播；一部分同学认为光在水流中不断反射，看似是弯曲传播的，实质是不断反射着前行。

7. 拓展延伸

光从水中进入空气时，入射角小于折射角，当入射角增大，折射角也随之增大。当入射角增大到一定程度，折射光线先一步到达 90 度，如果继续增大入射角，折射光线就会消失，从而只有反射光线，出现全反射现象。

由于光在水流中发生了全反射，我们才能看到激光随着水流的弯曲方向弯折传播。

8. 小结

本实验是基于实物实验工具开发的 STEAM 教学案例，以项目研究为主线，在制作与实践过程中探究其原理，针对现象产生的原因存在分歧时，学生通过自主讨论，不仅深刻理解了本实验的原理，也对反射与折射的知识点有了更深的认识。

（二）项目为驱动的 STEAM 教学案例——公道杯的制作

为了促进学生对气体压强、液体压强相关知识的理解与消化，进一步培养学生的实验探索能力，并给予学生适度的空间进行创造，本项目式教学案例以公道杯的制作为任务，基于工程思想的简单作品制作的 STEAM 教学案例。制作公道杯的全程充满了趣味性和挑战性，在制作的过程中不断改进更新，设计了如下教学过程。

1. 提出项目

本项目任务是制作公道杯。

2. 确定问题

回顾虹吸现象实验，学生通过观察现象，思考讨论公道杯的原理。

3. 设计方案

学生仔细观察实验现象，分组讨论实验原理，设计方案，选择器材。

4. 制造原型

（1）将矿泉水瓶剪成两半，取下面部分（瓶底），将瓶底打孔，让吸管刚好穿过小孔，吸管的上端要低于矿泉水瓶瓶口。密封好缝隙，吸管下方正对杯子。

（2）将水倒入矿泉水瓶中，直到水将吸管完全淹没，超出吸管管口的水会通过吸管管口流下，直到水面与吸管管口齐平，水不再流出。可以清晰地看到，水面是略高于吸管口的。

5. 找出问题，重新设计

针对上述问题，同学们经过讨论并动手实践，设计了改进方案：

（1）换一个带弯管的吸管改进实验原型，如图 4 所示。

图 4

（2）往瓶内装水，当水面没过弯管顶部时，水开始从吸管中流出，直到流完。

（3）虹吸现象还可以拓展为如图 5 所示实验：水面加到红线处时，倒扣入吸管，此时水并不会从吸管流出，当我们再往矿泉水瓶内加水时，当水面没过吸管管口的一瞬间，水会全部从吸管中流完。

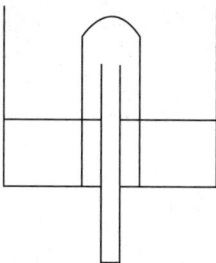

图 5

6. 成果展示

学生以小组为单位，完成研究后在班级内进行成品成果的展示，并进行原理解释。矿泉水瓶改造为公道杯后，同学们能清晰地看到杯中的实际情景，当水面到达红线位置时，左管液面的压强大于右管液面的压强，所以水会从左管流到右管直至全部流完。

7. 交流评估

由全班同学共同评估，根据产品特征、实验现象和原理，进行综合评分。

8. 小结

本案例是基于工程思想的简单作品制作的 STEAM 教学案例，制作公道杯的全程充满了趣味性和挑战性，在制作过程中根据实验情况不断改进更新，让学生在学习过程中感受到了物理知识在现实中的应用方式，增加了物理学科的亲和力，提升了学生对物理学科的学习动力。

四、总结

在项目式学习中学生能够打破学科边界，综合应用多学科进行物理学习，这不仅有利于深化学生对物理知识的理解，也有利于学生在物理学习过程中跨学科学习知识，从而逐步为学生建立综合知识体系，培养学生综合应用跨学科知识解决问题的能力。

参考文献

[1] 艾蒂，韩叙虹．基于 STEM 的物理学科项目式学习的实践与探索——以"制作投石车"为例 [J]．中学物理，2021，39（13）：39-41.

[2] 杨珍珂，赵建伟，贾伟尧．STEAM 教育理念下初中物理项目式教学的实施路径及案例分析 [J]．物理教学探讨，2021，39（2）：73-76.

以问题探究方式培养学生科学素养的
课堂教学实践案例

——以"交变电流"一课为例

苏明丹

一、课题的提出

交变电流在生产和生活中的应用广泛，而正弦交变电流是最简单、最基本的交流电，它的产生原理基于电磁感应的基本规律，所以"交变电流"的内容实际上是上一章"电磁感应"理论的延续，是电磁感应理论的具体应用。本节知识也是本章的理论基础，由于交变电流与直流不同，它对各种元件的作用也不同，也正是交变电流的特殊性才有了变压器、远距离输电及其他广泛的应用。所以本节内容在整个教材中具有承前启后的作用。新课标对本节课的要求是：知道交变电流，能用函数表达式和图像描述交变电流。结合教材内容，这里的交变电流实际上是指正弦交变电流。

学生通过本节内容的学习，能够认识正弦交变电流的产生原理及其变化规律，掌握正弦交变电流的描述方法，同时培养学生的科学态度、科学精神以及对自然探索的兴趣，进而提高学生的观察能力、动手能力、探索能力，以及应用所学内容分析问题的能力。

本节课主要运用实验探究、科学论证、逻辑推理等探究环节的设计，将课堂还给学生，让学生去实验、观察、分析从而得出实验结论，并展示分析，在思维的碰撞中体会学习乐趣，深化学习内容；锻炼学生的动手能力，培养学生的实验探究能力；引导学生根据现象大胆猜想，并通过实验验证猜想，让学生认识科学探索的创新性和严谨性；从科学推理到科学论证，渗透科学

161

思维；让学生体会到工程建设的伟大和精准，以及中国工程队的不凡，提升学生的民族自信心和爱国热情。

二、课堂教学片段

（一）实验引入，观察思考

左侧电动机接上电源，小电风扇开始旋转，吹动右侧的小电风扇，右侧的风扇旋转起来后可以直接为手机充电。

问题1：小风扇旋转起来后产生了电能，它的发电原理是什么呢？小发电机的内部结构是怎样的？风力发电机给手机充电，如图1所示。

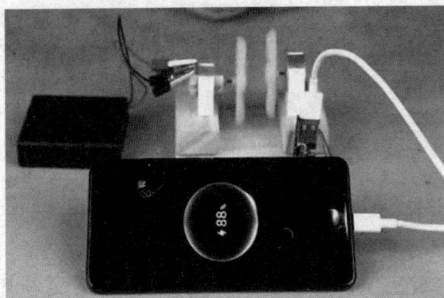

图1

问题2：左侧的"电动机"与右侧的"发电机"是一样的，为什么一个通电旋转，一个旋转产生电能，电动机和发电机的结构和原理有怎样的联系和区别？

（二）学习与探究

实验探究1：感受直流电与交流电的区别

（1）请将图2反向并联二极管线板中的反向并联的两个二极管的电路板接在电池的两端，可以观察到什么现象？

图2

（2）请将图 3 并联二极管电路图中所示的电路板接在手摇式发电机的两端，分别缓慢和快速地摇动手柄又会观察到什么现象？

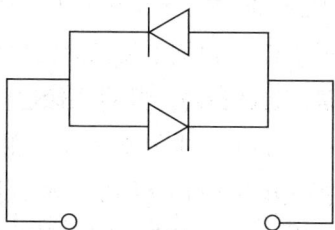

图 3

学生观察现象并描述：

接电池时，只有一个二极管发光。接手摇式发电机时，两个二极管都发光。当摇得慢时两个二极管交替闪烁，当摇得快时两个二极管持续发光。

这样的现象说明，电池产生的电流方向不变，而手摇式发电机产生的电流方向不停地改变。

学生总结：

直流电：方向不随时间变化的电流称为直流电（DC），其中，大小和方向都不随时间变化的电流称为恒定电流。

交变电流：方向随时间做周期性变化的电流称为交变电流，简称交流电（AC）。

正弦交变电流：电流随时间按正弦函数规律变化的交变电流称为正弦交变电流，简称正弦交流电。

引导强调：对直流电流和交变电流的区分主要是看电流的方向是否发生改变。

实验探究 2：观察手摇式发电机产生的电流变化情况，猜想交变电流与时间的关系

问题 1： 仔细观察手摇式发电机，它主要由哪几部分构成？

问题 2： 将电流计接在手摇式发电机的两端，缓慢转动手柄，观察电流计指针的偏转，快速转动手柄，再次观察指针的偏转情况，电流计指针偏转的条件是什么？

问题 3： 说明手摇发电机产生的电流有什么特点？电流的大小与线圈转动的速度有关吗？

引导学生回答：

（1）电动机由固定的正对的磁铁和一个可以旋转的线圈两部分组成。

（2）当线圈在磁铁中缓慢旋转时，电流计指针开始左右摇摆。

（3）手摇式发电机产生的电流的大小和方向随时间呈周期性变化。

问题4：请根据你的观察，猜想一下电流随时间变化的关系，根据时间与电流表的数据绘出 $i-t$ 图像，学生根据电流随时间变化的关系图证实猜想。

实验探究3：采集数据，验证猜想，并对图像进行分析

用电流传感器采集手摇发电机产生的电流，并用配套软件绘制出 $i-t$ 图像，电流传感器采集的手摇发电机的 $i-t$ 图像。验证同学们的猜想。

问题1：真实的电流有什么特点？哪位同学猜想的 $i-t$ 图像更接近真实情况？

问题2：请仔细思考图中电流出现的最大值和最小值分别在线圈转过哪个位置时产生？电流的方向在线圈转过什么位置时发生了改变？

引导学生回答：电流的大小和方向随时间呈周期性变化，这样的变化关系与同学画的正弦关系的 $i-t$ 图像最为接近。

理论探究4：结合模型，进行理论探讨，寻找正弦交流电产生规律

问题1：观察模型，正弦式交流电发电机结构简图，如图4所示，在矩形线圈匀速转动过程中，哪些边会产生感应电动势？

问题2：感应电动势的方向怎样判断？两边同时切割产生的两个感应电动势有什么关系？

问题3：当线圈转到什么位置时电流有最小值？转到什么位置电流又有最大值？此时线圈位置、磁通量、感应电流分别有什么特点？

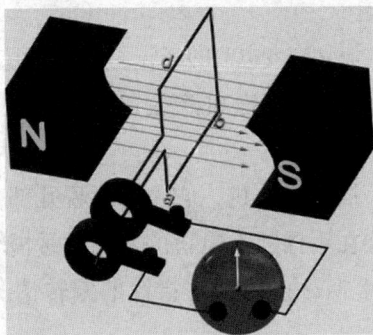

图4

引导学生回答，并完成表格，见表1。

表1

	位置特征	磁通量 Φ	感应电动势 E	感应电流 I	电流方向是否发生改变
中性面	$S \perp B$				
峰值面	$S \perp B$				

问题4：接下来，我们将线圈缓慢旋转一周，请在图5中记录特殊位置、特殊值。

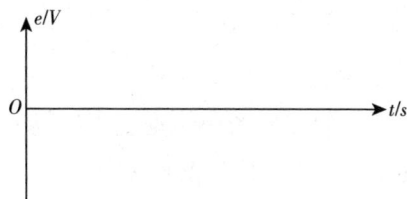

图5

注意：当线圈通过平面时，电流的方向发生改变，一个周期电流方向改变两次。

问题5：已知磁感应强度为 B，矩形线圈长 L_1 宽 L_2，从线圈与磁场垂直的平面开始，以角速度 ω 匀速转动，请学生推导，经时间 t 后线圈中感应电动势的大小。

理论探究5：通过计算推导电流随时间变化的瞬时表达式

如图6通电线圈在磁场中转动的截面图所示，一矩形线圈在匀强磁场 B 中，沿逆时针方向匀速转动，角速度为 ω，矩形线圈的长 ab 为 L_1、宽 bc 为 L_2，线圈平面从中性面开始转动，经时间 t 后。

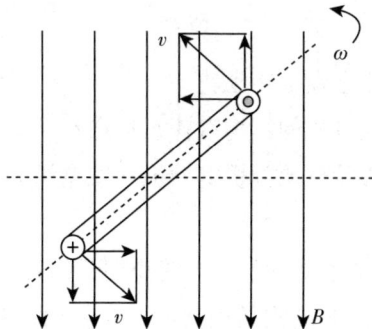

图6

问题 1：线圈与中性面的夹角是多少？学生答：$\theta = \omega t$。

问题 2：ab 边的速度多大？学生答：$v = \dfrac{\omega L_2}{2}$。

问题 3：ab 边速度方向与磁场方向夹角多大？学生答：$\theta = \omega t$。

问题 4：ab 边产生的感应电动势多大？学生答：$e_{ab} = \dfrac{BL_1L_2\omega\sin\omega t}{2}$。

问题 5：线圈中感应电动势多大？学生答：$e = 2e_{ab} = BL_1L_2\omega\sin\omega t$。

归纳总结：感应电动势：$e = E_m\sin\omega t \quad E_m = NBS\omega$

感应电流：$i = I_m\sin\omega t \quad I_m = E_m/R_总$

路端电压：$u = U_m\sin\omega t \quad U_m = I_mR$

引导学生总结：线圈在匀强磁场中绕垂直于磁场方向的轴匀速旋转，产生的按正弦规律变化的交变电流，称为正弦交变电流，简称正弦交流电。

（三）知识应用与拓展

应用拓展 1：紧扣引入，深入探讨电动机与发电机的关系

将手摇发电机的输出端接在学生电源两端，线圈开始转动，将手摇式发电机接在学生电源两端，如图 7 所示。

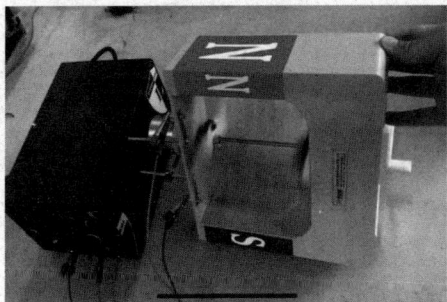

图 7

问题 1：线圈为什么会发生转动？

问题 2：电动机与发电机的结构有什么特点？

问题 3：请你结合实验现象分析电动机和发电机的能量转换。

引导学生回答：

（1）通电线圈在磁场中受到安培力的作用，而开始转动。

（2）电动机与发电机的结构是相同的，主要由磁场和能够转动的线圈两部分构成，有些时候线圈固定，磁场转动。

（3）电动机里的线圈通电后，安培力做正功，将电能转化为动能。而发电机是线圈转动切割磁感线产生感应电流，将动能转化为电能。两者能量的转换方向刚好相反。

应用拓展2：观看视频及图片

教师播放三峡大坝电机机组组装视频，让学生感受三峡大坝的震撼，增强学生的民族自信心和自豪感。

三、总结与反思

本课通过实验探究和理论推导，从对交流电的产生原理由感性认识到理性认识，由定性探究到定量分析，再用结论解释现象进行进一步的拓展应用，引导学生进行逐步深入、层层递进的探究性学习。本节课贯彻了以学生发展为主的教学理念，在教学过程中突出学生的主体地位和教师的引导作用，力在培养学生的物理核心素养。

（1）学习过程设计的5个探究活动，层层深入，环环相扣。基于经验事实，提出猜想，收集证据，并对猜想进行检验和修正，进而使学生认识到交变电流的本质，提升学生科学探究的能力。

（2）通过一问一答，注重科学推理，通过实验事实和理论推导让学生归纳总结得出结论，注重培养学生的科学思维。

每一个环节，通过提问，引导学生观察实验现象，深入思考，得出结论并表达。对科学论证的五个层次——能区别观点和证据；能使用简单和直接的证据表达自己的观点；能恰当使用证据表达自己的观点；能恰当使用证据证明物理结论；能考虑证据的可靠性，合理使用证据进行反复强化。

（3）拓展应用，将电动机和发电机相对比，引导学生注意事物之间的关联性，并将能量转化的物理观念渗透其中。

（4）科学态度与责任，本节课的设计还体现了构建科学本质观，渗透STEAM理念的教学设计思想，帮助学生理解科学和数学之间的紧密联系，打破学科界限。同时，培养学生在真实世界应用所学知识解决实际问题的能力，并且思考在发电过程中可能会遇到的工程和技术方面的难题，并提出解决方案。科学、技术、工程、数学是分不开的，生活中的大多数问题需要应用多种学科的知识来共同解决，学科融合必不可少。

参考文献

[1] 人民教育出版社，课程教材研究所，物理课程教材研究开发中心. 普通高中课程标准实验教科书　物理　选修 3 – 2［M］. 北京：教育科学出版社，2006.

[2] 中华人民共和国教育部. 普通高中物理课程标准（2017 年版 2020 年修订）［M］. 北京：人民教育出版社，2020.

[3] 梁英豪. 科学素养初探［J］. 课程·教材·教法，2001（12）：59 – 63.

[4] 黄俊华，陈平. 新高考背景下高中理科创新人才培养的探索［J］. 物理教学探讨，2020，38（1）：79 – 80.

[5] 赵伟. "问题探究" 教学模式与创造力培养［J］. 中学物理教学参考，2000（8）：1 – 4.

浅谈"微课"在高中化学实验教学中的应用

李英坤

化学实验是学生学习化学知识，激发学习兴趣，加深理解所学知识，培养化学学科思想的重要途径。学生通常会对化学实验感兴趣，但往往受限于某些具体条件，教师难以很好地开展实验教学。随着网络、通信技术的发展，微课介入中学化学教学，为我们的化学实验教学带来了新的思路，也使传统化学实验教学中的许多问题得到了较好的解决。

一、传统化学实验教学存在的问题

（一）学生难以清晰地观察到教师的演示过程

教师在进行演示实验的时候，由于距离和角度问题，加之演示实验仪器小，很多学生无法清楚地观察到实验操作的细节。例如，酸碱中和滴定实验中滴定手法的演示，多是左手手指的细微操作，坐在左侧和后排的学生不易观察清楚，严重影响学生对实验技能的掌握。

（二）较难的实验环节，学生难掌握，形成学习瓶颈

某些实验环节难度较大，若没有掌握，会在很大程度上影响学生对整个实验的理解。例如，"配置一定物质的量浓度溶液"的实验，在定容时若学生未能掌握视线一定要平视凹液面且与凹液面最低点相切，则将对浓度大小的影响理解不清，造成对一定物质的量浓度溶液配制的困惑。

（三）多步骤实验遗忘率高，学生课后难以再现实验

例如，刚进入高中的高一学生，就要学习萃取分液实验。萃取原理容易理解，而分液漏斗的使用注意事项较多，实验操作步骤较繁杂，学生很容易遗忘，课后又无法再现实验。这将会在一定程度上加重学生的学习负担和心理负担。

（四）课时不足，学生能接触的实验少

高中化学课时紧张，很多学校高一都只安排 3 节化学课，为了完成教学任务，教师就不断地压缩、削减化学实验，使得学生接触实验很少。

（五）缺乏与生产生活、化工流程的联系

中学化学实验更多的是停留在课本的基础知识上，多用于验证性实验，缺乏与生活实际、工业生产的联系，也缺乏必要的拓展。学生很难切身感受到化学的实际应用，不能明确其学为何用。

（六）学生缺乏化学实验设计的训练，缺乏对化学实验的整体性认识

高中化学实验，缺乏引导学生进行化学实验的设计，缺乏化学对实验的整体性认识。学生很少自主为了解决某个疑问而去设计实验、优化实验、实施实验、总结实验，不利于培养化学的学科思想。

二、"微课"的特点和优势

（一）"微课"的特点

"微课"是指教师在课堂内外教育教学过程中围绕某个知识点（重点、难点、疑点）或技能等单一教学任务进行教学的一种教学方式，它具有目标明确、针对性强和教学时间短的特点。制作好的"微课"具有广泛的传播性，能够长期保存，能够反复使用。

（二）将高中化学实验制作成"微课"，发挥优势

由于"微课"本身容量小，在手机等多种媒体播放器中都能下载和播放，相对于其他形式的视频教学，"微课"使学生对学习时间及学习媒体的选择更具自主性。将高中化学实验制作成"微课"，其内容可以包括：实验目的、实验设计、操作视频、原理讲解、在生活中的应用、在工业上的应用、工艺流程、流程思想等。"微课"可以在课前让学生自行学习，了解实验的重难点，解决自己的困惑，为课堂上更好地听课做好准备；也可在课中使用，对于不便在课堂上演示的实验可以用它代替；课后学生还可以进行回放，对自己的疑问进行有针对性的复习。

三、引入"微课"辅助教学，弥补传统化学实验的不足

（一）放大实验操作细节，使学生能清楚地观察到具体操作

例如，在酸碱滴定实验中，"微课"可以局部放大实验操作中的手势、指法，也可以通过多媒体或者手机等设备清楚地观察到酸式滴定管活塞控制的

手法、尖嘴部分空气排除的指法、碱式滴定管橡胶管中的玻璃珠的挤压手法以及碱式滴定管的排气指法等细节。

（二）攻克较难实验环节，突破学习瓶颈

对于某些较难、较复杂的实验环节，"微课"可以帮助学生熟悉相应的实验操作，强化其薄弱点，从而解决其实验学习中的瓶颈，使实验可以顺利进行。例如，学生在"配置一定物质的量浓度溶液"实验的定容环节，对平视的作用及俯视、仰视对溶液浓度大小影响理解困难时，可以通过"微课"对该实验的各项细节进行反复学习，对比分析非正确操作带来的影响，实现理解应用，轻松突破学习的瓶颈。

（三）利用"微课"的再现性，解决"多步骤实验"的高遗忘率问题

新入高一的学生在学习萃取分液实验时，由于分液漏斗的操作步骤和相关注意事项较多，学生对部分操作环节容易遗忘，如分液漏斗查漏、倒入混合物、倒置振荡、放气（振荡、放气重复几次）、正放静置、通气（塞子上凹槽对准小孔或拔掉塞子）、从分液漏斗下端放出下层液体、从分液漏斗上口倒出上层液体等。而"微课"可以有序完整地展示整个实验步骤，学生可以随时重现实验过程，巩固实验技能，加深对实验程序的理解。

（四）拓展实验范围，扩充更多化学实验

由于学时与大纲的要求，现今中学基本不涉及耗时长、现象不明显、危险性较高的化学实验。而很多化学实验是学生非常感兴趣，很期待了解，且与学生的认知结构也是相符合的。因此，可以通过"微课"的形式将这类实验进行补充，进一步完善中学化学实验。例如，在实验室制备半透膜并对氢氧化铁胶体进行渗析法提纯：用"微课"介绍火棉胶为原料，结合锥形瓶制备半透膜，再用渗析法对氢氧化铁胶体进行提纯等。将3—5天才能完成的化学实验在"微课"中用几分钟就能介绍清楚。又如，学生难以理解浓硫酸主要以分子形式存在，教师可以通过设计金属钠与浓硫酸反应的实验，制成"微课"让学生从缓慢的实验反应中真正理解浓硫酸中氢离子浓度很小。

（五）联系生产生活，联系化工生产

中学化学实验缺乏与生活实际、工业生产的联系，而学生只有真正了解化学的实际应用，才能对于化学学习保持长期浓厚的兴趣。"微课"则可以成为联系高中化学知识与生产生活、工业生产等方面的桥梁。比如，在讲"海水淡化"一节时，制作一个关于膜渗析法淡化海水的"微课"，介绍在压强差的作用下，H_2O通过反浓度渗透达到淡化的过程，将课本中的知识和工业生产联系起来。又如，在讲从海水中提取溴时，用一个"微课"介绍在苦卤水中加入氯之后，直接用空气吹出法将溴吹出的工艺，让学生对工业上溴的提取以及空气吹出法都有更深的认识。

（六）引导学生进行实验设计，培养学生对化学实验的整体性认识

将部分高中化学实验制作成这样的"微课"，用于引导学生思考，让学生在学习进程中为了解决某个疑问而去设计实验、优化实验、实施实验、再总结实验，从而对化学实验有整体性的认识，努力培养学生的化学学科思想。例如，在教授"苯酚"一节时，制作好一节关于苯酚性质的"微课"，内容包括：苯酚在冷水、热水、有机溶剂中的溶解性；苯酚是消毒液的重要成分；苯酚具有和醇类似的羟基结构；推测并用实验验证苯酚的性质。让学生自己设计实验，并进行交流、改进，再通过实验的形式进行落实、得出结论。这样就可以帮助学生对实验有一个较深入的思考和整体性的认识。

综上所述，"微课"是一种易于传播，非常适合高中化学实验教学的一种在线教学形式，它能够弥补许多传统化学实验教学及化学视频实验教学的不足。利用好"微课"，可以使高中化学实验教学更高效、更有意义。

参考文献

[1] 赵国忠，傅一岑. 微课：课堂新革命 [M]. 南京：南京大学出版社，2015：56 - 68.

[2] 周业虹. 京师专题高中化学化学实验 [M]. 北京：北京师范大学出版社，2012：28 - 30.

[3] 张一川，钱扬义. 国内外"微课"资源建设与应用进展 [J]. 远程教育杂志，2013，31（6）：26 - 33.

数字化实验在高中化学课堂中的应用

李　阳

数字化实验不仅有传统表面的实验现象，更在传统定性实验的基础上提供直观的数据和图像，有利于进一步地进行理论和定量的探究，使实验原理更加真实直观。数字化实验也不受时间和空间上的限制，能够更快更方便地搜集、分析、处理数据，也能把一些复杂的实验变得简单快捷易操作，大大提高了实验的精确度和课堂效率。学生通过动态的实验数据可以加深对实验的理解，更有助于透彻地理解科学的本质。数字化实验使得师生互动的方式发生了变化，不再是传统的教师演示学生模仿，而是学生积极主动地参与探究，在动态的实验数据图像形成的过程中，不断地提问，不断地深入问题的本质，师生共同探讨交流，让课堂更充满探究性和乐趣。现从以下三个方面介绍数字化实验在中学化学课堂教学场景下的应用。

一、元素化合物的性质探究

元素化合物知识的学习是中学化学的重要组成部分，也是最能体现中学化学学科魅力的部分。传统化学课堂主要采取教师演示实验、学生分组实验对元素化合物的性质进行观察、验证等实验。但对于实验现象不太明显或是实验用品、产物有较大的危害，数字化实验就更能体现出实验现象明显、数据直观、逻辑严密等好处。

在碳酸钠和碳酸氢钠的性质学习中，对比研究两者的性质，可引入压强传感器、pH 传感器、温度传感器等多种数字化实验设备，让学生直观地看到两者性质差异。如用压强传感器测定二者与酸反应放出 CO_2 的差异，可用压强传感器测定二者热稳定性的差异，用 pH 传感器测定二者溶于水后碱性的差异，并进一步分析两者实验数据图像的区别，进而掌握正盐与酸式盐的性质，温度传感器可测定二者溶解放热的区别。

在项目式学习"酸雨的形成及危害"中，引入数字化实验，利用压强传感器、pH 传感器探究 SO_2 和 NO_2 与水的反应。学生不仅能观察到常规的实验现象，还能进一步得到装置中压强的变化、溶液中 pH 的变化曲线，观察到二者与水反应的相同点和不同点，进而分析数据、曲线，分析二者与水反应的方程式，理解酸雨的形成和危害。

同样，在有机化合物的教学中，也可以引入数字化实验来帮助学生确定有机化合物的结构。例如，利用压强传感器测量乙醇与钠反应过程中装置内压强的变化，从而进一步分析出乙醇的分子结构，总结出有机物中哪种化学环境的氢能与活泼金属反应。

二、化学反应原理的理论学习

化学反应原理的学习是观察整个中学阶段化学学科的难点和重点，无时无刻不体现出化学学科的核心素养，如变化观念与平衡思想、证据推理与模型认知。学生在学习这一部分知识时，往往存在着很多困惑，因为用传统的化学实验不易观察到微观的化学世界，如化学平衡是否真的存在、弱电解质在水溶液中是如何电离的等。

对于化学反应的限度的学习，比如如何证明合成氨的反应是一个可逆反应，可以在反应器中加入压强传感器，测定反应过程中反应器中压强的变化，使学生直观观察到压强的变化规律曲线，直观感受到化学反应的限度。

在"离子反应及其发生条件"的学习中，运用特定的离子传感器测定反应过程中溶液离子的变化过程，让学生直观看到离子的变化，帮助学生理解离子反应。当然，也可以利用电导率传感器测定两种电解质溶液在相互滴定过程中溶液电导率的变化曲线。例如，在"冰醋酸的电离"一节应用电导率传感器，测定向冰醋酸中加水或加热后电导率的变化曲线，帮助学生理解电离平衡。

钢铁的电化学腐蚀是化学选择性必修一的教学内容。其现象主要有析氢腐蚀和吸氧腐蚀两种，对于析氢腐蚀，通过检验产生的气体很容易理解，而吸氧腐蚀则反应速率慢，不明显，学生对是否是氧气参与持有怀疑态度。本实验引入数字化实验设计，通过氧气传感器和压强传感器，直观明白地让学生认识吸氧腐蚀的本质，宏观微观深层次理解钢铁腐蚀，认识其危害。

金属与盐溶液的反应既牵扯到金属活动性，又涉及盐类的水解，学生对金属的活动顺序的掌握和应用比较熟练，却容易忽视弱碱阳离子的水解。通过铝与铜溶液反应的现象，探究反应的原理本质，借助于数字化实验中的 pH 传感器了解溶液 pH 的细小变化，更直观准确地反映水解的实质，加深学生消化盐类水解这一重难点，有助于学生在以后的学习中会应用盐类水解解决相关问题，培养学生科学探究的思路和方法。

三、高三复习课中对知识的整合

对高考重难点知识应用数字化实验进行案例探究。通过数字化实验优化学生的认知结构，发展学生的创新思维能力，突破学生知识中存在的困惑和障碍。通过层层引入让学生将知识系统化，既能提高学生成绩，也能培养学生的综合能力。

在对离子反应的复习中引入数字化实验。离子反应的实质、离子方程式的书写都是高中化学的重难点，只有理解离子反应的实质，才能更好地书写离子方程式。在复习离子反应的同时，为了让学生更好地理解其本质，能将离子的导电性，强弱电解质联系在一起，让知识融会贯通，这里用电导率传感器 pH 传感器测硫酸与氢氧化钡反应过程导电性和 pH 的变化，培养学生设计和进行探究性实验的能力，提高学生的综合能力。

在高考中，过量少量的问题一直是考查的重点，如盐酸与碳酸钠的反应。在传统讲解中都是拿两个药品相互滴加来让学生理解，但误差比较大，很容易现象不明显。很多学生难以理解反应的本质，宏观的现象并不能转化为微观符号，学生不能清楚地知道反应的具体过程。通过 HCl 与 Na_2CO_3 反应体系中过量反应物的不同，使其产生不同的反应产物，探究其反应原理，理解化学过量反应的反应原理；通过数字化实验 pH 具体变化，学生能清晰地看到反应过程，一目了然地掌握反应，在以后的题目中学生就能熟练地应用。

数字化实验在提高教学效率、深化教学内容、解读曲线图像及加工信息能力、培养学生思维能力等方面能发挥巨大功能。数字化实验融入化学课堂教学至少有这三个方面的作用：①使学生对抽象的化学概念的理解更透彻，分析问题解决问题的能力得到提高，对图像问题的处理也变得准确；②能从定性、定量、宏观、微观等不同方面去深入探讨，能更好地应用所学知识；③让学生在探究的过程中培养良好的思维方式，学会分析问题，体会科学探究、推理类比、归纳演绎的科学方法，并能将这种方法应用在解题过程中，使其综合能力得到提升。

参考文献

[1] 沈世红. 数字化实验应用于化学实验教学的思考 [J]. 现代中小学教育，2016，32（6）：79 – 82.

[2] 徐睿. 中学化学数字化实验的新趋势 [J]. 化学教学，2020（9）：31 – 36.

中学化学实验情境创设的人文加工

钟瑞雄

实验教育学是 19 世纪末 20 世纪初产生于德国，随后在欧美一些国家发展以教育实验为标志的教育思想流派，而化学作为一门以实验为基础的自然科学，其目的在于通过实验培养学生的化学学习兴趣和化学学习方法。实验作为一种探索真理的手段在当代的教学中越来越受到重视，当前课程改革中将科学研究作为课程改革的突破口，因此如何有效地进行实验情境的创设正是实现这一手段的重要途径。

新课改对实验的要求是更加重视化学与生活的联系，重视对学生情感态度及价值观的培养。因此，切实地贯彻落实新课改的实验教学的理念显得格外重要。学生在实验中的交流、讨论，以及与教师互动的每一个环节都应该受到重视，要有目的地引导学生进行探究性的学习，培养他们的实验能力。而教师如果进行更多的人文关怀，进行适当的人文建构，激发学生的已有知识基础和生活经验，将有利于学生的全面发展。好的情境有以下特点。

一、情感丰富，感悟深刻

一个好的情境往往包含了必要的情感态度价值观方面的内容，或是刻苦钻研的精神、或是实事求是的态度、或是用于探索不怕失败的实验素质。这些都渗透了情感性的内容、在某些实验情境中甚至可以加入一些情感性的教育主题，如节约意识、环保意识。这些情感性的内容将对学生起到很好的熏陶作用，学生会在内心触动的基础上去建构知识，去完成实验，甚至在完成实验的基础上去探索更多的关于实验的知识。

二、渗透多种形式，涵盖多学科

诗歌、对白、小品、相声、话剧等形式都可以作为实验情境人文化的形式，并且在学科上可以融合多种学科，在一些学科知识交汇的地方让学习迸发出更大的思维火花。比如，化学上的勒夏特列原理：在一个已经达到平衡的反应中，如果改变影响平衡的条件之一（如温度、压强，以及参加反应的化学物质的浓度），平衡将向着能够减弱这种改变的方向移动。物理上的楞次定律：感应电流具有这样的方向，即感应电流的磁场总要阻碍引起感应电流的磁通量的变化。这两个概念都是很抽象的概念，但是认真的学生会发现它们的相似之处，后来笔者见到了这句话的哲学表述，原来宇宙的规律是那样的相关——承受外加限制的系统具有反抗外加限制条件改变的能力。从化学到物理学、从生物学到生理学、从经济学到社会学，无一不遵从"泛化的勒夏特列原理"。以至有人说，人类的情绪也符合勒夏特列原理——你有一个快乐的系统，你若使之不快乐，它会自己找回快乐（If you have a happy system, and you make it unhappy, it will try to make itself happy again）。相信在教学中融入这种普适性的概念，不仅能增加学习的趣味，也有利于学科的交叉和抓住学生的兴趣点，甚至可以帮助学生在比较繁重的学习任务之余调整其精神状态。

三、注重体验，调动多感官

在情境的人文化过程中，要注意调动学生的多感官，如眼、耳、口、鼻、手，这样学生的体验会更加刻骨铭心，更不容易忘记。可以通过设定适当的教学冲突，利用情境设定与学生经验相反的认知冲突或者通过新旧知识差异设定的教学冲突，以激发学生的兴趣。例如，在做钠与水反应的实验时，引入"水能生火"的实验情境，让学生在认知冲突中很好地掌握知识，通过观察实验现象，引导学生总结出"浮，熔，游，鸣，红"的口诀，多方面调动学生的感官，同时也让学生积极地参与实验现象的总结中。因此，教师为了让学生的多感官都受到刺激，可以在实验前的情境中加入音乐、视频、闻一闻、嗅一嗅等环节，以利于实验的进行和学生实验的学习。

四、演示实验中培养学生观察能力

演示实验中可以设置问题情境，如用工厂作为大背景，解决工厂中遇到的化学问题，从而将一堂课的导入、实验探究、问题分析、知识归纳都联系起来。在演示实验中，要引导学生有侧重点地思考，观察实验现象，情境的人文加工可以使演示实验更加生动，大大刺激学生的感官。学生会从感性认识的基础上建构知识，获取知识。

五、促进知识理解，融汇学科交叉

某些知识很可能比较难以理解，如在乙酸乙酯中的同位素示踪法的教学中，我们可以进行人文性加工类比：其原理就像给非洲的狮子植入一个追踪器，追踪器并不影响狮子的活动，但是却可以让人随时知道狮子在哪里，遇到了什么情况。这就是同位素标记法的一个简单加工下的类比，形象易懂，将抽象的概念瞬间具体化，促进了学生的知识理解。又如在糖类的教学中，对于单糖、多糖的理解，可以迁移生物糖类方面的知识，实现学科的融合，不仅利于学生化学的学习，也利于生物学科的学习。有些人文性的加工还会大大拓宽学生的视野。因此，对于一些学科交叉的问题，可以进行人文化的加工，以融汇学科的交叉点。

六、激发学生兴趣，培养科学态度

情境的人文加工本身就具有一定的趣味性，以吸引学生兴趣为前提，进行实验的设置和探究。在其中，可以渗透情感态度价值观的教育，可以培养学生的科学精神。比如，引入科学家孜孜不倦探究的情境，科学家以前是怎样做这种实验的故事，来激发学生热爱科学、重视科学的态度。在情境下，学生对应的化学实验过程的操作，其知情意三个方面都会受到或多或少的影响，逐步实现对化学实验中的操作问题、理论问题和科学观问题的了解。

参考文献

[1] 陈国力. 关于某些高中化学实验改进的研究 [D]. 成都：四川师范大学，2009.

[2] 人民教育出版社，课程教材研究所，化学课程教材研究开发中心. 普通高中课程标准实验教科书化学选修4 [M]. 北京：人民教育出版社，2007.

[3] 人民教育出版社，课程教材研究所，物理课程教材研究开发中心. 普通高中课程标准实验教科书物理选修3-2 [M]. 北京：人民教育出版社，2007.

融合科学论证的高中实验教学的实施策略

——以"探究酵母菌细胞呼吸的方式"为例

易 莎

《普通高中生物学课程标准（2017 年版）》指出，应使学生主动地参与学习，在亲历提出问题、获取信息、寻找证据、检验假设、发现规律等过程中习得生物学知识，养成科学思维的习惯。因此，高中生物教师应将科学论证的思想融入高中生物实验教学，整合资源优化教学，促进学生科学思维发展。

一、优化教学思路，做好教学设计

（一）课前分析

"探究酵母菌细胞呼吸的方式"是人教版《生物必修一·分子与细胞》第五章第三节"细胞呼吸"的探究实验。教师须结合教材内容及编排顺序理解实验设计的目的和意义。学生通过实验构建知识和概念，为学习细胞呼吸相关内容奠定基础，并在实验过程中获得直接经验，提高探究能力。教师基于科学论证整合教学资源，思考课前铺垫和课后延续，精心做好教学设计，为学生自主探究铺路搭桥，激发学科兴趣，促进科学思维发展。

（二）设计内容

在开展实验教学前，结合学情，指向目标达成，教师整合教材资料和生活素材，建立相关联系，引导学生自主思考。在课前预习阶段，学生对细胞呼吸和细胞器（主要是线粒体的结构和功能）等相关知识做好系统的复习、整理和铺垫。接着，带入生活情境，学生体验"发面"制作馒头、面包等趣味活动，鼓励学生查阅资料，小组分析讨论，引发有关酵母菌呼吸条件、产物等思考，使学生从现实情境或资料中分析，大胆猜想、推理，得出"主张"，再分组进行论证。

结合实验设计原则，思考课本中探究实验的设计，开展探究实验。通过控制有氧和无氧条件，探索不同条件下酵母菌细胞呼吸的途径。检测二氧化碳和酒精的生成情况，对比讨论两种呼吸方式的条件、产物等异同。学生通过对实验的亲身体验，总结实验过程中存在的问题，并对实验装置的改进进行探讨。学生通过实验支持或质疑已提出的"主张"，以此为依据，修正和完善前面的思考，得出相应结论，对呼吸作用反应式进行修改和补充。

教师通过设计相关的课后活动，扩展教学宽度。作为科学论证的"再论证"环节，课后活动的结果应作为论据修正"主张"，完善结论。学生根据实践中的经验和小组探讨的问题，优化设计，实现有效的探究。

二、引入论证主题，优化实验教学

（一）课前活动初探

设计课前活动，源自生活，引入主题。若要观察酵母发面，应使用酵母粉、面粉、温水等材料。其操作步骤简单、便于操作，学生可在家自主完成：用温水化开的鲜酵母发一块面团，静置几小时后，观察面团变化并记录。通过比较面团前后的变化，学生发现面团会逐渐膨大。打开面团里面，有蜂窝状的空隙，还能闻到酒味和特殊的香味。

通过课前活动，引发对生活现象的思考——为什么用酵母粉发面做成的面包松软而美味？学生根据现象"面包松软""面团里面蜂窝状的空隙"，结合已有知识和生活经验，推测酵母菌呼吸产生了气体；学生基于对"呼吸"概念的初步理解和预习查阅资料的基础上，可进一步猜测产生的气体是二氧化碳，并根据现象"闻到酒味和特殊香味"推测酵母菌呼吸还可能产生酒精等物质。教师进而引导学生思考二氧化碳、酒精等产物是在何种条件下产生的，并引导学生结合化学学科知识，初步尝试写出反应方程式。

（二）实验推理论证

通过探究实验，验证酵母菌的呼吸方式，理解酵母菌有氧呼吸和无氧呼吸的条件和结果，进一步探寻呼吸作用的实质。根据酵母菌所处的环境条件，学生分析了有氧呼吸和无氧呼吸两种呼吸方式，进一步思考如何设置有氧呼吸组和无氧呼吸组。教师引导学生对实验的自变量、因变量、无关变量进行分析，同时须讲解产物检测的方法。学生根据教材实验装置进行实验，在实验过程中观察现象，提出实验问题，在有效提问的基础上层层推进，理解科学本质。实验过程中，学生通过对反应物、反应条件和产物的认识，对前期推测呼吸作用的反应式做修改，根据实验结论进一步分类完善有氧和无氧条件下细胞呼吸的反应式。课堂实验推理论证的过程建立在对实验的正确操作上，实验的实施需要提前做好各项准备，须充分发挥小组合作学习的作用，避免因盲目动手实验而降低教学有效性。

（三）课外延展实践

设计课后活动，并使其作为实践论证的论据，再次修正、完善关于酵母菌呼吸方式的"主张"。联系生活实践，延伸相关知识，延展课堂宽度。结合选修内容"果酒和果醋的制作"，安排学生尝试制作果酒。教师结合选修教材内容，为学生提供参考资料，说明果酒制作的原理，启发学生设计制作果酒的装置，利用课后或假日时间尝试完成果酒制作。

小组讨论果酒制作的原理，分析发现果酒的产生需要先后经历有氧呼吸（酵母菌大量繁殖）和无氧呼吸（酒精发酵）两个过程。接着，小组思考和研究如何控制发酵条件，以及现有实验装置的改进。此外，教师还应启发学生讨论实验中须解决的其他问题，如如何确保发酵过程中不受污染、如何控制温度等。此外，还须分析发酵后取样检测的问题：如何检验果酒制作是否成功。如果实验不成功，可以分析原因再尝试，促进学生自主思考，促进科学思维的培养。

三、回顾论证探究，发展科学思维

（一）明晰论证过程

探究式教学容易使师生将"动手操作""学生参加活动"等主题作为生物教学的核心。探究实验教学中融入科学论证，避免实验中过于注重科学探究的要素、弱化对科学本质的认知等不足。融入科学论证的高中实验教学从现实情境或资料中引出论题，学生通过已有知识或资料分析，大胆猜想、推理，从而得出"主张"，再通过实验支持或质疑"主张"，得出结论，在此过程中，使学生逐步理解科学本质。再结合相关素材，从课内延展至课外，进一步探索实践，以实践结果作为论据，修订和完善"主张"，加深学生学科理解，发展学生科学思维。

源于教材的探究实验和小资料等素材为论证式教学提供了基础材料。教材中实验的探究过程和实验设计都可以质疑。学生可以通过资料分析得出最初的"主张"。然后教师再引导学生对"主张"进行质疑。学生根据探究实验现象和结果来支持"主张"，或通过论据组织从"理由"得出"主张"，或完善"主张"。

（二）培养科学思维

基于科学论证来进行实验教学，可以使学生反思探究的目的、探究的方法和途径、探究方案的有效性、证据能否支撑"主张"等问题。基于学情，发掘兴趣点，点燃思维火花，可以引导学生联系已有知识大胆论证，启发学生对不同的实验现象或结果进行质疑和思考，加深学生对学科内容的理解，使学生形成严谨的科学态度，自主探索，大胆尝试和设计实验，提高运用知识、逻辑思维、批判性思维的能力，从深层次理解科学知识，培养科学思维。

（三）反思

高中生物探究实验的设计与科学论证的有机融合，还需要注入更深刻、更精细的思考和探索。须结合每个实验的实际特点，寻找易于学生接受的生活素材、选修素材、课外延伸活动。"教师必须从学生的实际学情出发，并在尊重学生主体地位的基础上，结合学生已学生物知识，并巧妙设置一些实验问题。"不可生搬硬套，也不可急于求成。需要观念上更新，行动上跟进，评价上配套。"使学生经历类似科学家的论证过程，以促进学生理解科学概念和科学本质，发展学生科学思维。"教师和学生要转变观念、转变做法，将科学论证融入教育教学实践中。同时，也需要多学科配合，学校整体联动，创造科学严谨的教学环境，逐步探索，不断前行。

参考文献

[1] 中华人民共和国教育部. 普通高中生物学课程标准（2017 年版）
   [M]. 北京：人民教育出版社，2018.

[2] 殷俊才. 高中生物论证式教学模式的教育价值及适切性 [J]. 中学
   生物教学，2016（10）：25-26.

[3] 刘剑平. 高中生物实验教学中论证式教学的实施策略 [J]. 中学教
   学参考，2018（29）：88-89.

[4] 张飞. 运用论证式教学策略培养学生的科学思维 [J]. 生物学教
   学，2019，44（7）：15-17.

注重点线面体讲评促进概念形成

金 兵

《普通高中生物学课程标准（2017 年版 2020 年修订）》中强调，课程设计在必修和选择性必修课程模块中聚焦"大概念"，让学生理解并运用重要的生物学概念，"大概念"是在 2011 年版课程标准"重要概念"基础上发展而来的。根据《普通高中生物学课程标准（2017 年版 2020 年修订）》以及北师大二附中曹保义老师的论述，生物学概念由大概念组成，大概念下有重要概念支撑，重要概念下有次位概念支撑。大概念处于学科核心位置，是对学生学习具有引领作用的基础知识，学生要能运用生物学大概念解释和预测较大范围的生命现象。

刘恩山教授带领的课标专家组的专家们先后通过《中国教育报》《生物学通报》等报刊展示了课程"强调主动探究学习"和"凸显重要概念传递"的要求，强调了重视概念教学的重要性。朱正威认为科学概念的形成要有丰富实事的支撑，关键是帮助学生进行分析、综合、抽象和概括，还要关注概念的正确表达。许多一线教师通过教学案例的形式对概念教学进行了探讨和实践操作，提出了实验策略、概念图策略、模型构建策略、活动单策略、前概念转变策略等生物重要概念教学的策略。但截至目前，还没有针对试题讲评中进行生物概念教学实践操作的专著、文章。而高三阶段试题讲评课占据了很多时间，所以，借一周考生物试题讲评公开课的机会，笔者用点、线、面、体的立体思维对生物试题讲评课中如何进行概念教学进行了一次探索，以期达到帮助学生形成概念、夯实学生基础、培养学生自主思维的目的。

一、观察例题选项，确定概念范围

（一）根据错误率选择例题

例 1： 下列有关细胞中的元素和化合物的说法，正确的是（　　　）。

A. 盐析会改变蛋白质的空间结构，使其成为白色絮状物

B. 油料作物种子成熟过程中，糖类不断转化成脂肪导致脂肪含量增加

C. 叶肉细胞吸收的氮元素可用于合成核苷酸、蛋白质、磷脂和淀粉

D. 干旱环境生长的仙人掌细胞中结合水的含量多于自由水

（二）涉及概念范围

根据选项，结合最新课程标准确定本题涉及的大概念是"细胞是生物体结构与生命活动的基本单位"，涉及的重要概念是"1.1 细胞由多种多样的分子组成，包括水、无机盐、糖类、脂质、蛋白质和核酸等，其中蛋白质和核酸是两类最重要的生物大分子"，四个选项对应的次位概念是：A——1.1.6，B——1.1.5，C——1.1.1，D——1.1.2。该题所涉及的大概念及其所属重要概念和次位概念如图1所示。

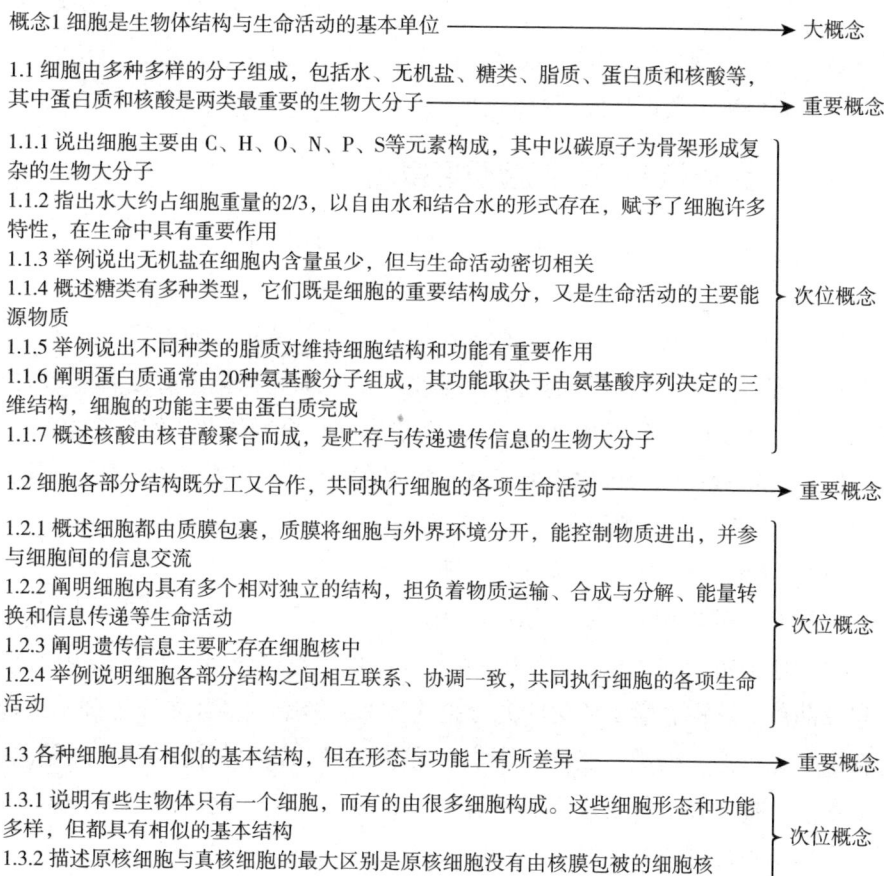

概念1 细胞是生物体结构与生命活动的基本单位 ——————→ 大概念

1.1 细胞由多种多样的分子组成，包括水、无机盐、糖类、脂质、蛋白质和核酸等，其中蛋白质和核酸是两类最重要的生物大分子 ——————→ 重要概念

1.1.1 说出细胞主要由 C、H、O、N、P、S等元素构成，其中以碳原子为骨架形成复杂的生物大分子

1.1.2 指出水大约占细胞重量的2/3，以自由水和结合水的形式存在，赋予了细胞许多特性，在生命中具有重要作用

1.1.3 举例说出无机盐在细胞内含量虽少，但与生命活动密切相关

1.1.4 概述糖类有多种类型，它们既是细胞的重要结构成分，又是生命活动的主要能源物质

1.1.5 举例说出不同种类的脂质对维持细胞结构和功能有重要作用

1.1.6 阐明蛋白质通常由20种氨基酸分子组成，其功能取决于由氨基酸序列决定的三维结构，细胞的功能主要由蛋白质完成

1.1.7 概述核酸由核苷酸聚合而成，是贮存与传递遗传信息的生物大分子

次位概念

1.2 细胞各部分结构既分工又合作，共同执行细胞的各项生命活动 ——————→ 重要概念

1.2.1 概述细胞都由质膜包裹，质膜将细胞与外界环境分开，能控制物质进出，并参与细胞间的信息交流

1.2.2 阐明细胞内具有多个相对独立的结构，担负着物质运输、合成与分解、能量转换和信息传递等生命活动

1.2.3 阐明遗传信息主要贮存在细胞核中

1.2.4 举例说明细胞各部分结构之间相互联系、协调一致，共同执行细胞的各项生命活动

次位概念

1.3 各种细胞具有相似的基本结构，但在形态与功能上有所差异 ——————→ 重要概念

1.3.1 说明有些生物体只有一个细胞，而有的由很多细胞构成。这些细胞形态和功能多样，但都具有相似的基本结构

1.3.2 描述原核细胞与真核细胞的最大区别是原核细胞没有由核膜包被的细胞核

次位概念

图1

二、梳理概念的点，吃透次位概念

题目讲解：选项 A 根据必修 1 教材第 23 页"与生活的联系"；B 根据教材第 32 页倒数第二段最后一排文字反推回去即可；C 淀粉不含 N 元素；D 干旱环境生长的植物依然是鲜活的，并不是干的，所以其细胞中自由水最多。可是，这样讲解就完了吗？

如题、如图 1 所示，每一个选项，就考查了一个次位概念。但是一个次位概念有诸多变幻，多种考法。教师在讲评每一个选项时，不能就题讲题，而应既要讲清楚每个选项，也需要结合这个选项背后所对应的次位概念所涉及的易混易错点做适当的发散、梳理，吃透次位概念，才能吃透教材，才能夯实基础，才能真正地实现举一反三，触类旁通，才能避免一错再错。

那么怎么梳理概念的点，吃透次位概念呢？综观上述四个选项所梳理的学生易错点，不难得出要结合教材，以书为本，可以从是什么、为什么、怎么办、逆向思维等角度出发寻找问题。

三、串起概念的线，把握重要概念

在吃透四个选项所涉及的 4 个次位概念"1.1.6，1.1.5，1.1.1，1.1.2"之后，是不是就此结束呢？可不可以根据学生的情况，思考一下"1.1.3，1.1.4，1.1.7"这三个次位概念所涉及的有关"无机盐"的内容，有关"糖类"的内容，有关"核酸"的内容？学生有没有彻底掌握，有没有哪里有疏漏，是不是可以提几个问题回顾一下，还有哪些化合物的考点值得关注？

（1）无机盐在生物体内主要以什么形式存在？（该问在月考前的一次周考题中出现，"杀"倒一大片）

（2）糖类的作用就是作为能源物质？

（3）核酸的作用是什么？请准确描述。

通过这个题，把"1.1"这个重要概念中的次位概念串一下，就像串起了一串糖葫芦。这样，学生便更能充分把握"1.1 细胞由多种多样的分子组成，包括水、无机盐、糖类、脂质、蛋白质和核酸等，其中蛋白质和核酸是两类最重要的生物大分子"这个重要概念。如若不然，把"糖葫芦"分开拿在手里，多么不容易啊！

如何串起概念的线，把握重要概念呢？多问一个问题——还有哪些？即可。

四、发散概念的面，形成大概念

讲评到"重要概念"这个"线"上，把"糖葫芦"都串起来后，我们还可以走向深处。化合物都各有作用，它们能独立发挥作用吗？引导学生认识到这些物质要构成细胞才能发挥作用。这些物质怎么构成细胞呢？引导学生回想到构成细胞膜、细胞质、细胞核等结构。这些结构有联系吗？引导学生认识到细胞是一个有机的统一整体。这样，学生便把握了第 2 个重要概念"1.2 细胞各部分结构既分工又合作，共同执行细胞的各项生命活动"。

在此基础上再问，不同生物的细胞结构相同吗？学生把握第 3 个重要概念"1.3 各种细胞具有相似的基本结构，但在形态与功能上有所差异"。学生认识到，不管什么生物，有何差异，归根结底其生命活动还是要以细胞为基本单位。

有了"1.1，1.2，1.3"化合物，细胞，不同细胞三条线，便形成了"1"这个大概念的面。学生从内到外，真正领悟到"概念 1 细胞是生物体结构与生命活动的基本单位"。

如何发散概念的面，形成大概念呢？可采用递进式思维（化合物到细胞），对比思维（不同细胞的结构）。

五、铺开概念的面，构建概念整体

很多高考题中的设置往往不是只在某个大概念里面命题，而是横跨几个大概念，如与上面例题密切相关的一个高考题：

例2：（2013 年全国 I 卷，29，第 2 小题第 2 空为原创）某油料植物种子中脂肪含量为种子干重的 70%。为探究该植物种子萌发过程中干重及脂肪含量的变化，某研究小组将种子置于温度、水分（蒸馏水）、通气等条件适宜的黑暗环境中培养，定期检测萌发种子（含幼苗）的脂肪含量和干重。结果表明：脂肪含量逐渐减少，到第 11d 时减少了 90%，干重变化如图 2 所示。

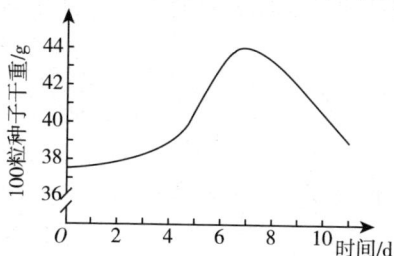

图2

回答下列问题：

（1）为了观察胚乳中的脂肪，常用_____染液对种子胚乳切片染色，然后在显微镜下观察，可见_____色的脂肪颗粒。

（2）实验过程中，导致萌发种子干重增加的主要元素是_____（填"C""N"或"O"）。7—10 天，萌发种子干重下降的原因是_____。

（3）实验第 11d 后，如果要想使萌发种子（含幼苗）的干重增加，必须提供的条件是_____和_____。

答案：（1）苏丹Ⅲ（或苏丹Ⅳ），橘黄（或红）。（2）O，细胞呼吸作用消耗有机物。（3）光照，所需的矿质元素离子。

以干重、脂肪含量变化，考查了化合物的检测、大分子化合物的水解、光合作用的条件等考点，横跨必修 1 的两个大概念"概念 1 细胞是生物体结构与生命活动的基本单位""概念 2 细胞的生存需要能量和营养物质，并通过分裂实现增殖"。

如果学生只在某一个大概念里面进行思考，或者不习惯跨大概念领域思考，就无法很好地解决本题。

如何铺开概念的面，构建概念整体呢？平时在讲评课中要训练学生跨大概念思考，在一个大概念和另外一个大概念之间找到一些点，把大概念的面联系起来，把面和面联系起来，构成整体。例如，在讲到同位素标记法时，可以设问：哪些实验结论使用了同位素标记法？在讲到水时，可以设问：什么生命活动会产生水？使用水？在讲到 tRNA 时，可以设问：还有哪些物质具有专一性？转运氨基酸有哪些物质？另一简单、实效的方法就是在讲评时，找到切入点，选取高考题、模拟题或自己命制试题带领学生进行练习。因为，在一个完整的练习中能更好呈现出概念不同的点、不同的线、不同的面，让学生看到概念的体，从而培养出学生的立体思维模式。

"复习是一粒沙中的世界，是一滴水中的大海，是一棵树后的森林。"利用点线面体思维模型讲评概念试题，更有助于将无限紧握于掌心，将永恒捕捉于每一个瞬间。

参考文献

[1] 中华人民共和国教育部 . 普通高中生物学课程标准（2017 年版 2020 年修订）[M] . 北京：人民教育出版社，2020.

[2] 刘恩山. 在教学中实现主动探究学习与凸显重要概念传递的对接
——《义务教育生物学课程标准》修订思路和要点 [J]. 生物学通报，2012，47 (3)：33 – 36.

[3] 赖利宇，王瑞. 新课程标准下生物学重要概念教学研究进展 [J].
课程教育研究，2014 (36)：67.

中学生物教学培优补差的实践

寇 菲

高中生物课程具有复杂、多样的特点，又具有结论丰富的知识体系，很容易使学习水平低的学生对其产生枯燥、乏味的印象偏差。再加之高考"一体四层四翼"评价体系的指导，教学和试题必须有难度才能将不同水平的学生区分出来。因而，班级中会出现两极分化的态势，有一些学生严重偏科对生物科的学习失去了信心，还有一些学生对生物学科的求知欲十分浓厚，渴望知识上更进一层，出现了"吃不饱"的现象。为避免两极分化持续恶化，笔者对班级进行了培优补差教学，既培养尖子，又补后进生弱科，让优生与差生能够共同进步。

一、培优补差的依据

（一）学生两极分化形成的原因

一方面初高中阶段对学生能力要求是极其不同的，初中阶段侧重于培养学生从构建生物概念、运用概念解决生活中的问题、针对具体问题设计并验证实验的能力。高中阶段侧重于提高学生的生物科学素养，发展学生的科学探究能力，运用科学的观点、知识、思路和方法，面对或解决现实生活中的某些问题。因而，学生面临从初中学习到高中学习的转换，从而对课堂上容量的忽然增多，内容难度上的猛然加大应接不暇。也有些学生由于学习习惯、学习方法、学习态度不好造成学习成绩差。有的学生没有好的听讲习惯，上课注意力不集中，教师讲授的重难点知识没掌握，课后又没有及时地复习巩固，作业错题不及时更正以致部分学生的知识漏洞越积越多，最终成为后进生。

（二）培优补差的对象

深入了解班级学情，综合把握。班级一部分学生学习专注度高，效率高，爱思考，爱问问题，课后注重整理、归纳知识和收集错题，学习积极性高，这样的学生是培优的对象。有的学生基础知识薄弱，核心概念模糊，上课容易走神，跟教师互动性差，作业应付了事，笔记和改错不认真，学习坚持性差，意志薄弱，这些学生是补差的对象。

（三）培优补差的目标

培优的主要目标是促进优生能力培养和学科核心素养的提升，而补差主要目标是提高差生对基础知识和基本能力的掌握。通过培优补差工作，使学生转变思想观念，认真对待生物学科，真正调动学生的思维和积极性，使每个学生学有所长，学有所用。

二、培优补差的实践

（一）激发学习兴趣，提升学习效率

激发学习兴趣是培优补差的首要前提。"兴趣是最好的老师。"激发兴趣是诱发调动学生学习积极性的重要因素，是学生获取知识的前提和内在动力。那如何激发学生的兴趣呢？

1. 巧用资源，升华教材

教师应当科学合理地设计每节课，巧用科学前沿动态、生活热点、情景再现、构建模型等，抓住学生眼球，激发学生的学科热情。例如，高中引言课，从时代需要的角度阐述21世纪是生物科技的世纪，全世界超一流学术刊物80%是生物学科相关刊物。Science杂志公布生物学科成绩成果连续10年占据半壁江山。比尔·盖茨说：只有软件和生物科学才能改变世界。他曾经预言：下一个世界首富将来自生物领域。激发学生学习生物学的渴望，又从生物与环境的角度，配以环境被污染后生物面临的危险，让学生身临其境，培养学生的社会责任感。

2. 丰富活动，滋润心灵

组织丰富的有关生物课程方面的学生活动，滋润学生的心灵，增强学生学习的内驱力。例如，在完成必修一第三章细胞器知识的学习后，为进一步加深学生对各个细胞器的理解，组织全年级学生进行真核细胞模型制作比赛，每个班推选出优秀作品，在年级橱窗中展示并由学生自由投票选出最优秀作品。又如，必修三神经调节一课，为加深学生对反射、兴奋的传导的理解，

开展青蛙膝跳反射延伸实验，受到学生的迫切期待。类似的活动还有很多，需要教师根据学生当前的学习状态，合理开展。

3. 目标激励，化苦为乐

高尔基说过："一个人追求的目标越高，他的才力发挥得越充分，他对社会的贡献也就越大。"学生没有目标，那么培优补差在具体实行过程中会显得迷茫，没有针对性、顺序性，变得更加随便，直接影响培优补差的推行效果，因此引导学生设立目标显得尤为重要。对于培优的学生，他们的自我约束能力和自我分析能力较强，可采用目标任务管理来督促，教师定期追踪并反馈，让优生最大限度地去追求自己的目标。后进生由于意志薄弱、学习能力不足等，就需要教师帮其分析问题后，再帮助其制定切实可行的目标，行动上时刻对其进行督促。具体而言，教师可每周对后进生进行调查，可让其写出自己的困惑知识、兴趣点知识以及原因，促使学生真实地去思考、找出并面对自己的问题，教师再做学法上的指导、目标上的要求、行动上的督促，使其得到最理想成绩。

（二）培养良好习惯，升华学科素养

培养良好学习习惯是培优补差的奠基工程。良好的学习习惯与自觉的学习态度是一致的，生物学科要提高培优补差上的质量，就必须帮助学生养成良好的学习习惯。生物学科要基于大量的零散基础知识，通过综合、运用、创新来解决人们生活实际中所面临的问题，全方位提升学生生命观念、科学思维、科学探究、社会责任的学科素养。不同层次的学生，在学习中养成的习惯是不同的。

1. 培养优生的良好习惯

优生想要更进一层，教师可培养其养成这样一些好习惯：一是严谨的学科思维的好习惯，采用每章节问题清单模式，帮助学生构建知识体系，提升学生语言描述能力；二是纠错的好习惯，要求学生有固定的纠错本，纠错本包含这周所有的错题归纳，不能照抄原题；三是问问题的好习惯，要求学生每周问1—3个高质量经过思考的问题，可以制作成"我爱问问题"的学习打卡卡片；四是归纳整理知识的好习惯，引导学生对每章节重难点知识进行归纳整理，形成知识网状图；五是分析试卷的好习惯，每次考试完，总结考试不足及考后措施的好习惯；六是良好的做题习惯，加强答题规范性的训练。

2. 培养后进生的良好习惯

对于后进生学习成绩想要追赶上来，教师要培养其形成这样一些好习惯：

一是养成熟记基础知识的好习惯，教师每章节采用知识填空清单模式，要求学生熟记，定时抽查，使其打牢基础知识；二是养成当日问题当日清的好习惯，如果累积的问题多了，学生就会消化不良，导致学习信心不足；三是养成错题自行改错的好习惯，教师可要求学生错题打卡，学生将错题自行改正后，讲解给教师听，教师可辅助问问题；四是课外扩展知识的好习惯，教师每天额外勾选1—2道题供学生在课余时间完成，并检查讲解。

（三）合理分层巧练，向高分数冲刺

合理分层巧练是"培优补差"的最佳通途。"练"而有格，过滥则机械无趣，事倍功半。通过适当巧练，让学生学到技巧，养成思维习惯，形成过硬技能。对后进生则给他们更多的与实践接近的题目，使之学有所用，不掉队。对优生，精选经典习题，则着重从解题思路上拔高，培养学生的生物思维能力，从而实现"小题大做"的扩展与"大题小做"的提炼。

总之，通过在班级开展培优补差工作，用最少的时间和精力尽可能发挥不同水平学生的主体作用，使学优者更优，学困者不困。

参考文献

[1] 中华人民共和国教育部. 普通高中生物学课程标准（2017年版）[M]. 北京：人民教育出版社，2018.

[2] 赵国顺. 物极必反成功须创新——对高中特优生培养效果逆向现象的思考 [J]. 科技创业家，2014（4）：194，195.

[3] 李三建. 高中生物教学中"培优补差"的实践与思考 [J]. 学苑教育，2017（15）：69.

运用探究式教学法培养高中生
生物学科核心素养

——以探究植物细胞的吸水和失水为例

童小丽

《普通高中生物学课程标准（2017 年版 2020 年修订）》中提出了生物学科核心素养，其中之一为"科学探究"。"探究式教学"是依据皮亚杰和布鲁纳的建构主义理论，以解决问题为中心，进而培养学生的探究和思维能力，从而完成教学目标的一种教学方式。其基本程序可概括为创设情景、提出问题、做出假设、设计实验、进行实验、分析结果、得出结论七个步骤。"物质跨膜运输的实例"是人教版高中生物必修一第四章第 1 节的内容，在本节中编者设置了高中生物的第一个探究实验——植物细胞的吸水和失水。如何让学生喜欢探究、学会探究、能够探究是培养学生"科学探究"能力亟待解决的问题。本文以"植物细胞的吸水和失水"为例，简要谈谈如何通过"探究式教学"培养学生的生物学学科核心素养。

一、创设情境，激发自主探究欲望

教师播放在黄瓜片上撒盐会渗出汁液，将萎蔫的植物放在清水后变坚挺的视频，并提问：你们能从细胞的角度解释该现象吗？学生基本能回答是细胞失水和吸水的缘故，此时教师循循善诱，进行指引：细胞吸水和失水是很常见的生物现象，但是这些现象背后的本质是什么？针对这些现象你能提出哪些问题？

设计意图：创设情境是探究式教学的起点。源自生活的情境不仅能激发学生的学习兴趣，引发学生的思维碰撞，还能改变学生对科学探究的看法——科学探究并不是遥不可及的，它其实就在我们的身边，只要认真观察，任何有趣的现象都能作为探究的题材。同时，还可以培养学生求真务实的态度，使学生学会用科学视角去看待身边的事物。

二、提出问题，培养批判性科学思维

针对植物失水和吸水现象，小组内部进行交流，然后各小组派代表在课堂上分享自己想探究的问题。学生提出的问题如下：①植物细胞能够吸水或失水吗？②植物细胞会在什么条件下吸水或失水？③植物细胞是通过什么方式吸水和失水的？④植物细胞会一直吸水或失水吗？⑤植物细胞失水、吸水的原因是什么？

学生提出的问题是多种多样的，但并不是所有的问题都有探究的价值，教师通过提问：你们认为上述问题是否具有探究价值？为什么？进而引导学生之间相互评价，筛选出有意义的探究问题。

设计意图：通过小组讨论，学生可以打开思维，各抒己见，学生不仅能够体会到合作学习的重要性，还能享受学习的快乐。学生之间相互点评，共同交流，有利于培养学生的批判性思维。

三、做出假设，树立务实科学态度

在提出问题的基础上，教师继续提问：针对以上问题，你们能够做出哪些假设？由于缺乏相关的知识，学生所做出的假设天马行空，因此教师需要对学生储备的知识进行唤醒和补充。

知识储备一：
渗透现象，如图 1 所示。

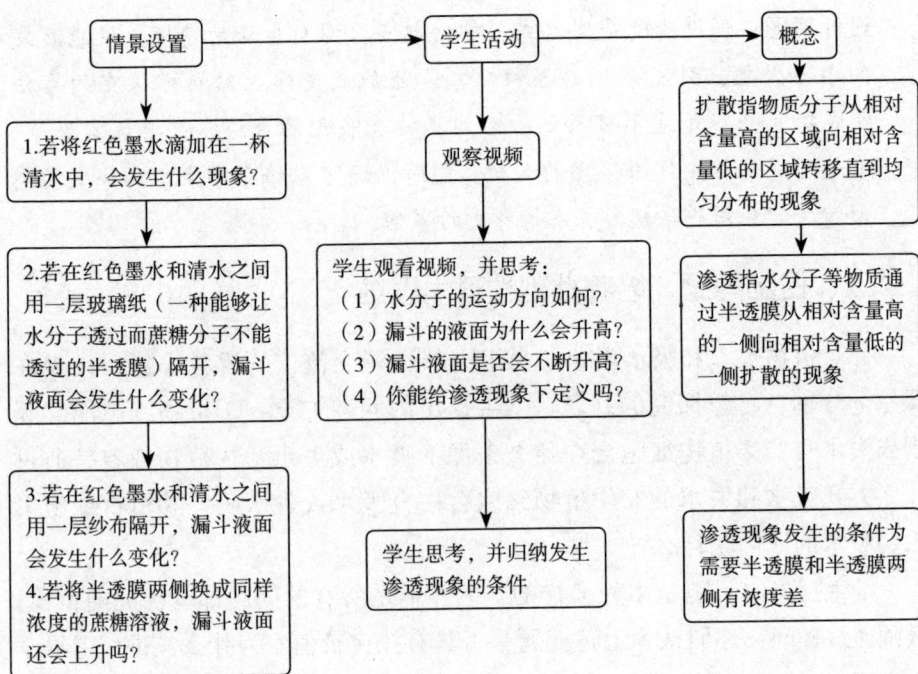

情景设置 → 学生活动 → 概念

扩散指物质分子从相对含量高的区域向相对含量低的区域转移直到均匀分布的现象

1.若将红色墨水滴加在一杯清水中，会发生什么现象？

观察视频

2.若在红色墨水和清水之间用一层玻璃纸（一种能够让水分子透过而蔗糖分子不能透过的半透膜）隔开，漏斗液面会发生什么变化？

学生观看视频，并思考：
（1）水分子的运动方向如何？
（2）漏斗的液面为什么会升高？
（3）漏斗液面是否会不断升高？
（4）你能给渗透现象下定义吗？

渗透指水分子等物质通过半透膜从相对含量高的一侧向相对含量低的一侧扩散的现象

3.若在红色墨水和清水之间用一层纱布隔开，漏斗液面会发生什么变化？
4.若将半透膜两侧换成同样浓度的蔗糖溶液，漏斗液面还会上升吗？

学生思考，并归纳发生渗透现象的条件

渗透现象发生的条件为需要半透膜和半透膜两侧有浓度差

图1

知识储备二：

原生质层，如图2所示。

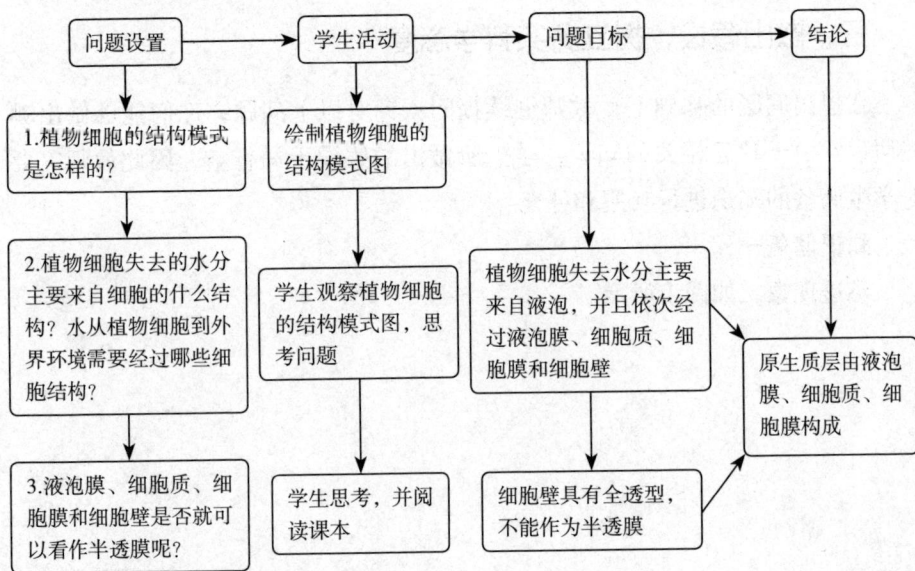

问题设置 → 学生活动 → 问题目标 → 结论

1.植物细胞的结构模式是怎样的？

绘制植物细胞的结构模式图

2.植物细胞失去的水分主要来自细胞的什么结构？水从植物细胞到外界环境需要经过哪些细胞结构？

学生观察植物细胞的结构模式图，思考问题

植物细胞失去水分主要来自液泡，并且依次经过液泡膜、细胞质、细胞膜和细胞壁

原生质层由液泡膜、细胞质、细胞膜构成

3.液泡膜、细胞质、细胞膜和细胞壁是否就可以看作半透膜呢？

学生思考，并阅读课本

细胞壁具有全透型，不能作为半透膜

图2

学生掌握相关知识后，能够将植物细胞类比为渗透装置，并且做出"植物细胞可能是通过渗透作用吸水和失水""植物细胞的原生质层相当于一层半透膜""当外界溶液浓度大于细胞液浓度时，植物细胞才能失水"等假设。

设计意图：高一学生储备的经验知识还不足以令其对提出的问题做出贴切的假设，就在学生"山重水复疑无路"时，教师抛出"渗透现象"和"植物细胞结构"相关知识，让学生"柳暗花明又一村"。在教师循序渐进的引导下，学生不仅能够做出符合逻辑的假设，还能意识到做出假设是建立在知识经验的基础之上，并非盲目猜测，有利于培养学生求真务实的科学态度。

四、设计实验，提升自主探究能力

该部分主要采取问题串的形式，让学生自由讨论。每个阶段问题串的设置形式如下。

（一）实验用具、材料、试剂的选择

（1）植物细胞的吸水和失水是微观的过程，借助什么仪器来观察？

（2）植物细胞材料是选择有颜色的还是没有颜色的？未成熟的植物细胞可以吗？为什么？

（3）从下列材料中选择合适的实验材料：洋葱外表皮细胞、内表皮细胞、根尖分生区细胞，请说出选择的原因。

（4）以下哪种试剂适合观察植物的吸水、失水？不选择其他试剂的原因是什么？30%的蔗糖溶液、8%的盐酸、清水。

（二）实验步骤

（1）用同一组洋葱细胞作为实验材料，先观察细胞的失水还是吸水？为什么？

（2）如何使洋葱外表皮细胞处于失水状态？

（3）如何使失水的洋葱外表皮细胞复原（吸水)？

（4）在观察洋葱细胞的吸水前，是否有必要保证洋葱细胞的活性？这对试剂的选择上和实验操作上有什么要求？

（三）选择观察指标及结果预测

（1）细胞吸水与失水可能会导致哪些细胞结构变化？

（2）根据上述变化，设计结果记录表，见表1，并预测实验结果。

表1

试剂	观察指标		
蔗糖溶液			
清水			

（四）设计实验方案

学生完成以上问题探讨后，以小组为单位完成实验设计，并让小组汇报实验设计方案，学生从合理性、规范性、可操作性等方面对各小组的实验方案进行评价。

设计意图： 生物实验设计是基于问题、解决问题、动手动脑的实践过程。在这一过程中，学生根据相关的知识选择实验仪器和材料，选用实验方法并预测结果。与其教师直接给出具体的设计方案，不如将实验要点设计为问题，让学生自由思考讨论。"一千个读者就有一千个哈姆雷特"，教师要坚信在该过程中每个学生都有自己独特的见解，而且在提高学生的科学创新能力与逻辑思维能力发展的同时，往往还伴随着实验装置、方法的改进与创新。

五、进行实验，锻炼动手操作能力

按照小组内部设计的实验步骤进行实验操作进行实验探究。在实验结束后，教师通过评分方式，使小组之间形成竞争关系。实验探究的类型如下：①以30%蔗糖溶液和清水为实验试剂，观察质壁分离和复原的现象；②探究植物细胞在不同浓度的蔗糖溶液（10%、20%、30%、40%、50%）发生质壁分离和复原的时间；③探究植物细胞在30%葡萄糖中发生质壁分离和复原；④探究死植物细胞能否发生质壁分离；⑤探究洋葱根尖分生区细胞和内表皮细胞能否发生质壁分离。在实验过程中，有的小组分工明确，如进行配制溶液试剂、制作装片、观察现象、整理实验结果的分工，实验效率高；有的小组内部没有很好的统筹安排，所以实验进行效率较低；有的小组实验操作不仔细，看不到实验现象。

设计意图： 开放实验，提高学生动手操作能力。通过小组分工，不仅提高学生合作互助的意识，还提高小组成员的协调能力、组织能力与沟通能力；通过评分制度，激起学生潜在的好胜心，提高组间成员的竞争意识。

六、分析结果，发展综合分析能力

探究植物细胞在 30% 蔗糖溶液和清水的质壁分离和复原组的实验现象：洋葱上表皮细胞在 30% 的蔗糖溶液中液泡体积变小，颜色变深，表现为失水；滴加清水后，液泡体积变大，颜色变浅，表现为吸水。探究植物细胞在不同浓度的蔗糖溶液中发生质壁分离的时间组的结果：在 10%、20% 的蔗糖溶液中，植物细胞质壁分离的现象不明显；30%、40%、50% 的蔗糖溶液能使植物细胞发生显著的质壁分离现象，发生质壁分离的时间：50% 蔗糖溶液 < 40% 蔗糖溶液 < 30% 蔗糖溶液。

探究植物细胞在 30% 葡萄糖中发生质壁分离和复原的现象的结果：在 30% 葡萄糖溶液中，洋葱上表皮细胞能发生显著的质壁分离，半小时后，洋葱上表皮细胞发生质壁分离的自动复原。探究死植物细胞能否发生质壁分离组的结果：死植物细胞不发生质壁分离。探究洋葱根尖分生区细胞和内表皮细胞能否发生质壁分离组的结果：洋葱根尖分生区细胞和内表皮细胞未观察到质壁分离。

小组进行结果展示，全班同学合作分析实验现象，第 5 组探究，就有同学提出疑问：内表皮细胞是本身没有出现质壁分离，还是由于试剂的选择导致没有观察到该现象？随后在教师的指引下，同学们知道内表皮细胞会发生质壁分离，因为内表皮细胞液泡没有颜色，所以观察不到该现象。最后教师鼓励学生对该实验提出改进的方案，即将试剂进行染色处理。

设计意图：结果分析是探究过程中非常重要的一步，它直接关系到我们得出的结论是否科学准确。我们不仅要分析实验结果，还要分析实验的操作过程，只有正确的操作才能有可靠可信的数据，学生在总结成功经验的同时还应反思失败的教训。教师在该过程中需要告知学生：实验结果并非都是合理的，我们要用批判的眼光去看待每次实验结果，敢于向结果提出疑问，科学探究就是一个不断质疑不断前进的过程。由此帮助学生树立正确的科学态度。

七、得出结论，加强概括表达能力

汇总各组同学的结果，全班同学归纳得出以下结论：只有活的成熟的具有大液泡的植物细胞能够发生质壁分离。当外界溶液浓度大于细胞液浓度时，细胞失水；当外界溶液浓度小于细胞液浓度时，细胞吸水；植物细胞的原生质层相当于一层半透膜。

八、教学反思

课堂教学以科学探究的七大步骤为课堂主线，让课堂的开展有条不紊。探究实验的过程激发了学生的好奇心、探究欲，使学生学习成为一个主动探索的过程，提高了学习效率。课堂中，多以小组内部讨论、组间评价的方式进行，不仅体现了学生在课堂中的主体地位，还有利于培养学生敢想、敢说、敢质疑的科学态度。在探究式教学设计时，教师要充分考虑到学生的实际情况，将探究的问题难度估计得更充分，使科学探究面向所有学生；在实验课堂上，要耐心培养学生的实验操作能力，逐步培养学生的动手操作能力，落实学科核心素养。

参考文献

[1] 布鲁纳. 教育过程 [M]. 邵瑞珍，译. 北京：文化教育出版社，1982.

[2] 张时光. 创设高中生物教学情景的研究与实践 [J]. 高考，2020 (18)：124.

[3] 苗贤举. 高中生物课堂中小组讨论教学的实施策略 [J]. 考试周刊，2014 (77)：141－142.

第六章

创新

政治、历史、地理课堂

TPACK 视角下信息技术与高中政治课 教学融合的实例研究

——以"国家财政"为例

苏聪丽

　　2010 年国务院印发了《国家中长期教育改革和发展规划纲要（2010—2020 年)》（以下简称《纲要》)，《纲要》明确指出了信息技术对教育发展的革命性影响。技术为教育提供了新的要求、新的能量、新的发展方向，技术与教育将进行双向融合，而实现信息技术与教育教学的深度融合，关键还要看教师。诚如梅赫所言：是人用机器，而不是机器自身起作用。TPACK 框架强调了技术教学的需要，它是美国密歇根州立大学在学科教学的基础上提出的整合技术的学科教学法知识（Technological Pedagogical Content Knowledge)，这是一种强调教学知识（P）、技术知识（T）与学科内容知识（C）这三种知识都是有效技术整合必不可少的成分，同时强调为帮助教师利用技术改善学生学习的学科教学知识。教学应恰当地使用信息技术，改善学生的学习方式，引导学生借助技术学习有关教学内容。TPACK 主要是指信息技术与学科教学整合的知识体系，主要有三种核心知识元素：技术知识（Technological Knowledge，TK)、教学知识（Pedagogical Knowledge，PK)、学科内容知识（Content Knowledge，CK)。其中，TK 是指技术知识，如互联网技术、教育软件、模拟实验等；PK 是指教与学的实践、流程、策略、方法等知识；CK 是指教学的学科内容知识，如高一政治、高二地理等都是不同的学科内容。下面笔者就以一堂公开课《国家财政》谈谈在 TPACK 视角下信息技术与高中政治课教学融合的一些浅显思考。

一、设计思路

"国家财政"是高中政治（人教版）第八课第一框的内容，主要介绍了财政、国家预算、国家决算、财政收支的含义；影响财政收入的因素以及财政的作用。本节课的重点是影响财政收入的因素和财政的作用。本节课的难点是如何看待财政赤字。为了更好地突出重点、突破难点、打破常规、实现创新，本研究在 TPACK 理论框架的统领与指导下，构建了课前准备、课中探究、课后巩固拓展的教学框架。

二、本节课的 TPACK 知识体系

为了全面探索信息技术与高中政治学科教学的融合，强调技术不仅是解决问题的手段，更是解决问题的过程，通过"设计学习"的策略，教师可根据课程要求、教学内容、学生情况、信息技术等实践能力和现有条件，确定本节教学的 TPACK 知识体系。"国家财政"的 TPACK 成分分析，见表1。

表1

TPACK 成分	"国家财政"
TK（技术知识）	Hi Teach 互动教学整合软件、互动电子白板、IRS 即时反馈系统
PK（教学知识）	即时反馈、同伴讨论、探究性教学、合作学习、主动学习
CK（学科内容知识）	国家财政的含义、种类，财政的作用，财政收支关系

三、教学实践

（一）课前翻转，引出问题

在新课教学前一天将 5 分钟重点知识制作成 PPT，通过"微课"的形式让学生自学，并分成四个组让学生思考。

探究问题1：2014 年重新修订的《中华人民共和国预算法》规定："经人民代表大会批准的预算，非经法定程序，不得调整。"同时强调了预算的公开性，这有什么意义？

探究问题2：财政收入是不是越多越好，今年的政府工作报告中提出要继续降税减费，这会影响财政收入吗？

探究问题3（财政部部长答记者问）：在经济下行压力比较大的情况下，

财政支出面临的矛盾也比较大，财政部今年会采取哪些实质性的举措，来保证像民生这类重点财政支出的需要？

探究问题4（财政部部长答记者问）：今年是否会运用更多的财政支出支持中国经济的增长，进一步扩大赤字的规模，是否还有空间？

设计意图： TPACK 理论认为技术是为课堂服务的，教师不应被动地使用技术，为技术而使用技术，教师是决定技术整合质量的关键因素，决定了学生的发展。因此，课前要求学生利用技术自学，教师设置有效的问题让学生思考是非常有必要的。

（二）课堂中运用 HiTeach 互动教学系统进行教学

1. 导入新课

环节目标：图片导入，明确本节课学习目标。

教学内容：播放视频《超级工程》影片中跨海港珠澳大桥、中国光纤通信网工程、京沪高速铁路的巨额投入引出财政的概念。

TPACK 视角下的分析：本环节是利用视频吸引学生眼球，使学生感受财政的重要性。

2. 新课讲授

PPT 展示两会中财政的相关知识，分组并思考四个问题。

读材料，分析问题，见表2。通过选取最新的来自财政报告的三则材料了解财政的三大作用。培养学生阅读材料、提取信息、知识迁移的能力。

材料：

材料一：体现了财政是促进社会公平、改善人民生活的物质保障。

材料二：体现了国家财政具有促进资源合理配置的作用。

材料三：体现了国家财政具有促进经济平稳运行的作用。

表2

TPACK 分析	
CK	财政的作用
TK	分组计分、抢答器
PK	合作学习、主动学习
TPCK	运用抢答器的功能，学生抢答，分析财政促进经济平稳运行的作用，调动学生的积极性。使用抢答器能改善高中学生举手率低的问题，激发学生的活力和积极性，能让愿意回答问题的学生被教师知晓，更加有针对性，能进一步引起学生与教师的深层次互动

设置两道习题当堂完成。通过运用 IRS 即时反馈系统反馈学生知识掌握情况，见表3。

表3

TPACK 分析	
CK	习题巩固
TK	IRS 即时反馈系统、反馈器
PK	主动学习
TPCK	IRS 即时反馈系统，通过练习学以致用，学生运用反馈器将自己的答案输入，教师运用数据处理模式快速进行统计，通过点击柱状图标统计结果，来看看学生的答题情况。能关注到每一个学生的学习情况，使课堂反馈高效、即时

四、教学反思

新技术的运用在教学互动、知识呈现方式、情景创设方面都具有重大意义，特别在生成大数据方面未来可期，能引导教师运用新技术打造更加灵动的课堂。在教学设计方面，新技术的运用能使课堂教学内容充实，结构清晰，逻辑严谨，师生、生生互动活跃，即时反馈调动学生积极性，通过分组增强集体荣誉感，增强课堂悬念和兴趣点，让课堂气氛更好。尤其以下几大功能能很好提高课堂效率。

（一）IRS 即时反馈系统

学生运用平板或者反馈器将自己的答案输入，教师运用数据处理模式快速进行统计，通过点击柱状图标统计结果，来看看学生的答题情况。这个系统对于典型选择题、易错选择题的评讲特别实用。通过即时反馈系统，教师及全体学生都可以通过反映区，即时、同步看到班级每一位学生的参与学习作答状况，不作答、不专心的学生，师生都会一目了然，课堂上教师关注到了每一位学生，实现了全员参与教学活动，通过看柱状图，系统能瞬间自动完成对学生作答结果的统计，每个选项的选择率、正确率或错误率等都能直观呈现给教师。教师可以结合以往的教学经验，针对本班学生的学习情况确定这道题该讲不该讲。这样教师有了可靠精准的数据，可以使课堂教学具有明确的针对性，有利于提高教学效果。

（二）相机拍照功能

通过手机拍摄学生的答题情况照片，运用互动电子白板（IWB），将学生的答案拍下，手机即时上传，使用者在白板上以手指或笔来操控电脑或书写文字。这样方便教师随时关注学生的学习情况，有时还可以同时拍下多位学生的答案，进行比较评讲。

（三）计时器、分组、点名

计时器可以让学生在规定时间完成学习任务，提高学习效率。分组计分能激发学生的比赛意识，增强学生的集体荣誉感，增强学生参与的主动性。随机点名也可以随时让学生的注意力回归课堂。

存在的问题及有待改进的地方：

新技术运用于教学对激发学生的学习兴趣，提高课堂的教学效率，提高课堂教学反馈的精准性意义重大，建议软件进一步优化常用功能，同时增强本技术与局域网链接的顺畅性，若反馈器能简化则更好。

五、结束语

TPACK 视角下信息技术与高中政治课教学融合的探索形式多样，本节课运用的新技术是 HiTeach。但是任何媒体技术的发展都不能离开传统课堂。技术永远不能代替内容，技术仅仅起服务作用，课堂好坏关键看教师是否用心准备。课堂本身的设计至关重要，教师应该成为整合技术的学科教师，拥有整合技术到课堂中的知识和经验，使技术的使用能够激发学生的内驱力，通过调动学生的学习动力使学习事半功倍。

参考文献

［1］吴焕庆，余胜泉，马宁. 教师 TPACK 协同建构模型的构建及应用研究［J］. 中国电化教育，2014（9）：111－119.

［2］何克抗. TPACK——美国"信息技术与课程整合"途径与方法研究的新发展（下）［J］. 电化教育研究，2012，33（6）：47－56.

［3］朱潇. TPACK 视角下的《三角函数模型的简单应用》的教学设计［J］. 数学通讯，2016（18）：28－31.

新课改下将时事政治融入高中政治教学的研究

马　娟

《普通高中思想政治课程标准（2017年版2020年修订）》明确指出："高中思想政治课程要与时事政治教育相互补充，与高中其他学科教学和相关德育工作相互配合，共同承担思想政治教育立德树人的任务。"在新课改的背景下，大力提倡素质教育，将时事政治与高中政治教学相结合，既可以补充和丰富高中政治教学课本内容，又可以提升高中政治课堂教学的有效性，从而有利于学生内化课本知识，进一步优化政治课堂。

一、时事政治在高中政治教学中的重要性

（一）扩充和丰富高中政治教学内容

传统的政治教学内容编写较为连续，而我们在日常教学与学习中会发现，政治教学往往和现实社会有一定的不相符，或会出现明显的滞后。但学生在考试中所遇到的问题都是贴近我国当前的时事政治的，有很多的观点和术语甚至在我们日常教学中从未出现过，这就给我们学生的考试带来挑战，若没有时事政治的补充，学生就难以真正学好政治，也难以把握政治的真正含义。因此，教师将时事政治引入高中政治课堂教学，不仅可以让学生将理论知识与实践相结合，使理论不再抽象，而且大大提升了教材的实用性，还能开阔学生的眼界，让学生获取更多知识，培养学生的家国情怀。

（二）充分发挥学生的主体地位

传统的教学中，教师是教学的主体，课堂上以教师讲授为主，这导致学生在学习的过程中不能主动地学习，只能被动地接受知识，这种"灌输式"或"填鸭式"的教学方法已不再适用于新时代的教育教学。在新课改的背景下，教师应改变传统的授课方式，积极推行案例式、学生自主合作探究式、

议题式等多种样式的教学方法，重点提升学生学习的自主性和自觉性，让学生真正成为自己学习上的主人，进一步提高学生的主体地位，最大限度地激发学生的学习兴趣。而新课改下时事政治的引入就为学生主体地位的提升奠定了基础，使得学生能够与教师进行有效的交流互动，这在一定程度上也使教学上升到一个新的高度，对于学生的学习过程和效果来说都是极其有效的。

（三）培养学生政治学科核心素养

政治学科核心素养包括政治认同、理性精神、法治意识、公共参与。在传统的体系中，我们可以通过书本教学来进行考试，对学生的知识素养进行一定的考查。但在现代教育体系中，高中教学已经不仅仅是对学生记忆和理解能力的考查，更多地转变为对学生解读、分析等多种能力的综合考查。换言之，就是对学生学科核心素养的考查。为了让学生更好地"知其所以然"，教师在教学中应该将时事引入政治，让课堂与实际生活接轨，久而久之学生也会主动地结合时事政治来解决问题，在这种锻炼下，学生分析问题、解决问题的能力和思维能力都会得到提升。

（四）紧扣高考命题

综观近几年的高考题大多是以近一年的国内外重大时事政治热点和社会焦点为材料背景，让学生结合所学知识进行回答，解决实际问题。可见，近几年的高考政治题风格大转变，已由过去的"知识型"转变为"能力型""开放型""现实型"。换言之，新课改下的高考政治题目更加贴近学生的生活。因此，学生在课堂上对时政热点事件有一定的了解，弄清事件背后所蕴含的政治理论依据，不仅可以培养学生对时事热点事件的观察力和敏锐度，而且可以提升学生对课外知识的储备能力，培育学生政治认同的学科核心素养，为进一步提高学生自身的综合素质，并在高考中取得优异的成绩奠定坚实之基，力量之源。

二、时事政治在高中政治教学中的应用

（一）转变教学观念

随着我国教育改革的推进，新的教学观念也在不断地渗透到高中政治教学中，使得高中生在教学中成了主体。并且其地位得到了一定程度的提升，对于学生的发展有着极大的帮助。新型教学模式可以让学生更加积极地投入学习时事政治的教学之中，也有利于他们学习兴趣的提升，同时也会让学生变得更加关心周边的时事政治，促进学生高中政治成绩的进一步提高。而教

师在进行教学的过程中，为了能够促进学生的发展，可以将学生所学的知识与未知知识进行知识桥梁的搭建，通过这种桥梁的搭建，让学生能够更加深入地进行知识的学习。从而帮助学生更好地把握所学的新知识，进而让学生将所学的时事政治方面的知识运用到现实的生活中。

（二）激发学生对时事政治的兴趣

高中课堂的教学和我们所希望的教学是有一定差距的，但是很多时候我们在引入时事政治之后会发现，对于学生的教学效果却并不明显，这是因为学生对时事政治没有兴趣，还有少数学生认为时事政治与"我"无关。因此，要让时事政治在教学过程中发挥重要作用，就必须激发学生对时事政治的兴趣。提升高中生对时政的兴趣的方法有很多，如可以通过各种专题讲座；教师在教学时可以改变以往的教学模式，采用新的教学模式来激发学生的兴趣。

（三）妥善处理时事政治与教学的联系

时事政治对于学习政治来说虽然具有重要作用，但时事政治应用的时间将直接影响时事政治在课堂教学中的效果。研究表明，在课前进行时事政治的引入讲述效果较好，当部分学生还沉浸在上一节课中时，以时事政治作为政治课前导入可以使学生的注意力发生转变，提醒学生应该聚焦到政治课堂上。此外，在课堂结束时可以适当地运用时事政治进行小结，这样不仅能够提升学生对知识点的思考，而且能够促使学生有效地结合实例对课本进行深度理解，这是摆脱过去教学过于呆板的状态的一个小窍门。

三、新课改下时事政治在高中政治教学中的运用

（一）运用时事政治导入新课

"良好的开端是成功的一半，在课堂教学中，教师如何设置情境把学生带入新课中去，会直接影响到学生对本节课学习的兴趣。"良好的课堂导入不仅可以活跃课堂气氛而且能提高教学效果。因此，在教学中，教师可采用适当的时事政治进行课前导入，这样既可以避免唐突地讲授新课，还可以调动学生学习兴趣，从而把学生带入课堂学习当中去。

例如，笔者在讲授经济生活第二单元第五课第二框"新时代的劳动者"时，利用2020年"共和国勋章获得者"作为导入材料，笔者让学生去猜猜他们是谁。用问题导入，吸引学生的注意力，实现师生互动，从学生的回答中检验学生近期是否对时事政治有所关注和了解。所以，用贴近学生实际生活

的时事热点事件导入新课，能够很快地将学生带入课堂情境中，激发学生学习的兴趣。

（二）运用时事政治丰富教学形式

1. 课前时政播报

每节政治课课前3分钟由1名学生进行时政播报。教师将课前3分钟留给学生，让每位学生都有上台分享的机会。主要是分享自己了解到的国内外时政热点。要求：学生可以结合课前自己准备的PPT，也可以直接口述，所播报的时政热点要言简意赅，抓住事件的核心。

2. 增加课堂上学生合作探究时间

一方面，时事政治具有很强的时效性，是不断更新变化发展的，所以教师在课堂上讲授时，要留给学生一定的思考和讨论的空间。另一方面，时事政治是真实鲜活的事件，教师如果一味地用贫乏的语言把事件转述给学生，会让学生感到枯燥乏味。所以，只有学生之间进行有效的交流探讨，才能更好地在时事政治事件中挖掘出其所包含的政治理论知识，进而实现学生对这些政治理论知识的深刻记忆和理解，最终达到内化于心的良好效果。

3. 开展时事政治专题分享会

开展时事政治专题活动，让学生在积累丰富课外知识的同时把时政事件与政治教学联系起来，由被动学习转化为主动学习。2020年伊始，新冠疫情扰乱了我们正常的学习生活节奏，随之而来的是"停课不停学"的线上教学。直到4月下旬我们才开始有序的错峰复学，复学时，我们班以"战疫中的青春成长"作为开学第一课，主要是结合当前的时事热点对学生进行生命教育，从而培养学生的家国情怀。5月底进行了一次关于最新全国两会精神的学习分享，分享之前班上全体同学看了两会视频的节选，6月中旬就当年的《政府工作报告》进行学习。并不断加强学生对时事政治的积累与学习，利用寒暑假空余时间教师还可以在班级微信群中定期更新时事资讯，让学生充分参与讨论与交流，发表意见，教师对其进行点拨，帮助学生形成随时关注时事政治的好习惯。

四、结束语

时事政治能够扩充和丰富教学内容，激发学生的学习热情，进而带来最佳的教学效果。在高中政治教学过程中，将时事政治与高中政治新教材知识有机地融合在一起，把枯燥的理论知识生活化，有助于学生更好地理解和掌握，也有助于培养高中生的政治学科核心素养，为高中政治课堂注入了新的活力。

参考文献

［1］李秋燕．时事政治在高中政治教学中的运用［J］．西部素质教育，2018，4（13）：42－43.

［2］冉子龙．时事政治在高中政治教学中的应用［J］．中国高新区，2018（6）：121.

［3］冯爱华．如何在高中政治教学中有效发展学生核心素养［J］．科学咨询（科技·管理），2018（10）：139.

［4］杨昭．浅谈时事新闻视频在高中政治教学中应用的有效策略［J］．学周刊，2018（27）：48－49.

跨学科视域下新时代奋斗精神融入
中学思政课的探索

刘 宁 张 婷

一、研究主题

奋斗精神，比过去少了"艰苦"二字，这意味着奋斗精神的培育并不一定要在艰苦的环境中才能实现。在新时代社会中，大多数的青少年没有经历过艰苦的生活，因此，他们看起来是"骄横"了些、"脆弱"了些、"懒惰"了些，甚至有的人会发出"真是一代不如一代"的感叹。但大家不必如此，因为我们不能用上个时代的眼光来评判这个时代的人。社会在发展，并且是朝着富足、美好的方向发展和进步，因此，我们应该用发展的眼光来看待新时代的奋斗精神。

河北师范大学的柳立晶认为，很多人对艰苦奋斗精神有着错误的理解，艰苦奋斗并不是吃草根、啃树皮，其本质上是一种吃苦耐劳、勤俭节约、踏实肯干的精神品质，是一种不怕困难、坚持不懈的精神品质。宋锦添认为，从个人发展的角度看艰苦奋斗精神，它蕴含着人们对某种价值取向的执着追求。黄德林认为，艰苦奋斗精神的根本是杜绝各种浪费、提高劳动生产率。众多学者对艰苦奋斗精神做出了阐释。综合理论研究和现实的解读，笔者认为，新时代的奋斗精神应当包含：第一，改革攀登的创新精神；第二，克勤克俭的节俭精神；第三，吃苦耐劳的进取精神；第四，勤劳肯干的黄牛精神；第五，坚韧不拔的顽强精神。这五种精神基本可以包含新时代中学生所需培养奋斗精神的核心内容，也是在课程教学过程中需要关注的培养点。

二、研究背景

研究新时代中学生奋斗精神，需要将该研究充分结合当下的社会发展过程，否则容易造成时空的脱节，因此需要从时代背景、政策背景和当下中学生个性心理特点三方面对研究背景进行阐述，了解研究的价值与意义。

首先，从时代背景出发，21世纪的飞速发展，可以用"日新月异"来形容，经济的发展需要一批又一批的创造者和实干家迎难而上。在政治发展方面，如何保持中国共产党的先进性和纯洁性，对于接班人奋斗精神的培养是当务之急。社会的发展从来不是一蹴而就的，而是一群群劳动者兢兢业业奋斗的结果。

其次，就政策背景而言，江泽民强调："我们必须大力发扬中华民族的艰苦奋斗的优良传统。青少年是祖国的未来，民族的希望。要十分重视青少年的思想道德建设。"胡锦涛也曾说："一个没有艰苦奋斗精神作支撑的民族，是难以自立自强的；一个没有艰苦奋斗精神作支撑的国家，是难以发展进步的。"习近平总书记在2022年全国政协新年茶话会中也强调："我们要以斗争精神迎接挑战，以奋进拼搏开辟未来，努力实现全年目标任务，为实现第二个百年奋斗目标奠定良好基础。"

最后，我们都生活在社会的土壤中，在当下，我们面临着和上一辈教育者们截然不同的教育对象，也应当仔细观察和发现这个时代学生个性心理特点。这个时代中成长的青少年，在社会物质生活中得到了滋养，但因为经历的困难少，精神世界并不充盈，且畏难情绪重，耐挫能力差，生活自理能力弱，存在攀比心理。当下青少年得益于社会科技发展，接触信息的渠道变得丰富，在探索独立的过程中容易产生逆反心理，但由于身心发育不成熟，还需要依赖父母生存，因此出现了身心发育的不平衡性，独立性和生存能力不足。

三、探索路径

奋斗精神的渲染与培养，需要通过两方面来实现：一是学生的内省，将接收的知识内涵转化为内驱力，从心理意识上增加韧性；二是学生行动的外显，将奋斗的思想意识落实到生活和学习的方方面面。为了达到这样的效果，笔者在日常的教学工作中，有意识地创新教学方法，以学生的兴趣为导向，以新课标的课程标准为指引，以跨学科融合为方法，开展教学活动。

这里的跨学科融合，不是简单机械式地融合，而是一种以概念融合为顶层引领，以方法融合为路径指导，以学科间内容融合为形式依托，以社会活动创新为活动载体的体系化学科融合。这大大提升了学科融合的有效性，也在将新时代奋斗精神融入中学思政课的探索中得到了积极有效的尝试。

以下将通过三个课堂案例来分享将新时代奋斗精神有效融入中学思政课堂中的方法。

（一）在课堂教学中培植奋斗精神的思想土壤

作为改革开放成果的受益者，这一代的中学生生活在祖国发展的春天。新时代的学生，早已脱离了"艰苦"贫瘠的土壤，这在一定程度上不利于对于学生奋斗精神的培养。正如无法对一个看见光明的人诉说黑暗的可怕一样，当下的中学生所认为的苦难，也许是"为赋新词强说愁"罢了。

为了让学生认识到什么是奋斗精神，在中学思政课堂教学中，从历史和现实两个角度展开颇有必要。首先，从历史的角度谈奋斗精神，需要从党的发展历程、中国共产党人的精神谱系、中国革命史、中国改革开放发展历程等方面融入历史学科知识，让学生通过观影或开展活动等方式浸入历史场景，在润物细无声中让学生了解，正是在一批又一批共产党人艰苦卓绝的奋斗中，在一代又一代人民群众的勤奋劳动下，我们才拥有了今天幸福美好的生活。在课堂实例的尝试中，我们开展过"四史教育"进课堂的活动，让学生讲好"四史"故事，演好"四史"剧目，收到了一定的效果。

其次，从现实的角度谈奋斗精神，需要教师在日常的课堂教学中，结合课程内容，融入国家改革发展的新成果，让学生感受国家发展的辉煌成就。学生在感受中认识到，国家的发展，离不开各行各业的劳动者在平凡岗位上兢兢业业的劳动，离不开他们的创造与奉献。在课堂中，还举了很多具有现实意义的案例，如国家航空航天事业的飞速发展，中国独立开发的国际空间站的建设工作离不开背后几代航天人的努力，让学生在看"天宫课堂"的过程中思考人生的价值和未来奋斗的方向。

（二）将劳动教育融入中学思政课，培养学生良好的消费观

从前面的学情分析中已经提到，当下的学生物质生活资料相对充裕，也逐渐滋养起了"骄奢"之气，对于金钱，许多学生没有概念，对于资源，也不知节俭，甚至还出现了攀比浪费之风。那么，开展劳动教育，培养学生良好的消费观，也是培养学生奋斗精神的必要途径。

对于劳动教育，大家都并不陌生，在新时代，劳动教育被视为和德育、智育、体育、美育同等重要的教育活动，也被纳入了人才培养的全过程。中

学思政课作为"立德树人"的关键科目，也应当承担这样的使命。因此，在学校特色课程的创设过程中，学校政治组积极申报财经素养课程，希望能通过创新课堂，培养学生正确的财经观念，让学生知道"一粥一饭，当思来处不易；半丝半缕，恒念物力维艰"。

立足这样的课程目标，我们也多次开展了实践探索，其中在2021年年底高新区财经素养展示课中，课题为"从'手办文化'谈商品与消费"的活动课取得了较好的效果。

（三）立足社会大课堂，打造"行走的"思政课

前面谈到培养学生新时代奋斗精神需要从"内省"和"外显"两方面来进行，如果说学校的课堂是学生"内省"的主阵地，那社会大课堂便为奋斗精神的"外显"提供重要的载体。"纸上得来终觉浅，绝知此事要躬行"，历史的故事早已化为时间的洪流，现实的案例隔着空间的距离又稍显缥缈。那最好的办法就是让学生浸入现实的情境，在社会综合实践中、在研学旅途中自己发现、自己思考、自己实践、自己改变。

在2022年上半年，学校组织初一年级的学生开展以各备课组为单位的综合实践活动，政治组以"认知·改变"为课题，以探索乡村振兴发展为主题，开启"'千年古镇漫步·蒙顶山上采茶'——魅力雅安探索之旅"。在此次综合实践活动中，设计了几项学生参与的活动，以石室天府中学政治组雅安蒙顶山活动流程为例，见表1。

表1

时间	课程主题	课程地点	课程类型	课程内容
8：00—8：30	集合	学校操场	行为自律	8：30之前所有同学有序集合整队，在导师的组织和安排下登车，准备出发
8：30—10：00	风雨同舟	大巴车	行为自律	前往雅安蒙顶山，大巴车上严以律己，学习安全注意事项与活动纪律
10：00—11：00	茶园采茶	蒙顶山茶园	劳动实践	各小组仔细聆听采茶活动注意事项，分发领取采茶竹篮；在研学导师的带领下，拎上竹篮，到茶园里亲自体验采茶劳动实践，了解茶叶种植、生长、采摘等知识

续 表

时 间	课程主题	课程地点	课程类型	课程内容
11：00—11：30	手工制茶	蒙顶山茶园	劳动实践	参观手工茶叶制作过程，在制茶师指导下体验炒茶、制茶过程
11：30—12：00	溯源茶文化	茶文化博物馆	知识探究	在研学导师带领下参观蒙顶山世界茶文化博物馆展区，了解茶叶的起源、发展演变、种植、制作工艺以及茶文化进行陈列展示等
12：00—13：00			午餐休息	
13：00—15：30	企业实地参观调查	企业单位	课题实践	在研学导师带领下，前往蒙顶山企业单位，活动过程中注意不要脱离队伍，遵守参观纪律。各小组在指导老师的组织下进行分组课题研究、实地采访和拍摄
15：30—17：30	返程	大巴车	行为自律	活动结束后，各小组在 15：30 之前在规定地点集合整队，合影留念后有序登车返回

从表 1 中可以看出，此次活动准备充分，设计精心，学生也在各备课组教师的指导下完成了具体活动方案的设计，从搜集资料、提出问题、解决问题的方案到备用计划都有翔实的准备。本次活动立足打造行走的"思政课"，让学生在发现中认识到乡村的发展变化，并通过采茶、手工制茶、参观博物馆和企业调研等实践了解乡村是如何振兴发展的，最后在过程中思考乡村振兴的经验和教训，并能够提出一些建议。这次活动旨在学生在完成课题的同时，能够体会到社会发展的不易、劳动人民的辛勤，同时反思幸福的生活只有通过勤劳的双手和劳动人民的智慧才能创造出来。在活动中自然而然地激发出学生的奋斗精神，这胜过课堂中的千言万语。但遗憾的是，由于新冠疫情，此次活动并未真正进行。不过在前期的准备工作中，政治组所带领的班级分工明确，前期准备工作充分，同学们为了顺利参与实践活动而积极准备的模样，不也正是新时代奋斗精神的体现吗？

四、反思与不足

在探索新时代奋斗精神融入中学思政课堂的过程中，借助区级和学校平台，我们积极开展很多尝试，也取得了一定的效果。今后，我们将继续利用学科融合的模式，开展更多的课堂创新活动，努力将初中思政课打造成培养中学生新时代奋斗精神的重要阵地。

培养奋斗精神，"输入"和"输出"同样重要，换言之，"内省"和"外显"都是奋斗精神的重要体现。"内省"是精神和情感上的共鸣和浸润，而"外显"是实践和行动上的落实和执行，它们都意味着学生对于奋斗精神的领悟与改变。但遗憾的是，由于主客观方面的原因，在"输入"与"输出"的过程中都存在一些亟待解决的问题。比如，在"输入"过程中，案例缺乏时效性与感染力，学生可能会感到枯燥乏味，甚至会觉得有说教的成分。又如，在教学过程中师生互动缺乏，设计多种课堂活动（如组讨论、情景剧扮演、辩论演讲等）可能会流于形式，难以得到升华。在"输出"过程中，因为疫情、学生安全、实践课程过于随心所欲等因素，让"外显"的过程难以实现或者变成以"玩乐"为主的郊游活动。

中学历史课如何进行创新教学

李兴虹

当今社会是知识经济的时代，是一个创新的时代。联合国教科文组织预测：21 世纪将是创造教育的世纪，未来需要的人才是有创新开拓能力的人才。因此，要以培养具备创新能力的学生作为中学历史教学的核心。当然创新能力的培养离不开素质教育的主渠道——课堂教学，但是传统的历史教学模式显然不适应现代教学要求，随着我国考试制度的改革和素质教育的深入发展，中学历史课教学既面临着机遇又面临着严峻挑战，如何抓住机遇迎接挑战，这是摆在广大历史教师面前的一个新课题。笔者现就中学历史课如何创新教学谈谈一点拙见。

一、历史课程需要创新教学的背景和原因

（一）新时代和新形势发展的客观要求

自 20 世纪 80 年代末以来，随着两极格局的瓦解和多极化趋势的加强，世界形势总的发展趋势走向缓和与和平，国际的竞争主要是综合国力和科技力量的竞争，这些竞争从根本上讲又取决于教育的竞争。20 世纪 90 年代，在美国兴起的知识经济如今已在全球全面展开，时代呼唤创新型人才，而创新人才的培养又呼唤着创新教育的一系列思维，并把它贯彻落实到发展教育的每一个环节，逐步摒弃传统的教育思路及教育举措，开创新的教育思想及教育举措。增长知识，培养人才，提高觉悟是历史课教育的重要目标，但时代的变化，也要求中学历史课教学紧跟时代对人才培养的要求。

（二）教学内容的相对滞后性需要创新

现行我们所使用的历史教材诞生于改革开放时期，20 世纪 90 年代以来虽然吸收了大量国内外史学研究的新成果，也吸取了中外历史教科书编纂的经

验教训，但是与今天新形势的发展在客观上仍有不足，教学内容存在着相对滞后的情况。这是因为：一是教材受编写时间、篇幅的限制，历史材料和历史信息不可能迅速、全面地得到更新；二是知识更新快，历史是不断发展的，历史科研也在迅速发展和创新，因此很多历史知识不可能得到迅速的补充；三是中学历史教科书一旦出版成形，一般都要保持一段时间的稳定使用期，也就是说在开始使用的数年内，不宜做太大的改动。因而历史教材具有一定的稳定性，这种稳定性就使历史教材具有滞后性。因此，这些都要求在教学过程中不断补充新知识，引用新材料，补充最新成果。

二、中学历史创新教学的几点设想

（一）历史教学手段要创新

传统历史课教学，一般是教师课堂上讲，有时会挂上一些图表，以增加感性认识，但形式上比较单一，往往激不起学生的兴趣。现在已经进入网络信息时代，再靠这些陈旧手段进行历史教学就有些落伍了，跟不上时代的要求了。时代在前进，历史教学的手段也应该随之发展，要充分利用网络知识资源来丰富我们的教学手段。

（二）历史教学要突出学生的主体地位

《义务教育历史课程标准（2022年版）》明确规定，历史课程改革应倡导学生积极主动地参与教学过程，树立以学生为主体的教学观念，鼓励教师创造性地探索新的教学途径，改进教学方法和教学手段。在传统的历史教学中，教师把自己作为教学的中心，是学生的指导者（且仅此而已），担心学生不理解史实，于是就包办代替，过多地进行讲解、分析和说明。学生总是被动地接受知识，缺少思维的时间和空间，这种"推着学生走"的办法，容易使学生养成思维惰性，思维逐渐钝化，从而丧失学习的积极性和主动性。现代教育思想强调，不仅要看"教"，而且要看"学"。看教就是要看教师怎样从探究问题的角度来设计教学方法，为学生创造主动深入探讨历史问题的机会，如何调动学生积极参与教学活动，促进学生历史思维的活跃发展。

（三）历史知识结构要创新

历史教科书的编写，都是从全国范围学生的一般情况来考虑问题，可是具体到每一个学校，学生的智力、认识水平等参差不齐，这要求教师在教学过程中，在知识结构的重组上要新，重组时我们认为要遵循三个原则：第一，不拘泥于教材，不受教材现有体系结构的限制，也就是教师在备课时要打破教材的结构，甚至打破教材的框框，大胆地引入新的信息和自己经过思索后的想法。第二，符合高考命题的要求。高考命题知识在课本上都能找到，但材料却是课外的，考试的角度都是新颖的，这就要求教师认真研究考纲，重组知识结构，使之符合高考的需要。第三，符合学生心理特征的需要。我们的教材在不断改进，但始终有一定的滞后性，始终跟不上时代发展的步伐，因而满足不了青年学生的需要，尤其是新时代青年学生的需要，他们需要新颖、生动、能调动他们思维的素材，这就要求历史教师去重组知识结构，以使新的知识结构符合学生心理特征，满足他们的需要。

（四）历史教学要注重边缘学科知识的延伸

历史教师过去上历史课，在知识的延伸上只是在本学科内进行横向和纵向的延伸，这有必要，也是必须的。但这是一种"挖井"式的教学方法，即力求讲活、讲深、讲透。时代呼唤着综合型人才，这就要求我们的历史教师在知识的延伸上打破学科界限，延伸到其他学科，延伸到现实问题、热点问题，使学生知识面扩大，眼界开阔，也就是要求我们历史教师要多"挖坑"，即讲宽用活。

今天，面对世界科技飞速发展的挑战，我们必须把增强创新能力提到关系中华民族兴衰存亡的高度来认识。不创新，民族就没有活力，同样，不创新，历史课也没有活力。如何创新是仁者见仁，智者见智。但我们只要始终坚持一点，即以学生为主体，我们的创新就一定能成功。"头脑不是一个要被填满的容器，而是一把需要被点燃的火把"，古希腊人普鲁塔克在 3000 年前如是说。让学生通过历史课堂学到更多的知识，让历史学习真正点燃学生智慧的火把，让学生真正学会创新，才能为国家、社会培养当今时代所需要的新型人才。

"双减"背景下高效评价高中历史课后作业的方法

唐晓丽

《普通高中历史课程标准（2017 年版 2020 年修订)》中关于课程实施有专门建议，要求高中一线教师应该准确把握学业质量水平，多维度进行学习评价；在评价时要以发展学生历史学科核心素养为纲，要确定符合学业质量要求的评价目标，要对学生进行多维度评价。例如，将课堂评价、课后作业评价、形成性评价和终结性评价有机结合，注重量化评价与质化评价相结合，注重评价主体的多元化和评价方式的多样化；应该注重评价反馈。因此，在高中历史课后作业评价中，教师在进行作业设计和评价时必须考虑对学生学科素养、学科高阶思维能力进行培养。

在新课程视域观下，作业内容不仅包括学科知识技能的巩固，还包括一些在实践、操作、合作中综合解决问题能力的训练。作业的形式也由以书面为主到实践和书面相结合，如实验、观察、制作、设计、调查等类型作业相结合。新课程视域下，作业设计与教学相辅相成，共同促进课程目标整体实现，新的作业观更强调"目标—内容—实施"的系统设计，强调针对学生差异和个性进行作业设计。接下来，笔者将从三个方面剖析教师在作业评价策略上的一些尝试。

一、学习、利用和开发多样化评价工具

（一）模拟利用 SOLO 分层评价法和 PTA 量表评价习题类书面作业

习题、试题类书面作业是教师使用的主要课后作业形式，它的题型和答案固定，虽有很多优势，但是弊端也非常明显，如在阅读理解题型上，这种

按要点得分的方式容易固化学生思维，不利于学生创新思维的培养，更不利于学生发展学科核心素养。针对这类课后作业，我们可以在下面两种比较实用的评价方法上进行一些尝试。

1. 模仿利用 SOLO 分层评价法进行评价

SOLO 分层评价理论是香港大学教育心理学教授比格斯首创的一种以等级描述为基本特征的质性评价方法。该理论在与历史、地理、英语等学科的评价结合中，收效甚好。比格斯的思维分类结构是一个由简单到复杂的层次，其层次依次为：前结构（无法理解问题，逻辑混乱的答案）—单点结构（找到一个解决问题的思路，但无法展开，仅依据一点论据得到答案）—多点结构（找到多个解决问题的思路，但是无法将其有机结合）—关联结构（找到多个思路，并能够把这些思路结合起来）—抽象拓展（对问题抽象、概括，分析、深化，使问题得到有意义的拓展）。

由此可见，和传统的评价方式比较，SOLO 分层评价法力求能够准确评价学生思维能力所能达到的广度和深度，同时也激励了不同水平层次的同学积极参与作业中，尝试解决问题。此种评价方法最先在上海、广东的高考试题中尝试，并逐渐在全国推广并沿用至今。在历史课后作业中，提炼或者评价观点主题类的开放性试题就非常适合此类评价方法。评价标准可以采取以下评价模式，评分标准见表1。

表1

等次	论述
第一等（9—12分）	观点明确，有概括性表述；史实明确，并能充分支持观点；论证充分，逻辑严密，表述清楚
第二等（5—8分）	观点明确，表述较充分；史实基本准确，尚能支持观点；论证较完整，表述清楚
第三等（0—4分）	观点不明确或无观点；史实不准确或未引用史实；表述不清楚

在这一份评价标准中，0—3分为前结构和单点结构状态，4—6分为多点结构，7—9分为关联结构，10—12分为抽象拓展阶段，体现了学生思维层次的不同，评价标准不同。这样的评价标准，使不同思维层次的学生都可以尝试写出自己对问题的理解，评后也有助于学生明确知道自己的思维或知识是在一个什么水平，有利于学生后期持续有的放矢地努力，这种评价模式的使

用，可以大大激发学生的探究欲望和持续学习的兴趣。

2. 改编利用 PTA 量表评价法

PTA 量表法，又称"基本要素特征分析法"，是用来评价学生一种表现或综合表现的评价方法。制作 PTA 量表需要思考三个问题：一是教师要确定对评价起作用的要素（如论题、观点、表述、史实等要素）；二是根据要素编制评价量表，即对观点、表述、史实等具体要求；三是确定各个要素的权重，多采用分值表达。

例1：围绕各个要素进行评分，如历史表述、信息提取、历史阐释等要素，同时划分等级水平进行评分，把各个要素的内容融合到各水平层次中去。2021 年全国 I 卷 42 题（历史解释类开放性试题），见表 2。

表 2

分值评分要素	10—12 分	7—9 分	4—6 分	0—3 分
（1）提取的情节和反映的历史现象	情节提取于小说，与历史现象具有关联性，符合时代背景	情节提取于小说，与历史现象具有关联性，历史现象属于该时代	只符合三项要求的两个	只符合三项要求的一个
（2）对历史现象的概述	时间、过程、代表性事件等基本要素完整准确	时间、过程、代表性事件等基本要素比较完整准确	时间、过程、代表性事件等基本要素不够完整准确	时间、过程、代表性事件等基本要素缺少，表述不准确
（3）对历史现象的评价	评价合理且符合历史背景	评价全面合理	评价较全面合理	评价不够全面合理
（4）历史现象的概述与评价的逻辑关系	现象改善全面合理，能有逻辑且辩证评价	现象概述与评价逻辑关系紧密	历史现象的概述与评价的逻辑关系一致	历史现象的概述与评价的逻辑关系部分一致

以上两种量表在目前的书面表达作业中使用比较广泛，SOLO 分层评价法比较适用于历史论文写作、开放性试题等考查学生分析和解决问题的能力。PTA 量表法比较适合实践操作类，如调查、综合表达考查等作业，当然 PTA

量表法和 SOLO 分层评价相结合是最常用的方式。教师可以根据实际情况进行改编，让评价更加科学合理，使评价反馈更有针对性。

（二）学会制定评价量规表对实践操作、活动类作业进行评价

在高中历史课后作业中，还有活动型、实践型等作业，如走访调查类、文物模型制作与展示类、历史漫画、小报作品展示等形式。这些作业初衷是锻炼学生的创造性、想象力、实践能力。那么利用评价量规表，可以更加科学地达到这一目标。

评价量规（rubric）是一个真实性评价工具，它是对学生的作品、成果、成长记录表现进行评价或者等级评定的一套标准。其中，最常用的有核查表（包含学生表现的各种特征的简单列表）、分值系统表（每条评分指标都分配了具体的分值）、整体性量规表〔把学生的表现看作一个整体，给表现和结果（作品）判定一个单一的得分〕。

评价量规表在活动型、实践性的课后作业中使用比较普遍，属于过程性评价的重要手段。除上述案例外，比较常见的课后活动类作业还有"历史角色扮演""创作历史漫画""人物访谈""主题演讲""历史情景剧""历史文物展设计""社会调查""编撰历史小报""制作历史主题视频剪辑""历史课件制作与展示""历史文化旅游线路设计比赛""历史电影/书籍读（观）后感""基于××的研究性学习""历史类文艺作品赏析"等。这些课后历史作业，教师可以很好地利用评价量规表进行过程评价，既可以向学生展示努力的方向，也可以直接用于教师的测评和学生的自评，实现评价主体多元化。

（三）采用电子档案进行过程评价

档案袋评价又被称为"学习档案评价"或"学生成长记录袋评价"，是以档案袋为依据而对评价对象进行的客观又综合的评价。它涵盖了一项任务从起始阶段到完成阶段的整个跨度，目的是展示学生的学习和发展状况。在课后作业评价中，档案袋评价法可以采用评价型（呈现优秀学生作品）、展示型（学生自选作品）、文件型（平时作品和行为记录表）。目前，随着教育教学的网络化，我们建议教师可以为每一位同学制定一个电子版的档案记录文件，包括封面介绍、目录项目、重大学习过程的记录、一个周期的自我小结等，以利于学生在自主学习中发现自己的进步与不足。

二、评价主体多元化参与评价

新课程标准对多维度评价进行了要求，从主体上看，教师、学生、家长

都是评价主体。教师在课后作业的评价中要充分利用好其他主体。

（一）调动学生参与作业评价

1. 鼓励学生自我评价，体现学生是自己学习的主导者

在课后作业中，为了更好地引导学生积极参与，可以让学生在作业完成后找到自己的问题并进行改正。这种方法非常适合高中阶段的学生。

从实践的效果来看，不同层次的同学在参与这项活动初期表现是不一致的，但是长期坚持下去，即便是学习潜能生，也能在这种方式下慢慢反思自己，认识到学习是自己的事情，逐渐主动投入学习当中。如果是学习能力比较强的学生，会很容易找到自己的瓶颈点，实现新的提升。

2. 鼓励学生作业互评

互评是一种相互学习、相互促进的过程，也是培养学生如何评价的能力过程。但是，在进行学生互评时要引导学生关注其他同学的优点和长处，以及对自我的反思，防止学生之间互相攻击，甚至嘲笑他人的缺点和不足。

（1）个体间互评。例如，教师将课后作业有目的地优良搭配，给出每一题的评价标准细则，评价细则甚至要包括书写、格式、专业术语等要求，然后请学生根据评价细则对作业进行评价，并写出扣分理由。这种方式比较适合材料阅读作业。学生通过研读评分细则和对比同学的作答，可以更好地找到自己的优缺点并及时调整。

（2）"个人＋小组"捆绑式评价。这种方式比较适合前文提到的以小组为单位的合作探究型作业。小组合作的目的就是引导学生学会融入团队，协作共赢，让个人的表现与小组的成就建立联系，有利于形成合作竞争、互相监督、自我管理的团队精神，从而提高课后作业的质量。但是，对小组的评价标准一定是在全部成员协商的基础上产生，同时要在小组组建时就要告知每个成员，以便各成员将自己的行为与集体联系。

（二）利用好教师评语的评价作用

分数评价是教师最常用的一种手段，但是分数对学生来说，代表的意思极其苍白，学生无法理解分数代表的能力水平是什么。因此，如果采用分数加上教师的评语，就会让学生明白自己的进步或感受到成功的喜悦，从而激发新的学习动力。下面根据教师常用的评语，对其进行了简单的归类。

1. 聚焦亮点的表扬与肯定式评语

教师要不吝啬自己的赞美之词，满足学生的自尊心与自信心。尤其是在学生作业出彩的地方可以写上"你的观点很有创新""你的文字表述很有逻辑性""你的小论文史论结合，短小有力""你的作品思维层级突出，别具一格""你最近的状态就是个小宇宙呀"等。通过观察发现，有好多学生会在评语下面回复，结果评语成了师生间沟通的小桥梁。这样就能极大地强化学生的学习动机，在评语中使学生感受到老师对他的期望和信任，获得不断进步的精神动力。

2. 真诚的启发与帮助式评语

学生的作业中肯定会反映出许多待改进的问题，这需要教师智慧地指出来，不要采用简单粗暴的评语，如"看清楚""不要乱写"等。教师要针对问题进行引导，这时候的评语可以是"你在审题的时候特别要关注作答对象是什么，以免偏题"或者"你在作答时应该关注历史时空和材料主旨"等，这样的语言不尖锐，又能让学生立即明白自己的问题出在哪里。如果条件允许，可以引导学生针对问题马上修改，教师再进行二次评价，这样坚持下去，学生在该学科上的能力会得到很大的提升。

3. 幽默式的提醒与警示性评语

每个学科都会有小部分暂时的潜能生，其学习与作业态度往往不够端正，他们更需要教师的耐心和爱心。教师在对其作业进行评价的时候，既要考虑其自尊心，又要考虑到对他们的督促。为此，评语可以先扬后抑，先指出其优点，再提出努力的方向，如"你丰富的阅读应该有助于你的'概括'类问题，期待！"等，另外，针对这部分同学，教师应该给予更多面批，才能收获好的效果。

综上所述，要让课后作业评价成为促进教学和学生成长的助力，一方面教师需要学习科学的评价方法；另一方面需要调动多方面的因素参与评价。只有师生不断地通过评价对话交流，共同解读与分析评价结果，才能让教师深入了解学生的思维过程、学习过程，有利于更好地因材施教、因材施评；才能让学生认识自己的优点与不足，更好地完善与发展，才能发挥评价的最大效用。

参考文献

［1］王月芬．重构作业——课程视域下的单元作业［M］．北京：教育科学出版社，2021.

［2］黄牧航．高中历史科学业评价体系研究［M］．长春：长春出版社，2011：128.

［3］孙佳. 高中历史作业设计与评价的问题与对策［D］. 南京：南京师范大学，2018.

［4］马会花. 作业评价"五法"［J］. 甘肃教育，2020（7）：96.

［5］陆丹婧. 初中历史课后作业设计及其评价策略［J］. 中学历史教学参考，2021（2）：93 – 95.

项目式教学知识整合路径探寻

赖良玉

"双新"背景下，培育素养，改变学习方式，开展项目式教学已成必然之势。高中新课标明确提出，要推进综合学习，探索大单元教学开展主题化、项目式学习等综合性教学活动。从本质上讲，项目式学习是一种跨学科的探究式、体验式学习方法，在整个项目执行过程中教师的角色从知识的传递者变成学生学习的引导者。项目式学习强调学生的解决问题能力、创造性、合作与交往、审辩思维、设计思维等素养的培育，这符合当今社会时代发展要求，是对复合型、跨学科创新人才的培养。

探寻学生为主体的项目式教学知识整合路径，通过开阔视野，拓宽教学思路，促进学生学习方式转变，落实核心素养的培育，成了现代教育的当务之急。下面我们着重从历史学科内知识整合、跨学科知识整合、通识性知识整合三个方面对项目式教学知识整合路径进行具体探讨，抛砖引玉，以期对大家有所启示。

一、围绕课堂项目探寻学科主题知识整合路径，培养系统创新思维能力

（一）围绕项目聚焦教材主题核心概念形成，探寻学科大单元核心主题知识整合路径

在历史大单元主题核心概念教学中，围绕主题核心概念形成，通过探寻学科大单元核心主题知识整合路径，整合概念史相关知识，探究主题核心概念流变，概括阶段历史特征，把握历史发展趋势，从而培养学生的系统创新意识和实证能力。

例如，在中国古代史"清朝的疆域"这一课的教学中，通过聚焦主题核心概念"中国疆域版图"的形成，探寻学科大单元"明清中国版图的奠定"核心主题知识"清朝疆域"相关知识整合的有效路径，即将"中国疆域版图"的演进放到"统一的多民族国家"的形成发展史的时间轴上进行整合，对比思考、探讨三个概念，即"疆域""领土""版图"的区别与联系：疆域主要指地面水面大致活动范围，边界较模糊；领土侧重有效主权管辖的特定立体空间，强调主权管辖意识；版图则是近代民族国家有明确法定边界的领土。从疆域（活动范围）到版图（法定领土），分析"中国版图"的奠定和统一的多民族国家的形成，从而理解清朝奠定版图的贡献和历史意义，培养学生系统创新思维能力。

（二）围绕课堂项目聚焦历史核心概念形成，探寻学科内跨学段新旧知识整合路径

任何项目主题都有一个核心概念，聚焦项目核心概念形成，探寻学科内跨学段新旧知识整合路径，帮助学生转变学习方式，培养系统创新思维能力。

《普通高中历史课程标准（2017年版2020年修订）》强调，概念是历史的载体，饱含着社会历史的变迁。概念史研究更注重概念及代表事物的"成长史"，探究其蕴藏的含义及形成发展过程，可以更好地理解概念所反映的社会历史发展过程，即可以"通过对历史上核心主导概念的研究来揭示该时代的基本特征"。事物的发展不应因学段教学而割裂。在中学历史教学中，教师可以通过引导学生整合同一主题核心知识概念初高中的知识内容，完整了解事物形成、发展的全过程。通过对比初中知识拓展新知，使学生在整合中掌握高中知识，培养学生整体系统创新思维能力。

例如，在"孔子"教学中，通过列表回顾初中所学"孔子"相关知识"儒家创始人、因材施教追求公平的教育家"，对照新课标要求，结合社会主义核心价值观"和谐、平等"及"人类命运共同体"思想，进行项目式学习探讨，对比整合完成高中新知"思想家，儒家思想的贡献，代表主流思想的形成、发展及深远影响"的学习，完善"孔子评价量表"实现知识的整合建构，培养学生整体系统创新思维能力。

二、围绕项目主题探寻跨学科专业知识整合路径，培养发散性创新思维能力

跨学科学习重点强调学科整合，其整合路径可以是项目式学习，也可以是主题式学习、问题式学习。相较于传统教学模式，项目式学习具有独特的育人价值，是促进学生核心素养发展和学业成绩提升的最佳方式之一。

在开展项目式教学过程中，聚焦现实问题，探寻跨学科专业知识整合路径，培养学生发散性创新思维能力。在"清朝疆域"教学中，针对"党的二十大"时政热点"台湾是中国领土不可分割的一部分"问题，让学生搜集、整理中国台湾相关的文旅专业知识，梳理"中国台湾问题"的由来，设计相应研学活动方案，开展项目式综合实践探究学习活动。让学生搜索查阅方志、地图，收集相关旅游照片、视频资料，感知祖国辽阔疆域和壮美河山。整合相关文旅专业知识，每人写一首赞美小诗、游记，办一期手抄报或班刊、板报展示交流，进行成果展示。通过"走进宝岛研学游"，探寻跨学科旅游策划专业知识整合路径，实施项目式跨学科整合教学，让学生了解祖国疆域发展史及大好河山的同时，懂得跨学科旅游策划专业知识，培养学生发散性创新思维能力。

三、围绕项目主题探寻通识性程序知识整合路径，培养实践创新思维能力

在中国古代科技成就和农具项目式教学中，针对"四大发明"指南针仿制的力学原理及操作流程，指导学生探寻跨学科程序性知识整合路径，查阅整合相关程序性多学科专业知识，分组合作探讨学习，自主梳理、设计制作流程，整理汇报思路和展演步骤，完成项目任务，学会必要的程序性专业知识。围绕规划设计与成果展示需要，探寻通识性操作流程知识整合路径，在跨学科任务驱动整合中，用创造的学习方式创造性地解决问题，完善操作流程和规范，使学生在做中学，研中学，行中学，开阔视野，拓展思路，培养实践创新思维能力。

项目式学习以"学生为中心"的主体性、个性化、创造性教育理念为指导，以人为本、全面发展，通过"做中学"，培养学生的系统、发散、实践创新能力。项目式学习是基于学科又超越学科的综合性学习，是一种与真实世界和生活实际紧密联系的学习模式。它基于真实生活情境和现实生活需要，

旨在成果产出的有目的、有意义、有计划的生成性活动。项目式学习主张知识与知识的整合、知识与事物的整合、知识与行动的整合；主张设计与实施创生性、生成性，是基于知识整合的跨学科活动课程。它在课程形态上具有研究型学习、探究式学习、综合实践活动、研学旅行、劳动教育等主要特征。

通过课堂项目学科教材主题知识整合路径、跨学科专业知识整合路径，以及通识性程序知识整合路径三个方面探寻，以学生主体需求为出发点，引导学生按新课标要求，主动发现、提出问题，思考设计方案，查找搜寻相关资料，合作探究，解决问题，展示汇报成果，培养学生系统创新思维能力，使学生发散性创新思维能力和实践创新思维能力，提升核心素养，从而提高教学质量，转变教学方式。

参考文献

［1］侯小丰. 自由的思想移居——概念史与社会史［M］. 北京：中国社会科学出版社，2014：5.

［2］桑国元，王佳怡. 项目化学习在幼儿园活动中的实施［J］. 教育理论与实践，2021，41（26）：61-64.

大单元背景下小单元历史知识的处理策略

——以新教材"社会主义建设在探索中曲折发展"为例

冯 攀

一、大单元背景下小单元历史知识处理的困境

大单元教学越来越成为教育教学领域热门的话题，那么何为大单元教学呢？2019 年 3 月，华东师范大学课程与教学研究所所长崔允漷教授在中国教育学会教师专业发展研究中心"首届全国课堂教学研讨会"上的主题报告中提出，"一个学习单元由素养目标、课时、情境、任务、知识点等组成，单元就是将这些要素按某种需求和规范组织起来，形成一个有结构的整体"。崔允漷教授还一进步指出了大单元教学的意义，教育教学中的学科核心素养教学要求教师要有专业专家的思维品质，在教学育人上要有更高的站位与格局，从宏观着手，不是着眼于微观的解题技能与分数，更注重学生的能力与品格的培养。建立以学习者为中心的理念，让学习决定大单元的广度与宽度。

然而，在教学中，许多教师多从宏观大角度思考大单元教学，却衍生出了许多问题，如初中的学生刚刚接触历史，许多学生的历史知识少得可怜，宏观的大单元教学采用的许多历史概念及历史分期似乎让许多学生在课堂上感觉一头雾水，不知所云。高一的同学，虽然初中学习过历史，但是因年龄、理解能力及初中考核方式等诸多原因，对历史知识掌握不牢，历史概念混淆不清，历史理论匮乏，历史知识零散缺乏系统性。学习中时常出现时空错乱，张冠李戴，让人啼笑皆非的情况，所以初高中教师学习大单元教学的理论后，要切合实际，恰当地采用大单元教学，注重大单元教学背景下小单元历史知识的处理。

二、大单元教学背景下小单元历史知识处理策略

为有效地解决上述问题，还是应回归到大单元教学理论中去。大单元是根据教材内容之间的逻辑联系、学科素养的相关要求、大概念、大观念等确定单元的，但它也是由不同环节、不同学习活动的小单元组成的。分阶段、分层次解决一个个小的学习单元，弄清最基本的知识脉络，先建立起小单元的知识体系，用小单元撬动大单元，用小视角贯穿知识、构成宏观的大视角。那么，这里的小单元知识点的落实就显得格外的重要，如何在大单元教学背景下处理好小单元的历史知识呢？下面具体阐述一下实施方法。

（一）明确单元主题与目标

首先要明确单元主题，这是展开有序教学的先决条件。在历史教学中明确单元主题可采用概念史的研究方法，一个概念下，包含了多个单元，厘清各个单元的联系，明确各个单元在历史线条中的地位，这样便容易明确大单元的主题和范围。大单元应是由多个小单元组成的，每个小单元从质的概念上仍属于大单元，是由多个知识点构成的集成模块，它也有自己特有的主题，所以小单元的主题需要根据知识点的构成来加以明确。

然后要确定单元目标，有了明确的目标，在大单元教学中，才能将历史知识整理得更加系统化，有利于减少单元结构的碎片化。教师在教学中沿着既定的方向展开教学，学生能更好地获取历史知识。确定目标要根据知识点之间的逻辑联系、单元范围与主题以及新课标。

（二）构建可视化思维让历史知识系统化

大单元教学，更强调从整体上、宏观概念上进行大阶段大整合，其重要组成部分小单元则涉及微观的知识点，或由知识点构成的知识群，若要在这些知识点间建立联系，形成系统化的知识，则可以采用可视化思维方法。可视化思维最常用的做法是画结构图。例如，当总主题是社会主义建设在探索中曲折发展时，其内容可分为四个部分：过渡时期的经济建设、曲折发展的十年、其间的国民经济、总结社会主义建设的经验教训。

可视化思维还可以用问题引导的方式，将问题设计成问题群，从基础层面概念问题是什么，到历史事件呈现的内容是什么，再到分析层面的原因、背景、特点、影响及意义，最后到应用层面的经验总结或者是联系实际的启示。例如，针对社会主义建设这一子目，可以设计这样的问题群：问题1，据教材，指出过渡时期总路线的内容。问题2，看地图，从工业结构来看"一

五"计划的显著特点？问题3，为什么会优先发展重工业？问题4，"一五"计划带来了什么影响？对今天的经济建设有什么启示？通过问题1了解基础概念过渡时期的总路线的内容。然后通过观察地图和结合课本上的史料，通过看图对过渡时期的总路线里的工业化进行分析，分析"一五"计划的显著特点。然后再对"一五"计划作深层次分析，问题3探讨"一五"计划为什么优先发展重工业。最后结合史实联系实际，提出问题4"一五"计划带来了什么影响？对今天的经济建设有什么启示？将历史照进现实，实现学以致用。

（三）设计丰富有效的活动创设情境

崔允漷教授指出，"学生学科核心素养的表现程度，需要通过在真实情境中运用所学的知识并能完成某种任务来衡量，指向素养的评价必须要有恰当的情境，离开真实情境或任务是无法很好地评价核心素养的"。所以，在教学课堂中创设一定的情境，有助于学生在大单元教学的背景下理解落实基础知识，抓住关键问题，形成分析解决问题的能力。课堂中设计的活动是为学习者提升解决问题能力而设计，不可为活动而活动，活动应以学习者为中心。活动的开展应该是丰富的，这样能不断激发学生的学习兴趣，促使学生持续关注课堂。

（四）采用逆向设计，注重教学评价

传统的教学先关注教学设计，最后根据教的内容进行评价，而逆向设计，把结果前置，把评价放在前面，"以终为始"，即教学设计先确定预期的结果，再设计达到预期结果的证据，最终实现教学评的一致性。例如，在讲述"曲折发展的十年"这一部分时，先进行预习检测，请学生整理归纳全面建设社会主义时期的具体探索，并设计几道高考练习题进行测评，如：

（1）（2015·海南高考·24）1957年底到1960年，我国职工人数从3101万猛增至5969万。这主要是因为（　　）。

A. 第一个五年计划顺利完成

B. "大跃进"中大办工矿企业

C. 公私合营后国营企业职工大增

D. 人口增长造成大量劳动力剩余

（2）（2019·海南高考·12）1963—1965年，中国农业总产值平均年增长约11%；轻工业产值从404亿元增加到703亿元。上述变化反映了（　　）。

A. 经济所有制结构发生重大改变

B. 合作化运动促进了生产力发展

C. 国民经济调整取得了显著成就

D. 计划经济体制的弊端逐步解决

根据学生掌握的程度，并分析薄弱地方，以便在后期进行查漏补缺。

大单元的教学从宏观视野的角度将历史知识重新整合梳理，有利于避免知识的碎片化，让知识体系更加系统化。但是，不可一味地追求整体性、宏观性，而忘却了知识细节化的呈现，在大单元视域下注重小单元历史知识的处理，实现大单元整体性与历史知识细节性的有效融合，对于学生打好基础，提升学生学科能力素养有着十分重要的作用。

参考文献

［1］崔允漷. 学科核心素养呼唤大单元教学设计［J］. 上海教育科研，2019（4）：1.

［2］崔允漷. 如何开展指向学科核心素养的大单元设计［J］. 北京教育（普教版），2019（2）：11 - 15.

［3］苟学珍. 部编高中历史教材大单元教学策略分析［J］. 文科爱好者（教育教学），2022（1）：74 - 75.

［4］范岩媛. 指向主题式学习的初中历史大单元教学策略［J］. 中学课程资源，2022，18（2）：36 - 37.

［5］巫云龙，张意珠. 大单元小历史中看"文景之治"［J］. 中学历史教学，2021（2）：9 - 11.

大数据背景下高中地理精准教学策略探究

孟　婵

精准教学是指教师根据课程标准和学生发展的实际情况，遵循教学客观规律，尊重学生成长规律，聚焦课堂价值，准确把握教学目标和内容，构建科学教学结构，细化教学流程，促进学生在地理核心素养上得到可持续的进步和发展，使教学目标达到预期的效果。要做到精准教学就要全面地分析学生数据，大数据的分析是精准教学能够成功实施的保障，也是找准学生知识缺漏、优化教学设计、突破学科教学疑难环节和提高课堂效率的有效途径。

一、地理课堂精准教学现状及问题

现阶段由于高中对学生知识掌握要求较高，地理课堂相对于初中而言，每堂课的知识容量产生了巨大的变化，教案教学活动的开展以教师的讲解为主，而阶段性检测讲解中讲解过多的原因是教师担心知识点讲解不全而造成遗漏，只能将全部的知识点都讲解一遍，这就造成了课堂教学效率低下且枯燥无聊。同时，教师在传统的学业诊断中多采用人工批改及分析的方式，教师只能对班级整体情况有一个大致的了解，而针对每一个学生知识掌握的情况以及知识结构无法做到准确的分析，导致个体学生的个性化反馈教学无法开展，无法对个体学生进行指导，而这都是因为教师对学生学情缺乏准确的判断。因此，要提高试题评讲课堂的效率以及兼顾学生的个性化发展，就要通过现代的大数据技术对学生的学情进行精确的判断，发现学生知识点掌握存在的共同问题以及学生个体在知识结构上与班级同学的差异，从而开展精准教学。

二、地理课堂精准教学策略

（一）透析总体样本，诊断学情，实施反馈

在学习完全章知识后，进行阶段性检测，而检测数据能够反映出学生对知识的掌控情况和能力提升情况。基于极课 AI 大数据精准教学管理系统，可以检测出高频共性错题和高频失分知识点，由此分析学生的阶段性学情，把握教学方向，也可以从总体样本中发现学生学习差异和教学效果差异的证据，为我们调整教学找到可靠的依据，如借助极课 AI 的"报告管理模块"，调出学科试卷的阅卷数据。

首先，通过极课 AI 大数据系统，可以对整个年级的学情进行反馈，当下部分学校对通过市统考、名校联考的方式来横向对比一个年级或一个学校的教学质量，这种方式在某种程度上加剧了教学的功利性，也制约了学校符合学情的个性化教学方案。极课 AI 大数据系统通过将检测数据与往届学生的作答情况进行对比，从而了解学生学业所处的状况，并且知晓哪些知识的掌握已经超过了往届学生，哪些能力与往届学生相比相对滞后，哪些问题是历届学生的共同难点。以便在年级备课组的会议中对相应问题加以讨论和研究，掌握学生学情，适时调整年级课程计划促使年级学科质量向好发展。

其次，教师还能够借极课 AI 大数据平台对班级的学情进行分析和反馈，通过对比基于目标设计的检测题作答数据与期待的目标达成相对比，分析学生是否达到教学目标指向的学业标准；对比本班学生与年级其他学生的作答情况以及本班学生与年级学生知识点得分率，发现本班学生课堂学习质量的优劣，以及学生各知识点的掌握情况，以帮助教师反思教学中的长处与不足，对反馈的学生掌握不足之处加以弥补和强化。在后续的教学中，也可以在遇到困难与先前掌握不足的相关内容时，再次进行强化和补充，以帮助学生实现知识与知识迁移，完成知识结构的构建，而在后续的作业中，也能够有针对性地去设计关联问题的应用以再次检测学生对知识点的掌握是否达到了预期目标。

最后，在通常教学中最需要关注的"特优生"和"踩线生"，即每次考试都在划定的重点线上下波动的学生，这两类学生的成绩对于教学活动具有很大的参考意义，通过极课 AI 大数据系统提供的数据，可以详细地分析这两个不同阶段的学生在诊断性测试中所呈现的具体问题。

综上所述，极课 AI 大数据为教师提供了学生是否达到预期目标的数据，

为教师对学生的学情判断提供了证据和支撑，以帮助教师对教学进行更加专业的判断，从而对学生开展更有针对性的教学，优化教学方案。这有利于改变现阶段部分教师在教学过程中过分关注教学内容，以完成教学内容为自己的教学目标的现状，从而有利于实现面向学生的教学，实施真正指向学生需要的教学。

（二）跟踪个体案例，了解个体学情，落实个性化反馈教学

在过去的教学中，教师一般是按照教学大纲和个人经验按部就班地开展教学活动，在一定程度上为学生设置了固定的思维框架，限制了学生的个性化发展。而极课 AI 大数据系统不仅能够对班级和年级的学情进行分析和判断，也能够针对某一位学生的个体大数据进行系统分析并生成报告。通过系统生成的学生可视化报告，教师可以对学生的近一段时期的学业状况进行更加详细的了解，也可以通过在课前向学生布置检测自主学习情况的前置性限时训练后，利用大数据平台统计和分析学生的答题情况，根据答题情况所展现的不同学生的学情，有针对性地对知识掌握程度不同的学生开展个性化教学。

表 1 为通过极课 AI 大数据系统发现的学生在多次考试中呈现出来的在知识点上掌握薄弱的地方，如太阳能量的来源及其对地球的影响、地壳的物质组成和循环与地球内部圈层三个知识点，以及气候相关知识点在多次考试中均呈现出失分的情况，而这部分知识点属于高中地理必修一第一章的内容和地理基础原理和知识。因此，在对学生进行针对性的指导时则应首先强化其对课本基础内容的熟悉程度，其次类似气候这样的地理基础知识，则应通过大量的练习以及引导学生主动对知识点进行归纳和总结，完成知识点建构和内化，提高对地理基本原理和基础知识的理解，实现学生的个性化发展。

表 1

序号	知识点名称	失分频率	得分率	最近情况
1	太阳能量的来源及其对地球的影响	每次（3/3）	38.89%	零分
2	地壳的物质组成和循环	每次（3/3）	49.26%	失分
3	地球的内部圈层	高频（3/4）	50%	失分
4	影响气候的主要因素	每次（2/2）	18.18%	零分
5	气候类型的判读	高频（3/4）	44.7%	满分

（三）借助大数据拓展课堂，有针对性地布置作业

通过极课 AI 大数据平台对学生的学情进行分析后，所呈现的问题不仅要通过及时讲解对学生掌握不足的知识点进行补充，还需要通过反复的练习使学生对掌握的知识点进行强化，培养学生举一反三的能力，帮助学生对知识进行建构和迁移。因此，地理精准教学还需要体现在对学生作业的布置上，而通过极课 AI 大数据平台可以判断学生现阶段的学情。针对知识点掌握程度不足的学生，可以通过类型题重复训练的方式，给出多种方式呈现的类型题，直到学生练熟为止，将知识点掌握透彻。

三、总结与反思

借助极课 AI 大数据分析对班级开展精准教学后，班级的均分有所上升，班级的优秀率和良好率均呈现大幅增加，说明通过大数据对班级学情进行准确的分析后开展精准教学对于班级和个别学生学习成绩的提高都有较大的帮助。

结合当前高中地理教学的实际，依托大数据系统提供的平台，针对不同的学生呈现具有针对性的作业，是提高精准教学效果的重要手段。但是由于学校引进大数据系统的时间较晚，通过大数据进行学情分析并针对学生阶段性学情开展精准教学的时间较短，教师和学生对于精准教学的接受程度不一，以及教师对某些通过大数据平台分析发现的现阶段学生的具体问题没有很好的解决方法等问题，精准教学对提高教学作用还相对较小。因此，作为一线教师，我们更应该不断地钻研和研究基于大数据的精准教学在教学中的具体应用，提高地理课堂的教学效率。

参考文献

［1］赵艺萍．基于大数据分析的化学精准教学［J］．数码世界，2019（8）：147.

［2］管小庆．基于极课大数据的高三物理教学策略研究［D］．苏州：苏州大学，2017.

［3］付达杰，唐琳．基于大数据的精准教学模式探究［J］．现代教育技术，2017，27（7）：12－18.

第七章

创新
体育和信息技术课堂

在体育教学中引领学生自主合作探究学习

艾儒兵

在中学体育课教学中，小组合作学习模式被运用得越来越广泛。传统的中学体育课堂教学方法阻碍了学生学习的兴趣，在统一的教学内容和进度、规范的教学行为和手段让学生在学习的过程中缺乏小组合作学习理念交流、小组合作学习理念体验。但是，在当前新教育理念的背景下，传统意义上的中学体育课教学的弊端越来越明显。本文主要探讨小组合作学习理念教学在中学体育课堂中的应用。

一、小组合作学习在体育教学中的意义

合作学习是课程和教学领域非常强调的一种学习方法。实际上，体育教学中学生合作学习的机会比其他课程要多得多，这主要是由体育活动的特性所决定的。无论是在游戏活动中还是竞赛活动中，合作都是获得成功的重要因素之一。在体育教学中，让学生通过合作来进行练习（如接力跑、双人操、搬运重物、传递等），其意义远远超出活动本身。例如，合作跑练习既能锻炼学生的体能和技能，更能提高学生练习的兴趣和热情，培养学生的合作意识和集体主义精神。所以说，在体育教学中，经常采用合作型分组，有助于促进学生达成学习目标，有利于促进学生的探究学习，有利于培养学生的合作精神。

二、小组合作学习模式的教学实施流程

（1）全班教学。在导入和准备阶段，建议采用情境教学的方法，进行全班授课。

（2）分组探究学习。分组合作探究学习期间，小组同学在主持人的带领

下，借助合作学习菜单，完成小组学习内容，并保证组内每一个同学理解、掌握该内容。

（3）交流反馈。各小组汇报合作探究学习结果，学生和教师分享成果，及时反馈，确保学习结果的正确性。

（4）学习评价。教师评价小组合作技能、学习效果，得出小组合作学习得分和个人得分，及时公布优秀小组和进步个人并做好记录。

三、小组合作学习模式中的小组划分方式

（1）阶段分组。即分组后保持较长时间，按照学生的健康、性别、体能状况等因素，将学生划分为较为稳定的小组，可于一个教学单元教学中采用，一旦单元教学结束，小组也随之解散。这种分组的特点是技能基本相同，爱好可能不同，但便于对同一组采用相同的计划，又便于对不同小组的区别对待。

（2）灵活分组。灵活分组与阶段分组相似，效果相同，不同的是持续时间更短，仅在一节课中出现，随之即被解散，它主要有两种分组方式：①按技能水平分组，可提高学生的积极性、竞争性。②按技能水平好坏搭配分组，可提高教学效果。

（3）随机分组。这种小组也是在一节课中出现，一般采取随机报数或自由组合，通过报数随机分组可以达成各组间实力基本相同的局面，便于开展组间的教学比赛或竞争游戏。而自由组合可以使爱好相同、关系要好的学生分在一组，使他们之间的配合更默契。

四、对于小组合作学习中分组的建议

（一）合理构建小组

经调查，大部分学生认为四人小组合作较为合理。四人组成的工作小组最有利于发挥小组的优势。这样人数的小组既足够小，使得四个人可以围成一桌，保证每个成员都有积极参与的机会，也不特别需要小组中形成一个领导或对小组的组织结构过多费心。

（二）考虑个性差异

按照"组内异质、组间同质"的方式编排小组。异质分组就是根据性别比例、兴趣倾向、学习水准、交往技能，以及家庭经济、社会背景、脾气性格等差异合理搭配小组成员。

（三）凸显组长作用

俗话说，"鸟无头不飞，兵无将不勇"。没有组长的组织和指挥，学习小组只是徒有其名，学生或盲目行动，或迟疑不动，根本无合作可言。况且小学生自制力有限，贪玩好动，如果没有一个良好的合作学习氛围，就会导致课堂组织纪律散乱，教学只能是事倍功半。因此，为了能够有效地进行合作交流，选拔并培养小组长就显得至关重要。

中学体育自主学习课堂中的小组合作学习为教师与学生、学生与学生、个体与集体、群体与群体的多向交流提供了可操作的模式。小组合作学习能有效地调动学生学习的积极性，使学生更好地达到较快掌握动作技术的目的，学会自主学习的方法，为终身体育打下良好的基础。

参考文献

[1] 庞卫华，周学荣. 体育自主学习若干理论问题研究 [J]. 山东体育科技，2007（1）：50-52.

[2] 曲宗湖. 体育教学模式问答 [M]. 北京：人民体育出版社，2003.

浅谈新课程改革背景下体育教师角色定位

廖洪强

当前新课改加大了对中学学生综合素质提升的要求，这就给中学体育教师提出了新的要求。传统的体育教师更多的是以简单地传授体育知识为主，忽视除体育以外的其他综合素质的培养，进而导致学生综合素质不高。而在新课改背景下，中学体育教师要不断转变角色，尽快适应新课改提出的要求，以在提升中学生身体素质的同时，提高学生其他方面的素质，如合作能力、团队意识、沟通能力等。本文结合当前的新课改，就在新课改的背景下，中学体育教师面对角色转变存在的问题提出相应的对策，以促使中学体育教师更好地适应新课改的要求，促进中学体育教学的全面发展。

一、体育教师转变角色是新课改的必然要求

新课改是我国新时代下教育改革的主要指导方向，新课改要求各学科必须改变传统教学模式，改变传统教法，以便适应新时代下青少年的学习要求，体育课亦在其中。在新课改的教学要求下，体育教学有了很多变化，传统的教学模式仅要求教师教会学生跑、跳、投等运动，而新课改要求教师以提高学生整体素质为目的，以培养和发展学生个性为导向，以作为新时代下的"四有"新人为方向。因此，教学目标和教学方式的转化，势必要求体育教师必须转变原有角色，提高自身素质，转变自身观念，以更好地为体育教学服务。

二、新课改下体育教师角色转变过程中存在的问题

（一）思维观念尚待转变，部分还停留在运动技能教育大于体育职能教育层面

运动技能教育大于体育职能教育是传统体育教育中存在最大、也是最敏感的一个问题。在新课改背景下，还有部分中学体育教师片面地认为，教师的职能就是教给学生运动技能，如果一个体育教师不能教给学生运动技能，就不是一个合格的体育老师。这种提法看似正确，其实存在着很大的缺陷。现代学生对于体育的认识已经远远超出了体育技能的范畴，学生对于体育课的需求不仅仅是锻炼身体，提高身体素质，更多的是综合素质的提高，养成体育锻炼的意识，这需要体育教师传授一些体育技能外的知识，比如讨论篮球运动的发展趋势、中国足球的格局等课外知识。因此，在角色转换中，对中学体育教师来讲，一个重要的角色转换就是要转变自身当前对体育教学的认识，从而为后续的角色转换奠定思想基础。

（二）课堂角色尚待改变

传统的体育教师将教学作为课堂的主要任务，在体育教学过程中，对于学生的心理、学生身体机能的变化，以及学生运动兴趣的变化可以说是一无所知。在教学过程中，传统的体育教师就是死板地按照教学要求按部就班地教学，认为只要完成教学计划就是完成任务，对于学生喜不喜欢上课，学生对于课堂内容有没有建议，学生对教师是不是喜欢根本不管不顾，只是上课布置运动作业，下课集合结束。这种情况直接导致学生对于体育运动的兴趣越来越淡，甚至不喜欢上体育课，一到体育课就找理由、找机会逃课，最后导致本来生动活泼的体育课变味，变成了人人厌恶、人人听之就烦的课程。这种课堂模式的根本，就是在课堂中教师还处在主动地位，学生处在被动接受的地位。即在课堂教学中，部分教师仍然是以自己作为课堂的主要角色，而忽视了学生在体育课堂中的需求，也忽视了当前学生的兴趣爱好，以致部分学生对体育课缺乏兴趣，甚至对体育课产生了反感的情绪。因此，在课堂角色方面，中学体育教师还需要转变，由教师主体转向教师主导。

（三）缺乏专业性的转变

在许多人的心目中，体育课是副课，虽然近几年人们对于体育课的重视程度不断增强，但是在更多人心中体育课仍是"玩耍"，或仍是一门副课。基于这种原因，许多学校的体育课由其他教师兼任，体育课就是玩耍课，学生

跑跑步、打打球、踢踢球，就是这样简单。许多学校根本没有专职体育教师，很多体育教师都是兼职。因此，在新课改的背景下，体育教师以非常专业性的角色展现在学生面前，是当前体育教师需要面对的又一个问题。

三、新形势下体育教师角色的转换策略

（一）转变教学职能，从授鱼者变为授渔者

"授人以鱼不如授人以渔。"在今后的体育教学中，体育教师要积极转变思想，将体育技能教育转变为体育职能教育。虽然二者只有一字之差，但是其内涵相差甚远。前者侧重于对体育技能的传授，而后者除体育技能以外，还注重对其他综合素质的培养。因此，在当前新课改的要求下，中学体育教师要根据学生的实际需要、学生的学情分析将简单的技能教育转变为职能教育，不仅教给学生体育技能，更教给他们在实际操作中需要注意的事项，并因人而异制订出符合每一位学生的教学方案。只有这样才能更好地转变教师的意识，加深体育教师对学生综合素质培养的重视。

（二）体育教师从被动者变为主动者

传统体育课教学模式，体育教师死板严肃，往往有点不近人情的感觉。时代在发展，社会在进步，学生越来越需要开朗乐观、寓教于乐的新型体育教师。所以，在实际教学中，体育教师要根据学生的需要、学生的心理、学生的爱好，有针对性地制订出一套新型教学方案，让学生爱学、想学、要学，与体育教师建立良好的师生关系。比如，体育教师可根据本校学生的身体特征，开发出一套属于自己的运动计划；或者在每次体育课堂的时候，稍微对学生的喜好进行调查，以此改变当前的学习内容，采用更容易让学生接受和喜欢的体育教学内容。

（三）将业余型体育教师转变为专业性体育教师

常言道，术业有专攻，体育教师其实专业性特别强，一名优秀的体育教师需要掌握物理学知识、运动学知识、心理学知识等多种专业知识，不是简单意义上的跑跑跳跳。在实际的教学中，一名专业性体育教师的教学模式和教学方法与非专业性的教师有天壤之别。所以，在今后体育教学中，要多引进专业体育人才，不能再出现随便一名教师就能教体育的现象。与此同时，加强对体育教师的培训。在体育教师缺乏的部分中学，可以采用培训的方式，让教师接受专业性的体育教学培训，以此提升当前中学体育教师的专业能力。

四、结论

在新时代的课程改革和推进过程中，体育教师必须转变自身的角色。作为新时代下的体育教师，应将参与者、决策者、实施者三重身份及时调整，以适应时代发展需要。在实际教学过程中，体育教师要改变原有重技能轻职能的旧观念，注重对学生心理的引导。同时，体育教师还应与时俱进，顺应时代发展，顺应潮流所向，适应学校发展，多学习、多思考、多反思，不断提高自己的业务水平，适应新课改下体育教学改革的发展，做一名学生喜爱的体育教师。体育教师只有适时转换角色，善于研究、善于思考、勤于学习，教研结合，才能满足时代所需。

参考文献

［1］彭庆文．近10年普通高校体育学科建设理论研究述评［J］．怀化学院学报（自然科学），2006（2）：171-174．

［2］王宝刚．关于改变传统体育教学模式的探讨［J］．长春师范学院学报，2005（12）：134-135．

［3］潘哲浩．论素质教育与高校体育教师素质的完善［J］．湖北体育科技，2004（1）：22-24．

在初中信息技术课程中采用翻转课堂 教学模式的初探

罗钧介

随着新课改的要求，传统的教学模式受到不同程度的挑战，不少中学一线教师都尝试在教学中采用各种新型教学模式。而在进行教学实践的现行学科中，信息技术与其他课程相比还算是一门比较"年轻"的学科，可采用的教学模式也非常有限。因此，引入有效的教学模式以提升信息技术课程的教学效果迫在眉睫。笔者希望在初中信息技术课程中引入翻转课堂教学模式来尝试增强学生对信息技术的学习兴趣和学习动机，从而达到提高初中信息技术学科教学效果的目的。

一、研究背景

（一）国家政策背景

我国教育部公布的《国家中长期教育改革和发展规划纲要（2010—2020年)》中，第十九章"加快教育信息化进程"中明确提出"促进教学内容、教学手段和方法现代化"，"加快优质教育资源开发与应用"。党的十八大报告提出："全面实施素质教育，深化教育领域综合改革，着力提高教育质量，培养学生创新精神。"这一系列政策明确体现了教育信息化的重要性，而初中阶段培养学生拥有良好的信息素养，为学生以后的发展奠定基础尤为重要。翻转课堂作为近年来新兴的一种教学模式对于促进学生发展具有积极作用。

（二）理论发展背景

从建构主义和人本主义的学习理论不难看出，学习者的需求受到学者越来越多的关注，以学习者为中心，从学习者的需求出发的理念得到认可，而翻转课堂的最终目的是使每个层次的学生都得到相应的发展，从而真正实现"以学生为中心"这一教育目的。因此，对初中信息技术课程采用翻转课堂教学模式的研究是一种积极的探索。

二、研究现状

目前我国学者提出的适用于信息技术课堂的模式主要有演示讲授教学模式、协作教学模式、任务驱动模式、范例教学模式等。虽然这些模式都有其合理性，也有不少教师在现实教学中采用其中的一种或几种作为信息技术课程的教学模式，但是信息技术课程的教学效果、学生的学习兴趣、信息技能的提升效果并不显著。究其原因在于这些模式并没有摆脱教师主导课堂的定式，很难真正实现学生的完全自主。

三、研究意义

翻转课堂要想在我国得到进一步的发展，就要对原有的教学课堂进行改革，以期取得良好的教学效果。笔者希望通过引入"翻转课堂"理念，对本校初中开展的信息技术课程进行重新设计，结合初中学生的认知特征和心理特点构建出一套新的教学模式，从而促进信息技术课程教学效果的提升。

四、教学模式设计

（一）课前阶段：知识传授

翻转课堂教学模式对传统课堂的教学秩序作了颠倒。在课前阶段，信息技术教师的任务主要有两个：第一是进行课程开发；第二是做问题设计。课程开发的内容应包括所有能帮助学生自主学习的各种类型的资源，最主要的是视频资源和课件的制作。课前阶段学生的主要活动就是在课下观看教师开发的课程内容，掌握基本的知识技能。在这一过程中，学生自行观看教师提供的资源，自学完成后，如果有疑问则重新观看学习资源或者直接向同学寻求帮助。如果学生还存在无法解决的疑问，则可以将问题进行汇总，发送给教师，由教师在课堂教学阶段对学生进行统一讲解。

（二）课堂阶段：知识内化

知识内化是学生学习的关键环节，它直接影响学生的知识迁移能力和运用知识解决实际问题的能力。而翻转课堂并不等于视频教学，翻转课堂的重心仍然是课堂教学，只是课堂活动的内容较之传统课堂有了变化，更加注重学生主动性的发挥，教师的角色也由知识的权威传递者转变为学生学习过程中的指导者。

（三）课后阶段：拓展升华

课后阶段一方面需要检验学生在课堂教学过程中知识内化的结果；另一方面可以为学生的信息技术知识和技能的拓展升华提供平台。学生经过课堂教学阶段后，要把课堂知识内化为自身的素质，就不能将眼光只局限于课堂有限时间的教学环节，还要利用课堂外的时间进行进一步的深入探索和完成知识点间的有效链接和发散，从而将知识内化为本能反应。

（四）学生评价体系设计

对学生的学习过程和结果进行评价是必不可少的环节，它具有诊断功能，通过评价，学生可以了解自身知识掌握程度以及成绩不良的原因。评价在教学过程中起着重要作用，能促进教师改进教学方法，使学生更加努力，并能肯定教师和学生在学习过程中的正确做法。

五、反思

在信息技术课堂中采用翻转课堂模式进行教学时，需要有丰富的、适合各年龄阶段学生使用的课前自学资源，这是翻转课堂教学模式能顺利实施的前提。但是，这项任务的工作量大，需要占用教师大量的时间，这对我国现行的信息技术课程实施现状来说有点困难。同时，采用翻转课堂教学模式进行信息技术教学，需要学习者付出更多努力，会增加学习者的负担，因为该模式要求学生在完成学校教师布置的其他作业外还需要挤出时间来完成该门课程的课前自学，这对我国现阶段的学生来说是不容易的。

六、总结

教无定法，每位教学一线的教师都有自己独特的教学风格，每位教师应结合自己的教学风格，立足于本校的学生特点，从实际出发，认真研究力求探索出更加行之有效的教学模式，以进一步提高学习者的学习效率和自身教学质量，以促进学生的全面发展为宗旨。

参考文献

[1] 王虁. 翻转课堂在中学信息技术教学中的应用 [J]. 中国信息技术教育，2013（12）：122-123.

[2] 林才英，赵杨. 翻转课堂与信息技术课程教学 [J]. 中国教育技术装备，2013（21）：80-81.

[3] 张健平. 翻转课堂教学模式在初中信息技术课程中的应用研究——以南京某中学为例 [D]. 扬州：扬州大学，2014.

学科育人视域下"微单元设计"的实践探索

龚洪敏

育人是教育的生命和灵魂。育人是教育核心的追求,是教师职业的理想,是教学最基本的要求。2014 年,教育部印发《关于全面深化课程改革落实立德树人根本任务的意见》,并特别强调:"统筹各学科,特别是德育、语文、历史、体育、艺术等学科,充分发挥人文学科的独特育人优势,进一步提升数学、科学、技术等课程的育人价值。"信息技术属于技术类课程,其从"学科教学"向"学科育人"转变时,不仅要培养学生的信息技术核心素养,更要挖掘信息技术学科的德育内涵,追求学科育人,提升人格养成价值。

随着新课程、新教材的改革,育人目标从知识本位转向了素养本位,教学设计的着眼点由"一个个的知识点"转变为"在什么情景下,运用什么知识技能,完成什么任务,解决什么问题"。统筹知识体系,以"大任务、大观念、大问题、大项目"来组织教学,以一定逻辑关系设置情景、问题、任务、活动、评价等,使之成为一个完整的学习单元,即大单元学习。具体到大单元设计,将其思想渗透到分课时教学中,并让分课时教学围绕大单元的主题开展以素养为本的高站位育人活动。

一、从"大单元设计"到"微单元设计"

信息技术学科具有综合性强、技术性强、实践性强的特点,在实施"大单元设计"时,不是将原有案例浅显关联,而是系统性、递进化地进行深度组织。考虑到信息技术课时每周 1—2 节,课时少,实操多,学生容易因为课时少、战线长而遗忘知识与技能,忽略知识体系的内在逻辑关系。为了克服简单知识点的教学相加,避免学习时碎片化知识的冗杂,使学生做到知识的深度迁移与应用,有必要对大单元设计进行细微的调整,否则很难坚持大单元设计，偶尔做一次大单元还好，真正落脚到学期或学年，则需要结合学校实际课时安排和环境条件，慢慢尝试"微单元设计"，设计微单元主题，借助大单元教学的理念，由"大单元"转为"微单元"。"微"是希望有大概念、大情景、大任务的"透视"，让微单元教学围绕大单元，整体通盘考虑，提炼大单元的主题及思想，重构符合教学实际的新知识系统，使课堂内容无重复，教学环节更紧凑。大单元设计是站在更高的角度设计，微单元设计是落脚到具体实施，以点带面，因此微单元设计更容易落地，更符合信息技术学科现状。

二、以学生为中心的微单元设计理念

单元教学设计是教学专业性的重要体现，它是基于学生立场，对学生围绕某一单元开展的完整学习过程所做的专业设计，从期望学生"学会什么"出发，逆向设计"学生何以学会"的过程。微单元设计秉承大单元设计理念，设计以学生为中心，为学生的发展着想的情景、问题、任务，使得课堂沿着"情景→问题→任务→问题解决"的方向推进，以学生为中心的微单元设计理念，如图1所示，它有助于知识体系的结构化设置，帮助学生建构自己的知识体系。

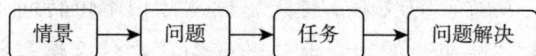

图1

（一）情景问题化——促进学生感受信息技术的存在

教学情景的设置如同催化剂，能够帮助学生全身心投入课堂中。结合信息技术学科特点，教学情景可以是身边故事、热点新闻、技术困惑、实操经验等，深入挖掘信息技术学科中的生活元素，通过实际生活中的情景设置问题引发学生思考，激发学生的兴趣，让学生感受信息技术真实地存在于日常生活和学习中。例如，在教授计算机硬件的基本知识时，统筹设计微单元主题，结合生活经验，创设情景，如家中的电脑出现的故障，会是硬件坏了吗？使学生感受到学习计算机硬件知识的必要性，请学生转换角色，以一名电脑医生视角拆卸与安装计算机，在问题化的情景中提出"成为电脑医生第一步是什么？""你能说出哪些硬件的名字？""这些硬件有什么作用""如何拆卸与安装""如何排除故障"，促进学生一步一步思考，引导学生在情景中思考问题，学习计算机硬件的基本知识，强化学科认知，凸显学科育人价值。

（二）问题探究化——促进学生信息技术核心思维的建构

根据单元的具体规划和学生的兴趣点来设置合理的、连续的问题。重启发，重创新，引导学生主动探究问题，重视思考与探究。例如，学生在学习"生活策略"单元主题时，学生需要在一个个案例中去探究如何解决问题，如排序算法的学习，设计微单元主题，即"生活策略"大单元下的微单元，不独立，须统筹设计。排序算法微单元设计特别强调学科思维的培养，学生经过问题化情景，进入主题的学习，启发思维，重视思考。引导学生设计的层次性，帮助学生自主探究，逐一建构各类排序算法的逻辑。信息技术不仅是工具类学科，更具有很强的学科思维，注重问题的探究，有助于生成"有思想的信息技术教学"。

（三）任务活动化——促进学生体验信息技术学习的乐趣

微单元设计应设置合理任务，着眼于通过学科教学彰显学科育人价值，树立良好的科学观，渗透学科育人任务。微单元的任务设计，与传统单元教学不同，不是仅仅完成单元教学任务，设置的任务要扩大知识的深度和广度，体现学科育人价值，不再局限于一节课的活动和任务中，应逆向设计。学生在学习数字故事制作时，不是从每一节课的活动出发设计的，而是整体把握。例如，"我的视频类数字故事"是教材第一单元的内容，教材划分了认识数字故事、制作视频类数字故事、视频的编辑与处理、视频的评价与发布四节内容。统筹四节内容，着眼于教学可操作性，统筹设置微单元主题，创设情景，帮助学生规划学习活动，具体可以分为分析数字故事的需求、获取制作素材、学习技能、实践操作、优化作品、汇报与反思等方面，使学生在连续的活动中，去体会单元学习的育人价值，逻辑性强，提升学生的积极性和参与度，促进学生体验信息技术学习的乐趣。

三、形成合理明确的微单元设计框架

以大单元设计的理念作为支撑，梳理知识体系，对单元教学内容、知识、方法进行分析，形成逻辑关系，确定方法策略，明确微单元设计，使教学避免无谓的重复与叠加，提升教学效益。对学生而言，这有利于其掌握知识的逻辑关系、系统的认知，避免知识点之间的孤立，建构自己的单元图谱，逐渐形成信息技术学科核心素养。以情景问题化、问题探究化、任务活动化的设计理念，微单元结构化的设计就大体可以形成，学科育人视域下微单元设计框架，如图 2 微单元设计框图所示。

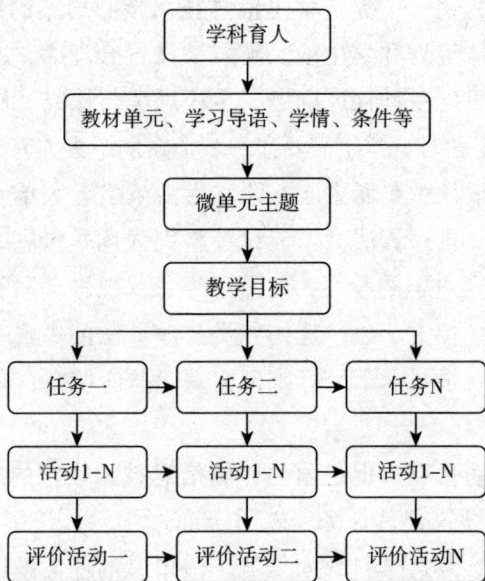

```
                    ┌──────────────┐
                    │   学科育人    │
                    └──────┬───────┘
                           │
          ┌────────────────┴─────────────────┐
          │ 教材单元、学习导语、学情、条件等  │
          └────────────────┬─────────────────┘
                           │
                    ┌──────┴───────┐
                    │  微单元主题   │
                    └──────┬───────┘
                           │
                    ┌──────┴───────┐
                    │   教学目标    │
                    └──────┬───────┘
          ┌────────────────┼─────────────────┐
          │                │                 │
     ┌────┴────┐      ┌────┴────┐       ┌────┴────┐
     │  任务一  │ ───▶ │  任务二  │ ────▶ │  任务N   │
     └────┬────┘      └────┬────┘       └────┬────┘
          │                │                 │
     ┌────┴────┐      ┌────┴────┐       ┌────┴────┐
     │ 活动1–N  │ ───▶ │ 活动1–N  │ ────▶ │ 活动1–N  │
     └────┬────┘      └────┬────┘       └────┬────┘
          │                │                 │
     ┌────┴────┐      ┌────┴────┐       ┌────┴────┐
     │ 评价活动一│ ───▶ │ 评价活动二│ ────▶ │ 评价活动N │
     └─────────┘      └─────────┘       └─────────┘
```

图 2

（一）对应课标，明确微单元主题

以信息技术学科育人价值为导向，解读课标，整合学习内容，分析学情与环境条件，明确微单元设计主题，确定目标与达成评价标准，设置情景，任务驱动，解决问题，迁移应用，进行微单元设计的结构化建构。

（二）对应任务，合理划分课时

在将大任务细分为具体任务时，往往体现了问题和情景的结合。在真实教学环境中，任务落脚到具体活动，使学生在一个个学习活动中完成任务，因此，最终微单元设计要回归到以课时为单位的教学，需要在微单元设计框架中合理划分课时。

（三）对应目标，综合多元评价

评价的方式与评价的维度将直接影响到我们对微单元主题的具体处理。对应教学目标，在微单元教学设计框架中可以得到具体体现，任务不同，活动不同，评价方式随之调整，以不同维度，多元多样的方式进行评价。

四、结束语

学科育人视域下，如何打通落实核心素养，拓展学科育人价值的通道。

从学科特色出发，提升单元设计核心价值，以点带面，挖掘大单元教学下反映育人价值的微单元设计，以学生为中心，为学生的发展进行情景、问题、和活动的设置，将长远的信息技术学科核心素养具体化，有助于学生的认知从建构理解到提高能力，再到素养发展。

参考文献

［1］ 崔允漷．如何开展指向学科核心素养的大单元设计［J］．北京教育（普教版），2019（2）：11-15.

［2］ 窦怀宇．浅谈高中信息技术课程的教学策略［J］．中国电化教育，2008（3）：89-91.

浅析信息技术学科中的创新教学

赵修蓉　高惠芯

一、信息技术学科中的传统教学模式

在传统的信息技术教育中，教师往往采用讲解、演示和练习的方式进行教学。这种教学模式注重知识的传授，强调理论与实践的结合。但是，这种教学模式存在以下几个问题。

（一）缺乏趣味性

传统的信息技术教育往往是枯燥乏味的，学生很难对课程产生兴趣。这种情况下，学生可能会失去学习的兴趣，从而影响学习效果。

（二）缺乏互动性

在传统的信息技术教育中，教师通常是唯一的知识源，学生只是被动地接受知识。这种教学模式缺乏互动性，不能激发学生的学习积极性。

（三）缺乏实践性

在传统的信息技术教育中，学生往往只是听教师讲解和演示，缺乏实践机会。这种教学模式不能够真正培养学生的实际操作能力。

二、信息技术学科中的创新教学模式

为了解决传统信息技术教育中存在的问题，创新教学已经成了信息技术教育的重要手段。以下是信息技术学科中常用的创新教学模式。

（一）案例教学

案例教学是一种基于实践的教学方式，教师通过教授实际案例进行教学，使学生更好地理解和掌握知识。案例教学可以培养学生的实际操作能力，提高学生的综合素质。

例如，网络安全是信息技术学科中非常重要的一个方向，在讲授网络安全相关章节内容时，笔者设计了一个网络安全案例，让学生在模拟网络攻击的情况下，学习如何保护自己的计算机不被黑客攻击。学生需要了解网络攻击的方式和防御方法，然后根据案例设计出相应的防御措施。通过案例教学，学生可以更好地理解网络安全的重要性和实际操作。

（二）项目教学

项目教学是一种基于项目的教学方式，它通过让学生参与具体项目中进行学习，使学生更好地理解和掌握知识。项目教学可以培养学生的协作能力、创新能力和实际操作能力。

例如，在学习"算法基础"章节时，笔者设计了一个项目式教学案例，让学生在耗时最少的情况下，规划出两地最优的旅行线路方案。依托项目，学生进行自主、协作、探究学习，体验计算机解决问题的过程，理解了算法概念与特征，学会了简单的算法描述方法，知道了程序设计语言产生与发展的过程，在学习的同时完成了知识建构、技能培养与思维发展。

（三）游戏化教学

游戏化教学是一种基于游戏的教学方式，它将游戏元素引入教学中，使学生在玩游戏的同时学习知识。游戏化教学可以激发学生的学习兴趣，提高学生的学习效果。

例如，在学习"Python 程序设计基础"章节时，笔者设计了一个简单的闯关游戏小程序，让学生进行游戏体验。学生通过体验游戏情景，了解游戏的规则和操作方法，然后根据教师提供的游戏程序模块，通过拼凑、修改的方式，设计出同款类似的游戏程序。通过这种方式，学生可以更好地掌握编程技能和实际应用。

（四）在线教学

在线教学是一种基于网络的教学方式，它使教师可以通过网络平台进行教学，使学生可以随时随地进行学习。在线教学可以提高学生的自主学习能力，扩大学生的学习范围。

例如，在整个信息技术学科课程设计中，学校自主搭建了"魔灯"教学平台，备课组老师将集体的教学成果，如教案、学案、练习题等相关资源上传到平台上。同时，利用此平台良好的交互性、可移植性和实时评测反馈等特点，规定好相应的用户角色，解决了学生和教师跨时空学习和教学的问题，提高了学生自主学习的能力和教师集体备课的能力。

三、如何实现信息技术学科中的创新教学

通过对上文中提及的信息技术学科中创新教学模式案例课后分析，笔者认为要实现信息技术学科中的创新教学，需要从以下几个方面入手。

（一）改变教育观念

教师要转变传统的教育观念，紧跟新课标要求，注重学生学科核心素养的培养，注重引导学生的主动参与和实践操作，注重提升学生的创新能力和实际应用能力。

（二）建设教育平台

备课组要集思广益，集集体的智慧和力量，搭建与引入适合本学科创新教学的教育平台，同时学校也需要为创新教学提供支持，提供先进的教学设备和资源。

（三）培养教师能力

作为一线教师，特别是信息技术教师，我们的信息技术能力水平也要与时俱进。我们要加强自我学习，积极参加省市区乃至国家级的学科业务技能培训，提高自己的信息技术水平和创新能力，为后续更好地开展创新教学提供良好的业务基础支撑。

（四）加强学生评价

我们要建立科学的学生评价机制，注重学生的综合素质评价，鼓励学生在创新教学中发挥自己的优势。

四、创新教学对信息技术学科的影响

通过对上文中提及的信息技术学科中创新教学模式案例课后分析，我们小结得出创新教学对信息技术学科的影响主要有以下几个方面。

（一）提高了学生的学习兴趣

无论是案例教学还是游戏教学等创新教学模式的应用，对比之前的传统课堂教学模式，学生的学习兴趣都显得更加浓厚，学生更加喜欢信息技术学科，学生的学习积极性也提高了许多。

（二）培养了学生的实际操作能力

通过项目式教学，让学生在"做中学"，让学生更多地接触实际操作，从而培养了学生的实际操作能力。

（三）提高了学生的协作能力和创新能力

项目式教学和在线教学创新教学模式可以让学生更多地参与项目中和团队中，从而培养学生的协作能力和创新能力。

（四）促进信息技术教育的发展

创新教学不仅提高了学生的学习兴趣和学习主动性，同时也推动了信息技术学科教师的专业发展，甚至推动了信息技术教育的发展，为信息技术学科的未来发展奠定了基础。

总之，教学实践证明，创新教学已经成了信息技术教育的重要手段，创新教学可以更好地激发学生的学习兴趣，培养学生的实际操作能力和创新能力。创新教学是我们打造高效课堂最有效模式的归宿，我们应该多方入手，寻求最佳创新教学模式，打造最有效、最高效的课堂。学校和教师需要不断探索和尝试，将创新教学应用到信息技术教育中，为学生提供更好的教育服务。

参考文献

［1］吴晶晶．试谈如何打造高效课堂［J］．神州，2016（24）：82.

［2］王小丽．信息技术教学模式创新研究［J］．成才之路，2016（13）：7.

［3］傅洪江．案例教学法在初中信息技术教学中的应用［J］．中国校外教育，2018（7）：167.

［4］姜浪．新课标下信息技术项目式教学教案设计思路［J］．中国现代教育装备，2020（2）：36－37，40.

［5］卢凤春．关于游戏化教学在初中信息技术教学中的意义［J］．新教育时代电子杂志（教师版），2018（43）：250－251.

［6］董晓芳．加强在线教学平台建设推进信息技术与教学深度融合［J］．新教育时代电子杂志（学生版），2018（42）：216.